"十四五"职业教育国家规划教材

21世纪高等职业教育精品教材·金融类

本教材第四版曾获首届全国教材建设奖全国优秀教材二等奖

# 金融产品营销实务

## （第五版）

### 蒋丽君　主编

JINRONG CHANPIN

YINGXIAO SHIWU

东北财经大学出版社
Dongbei University of Finance & Economics Press
大连

U0656788

图书在版编目（CIP）数据

金融产品营销实务 / 蒋丽君主编. —5版. —大连：东北财经大学出版社，2023.8（2024.12重印）
（21世纪高等职业教育精品教材·金融类）
ISBN 978-7-5654-4875-1

Ⅰ. 金…　Ⅱ. 蒋…　Ⅲ. 金融产品–市场营销学–高等职业教育–教材
Ⅳ. F830.9

中国国家版本馆CIP数据核字（2023）第129378号

东北财经大学出版社出版
（大连市黑石礁尖山街217号　邮政编码　116025）
网　　址：http://www.dufep.cn
读者信箱：dufep@dufe.edu.cn
大连天骄彩色印刷有限公司印刷　东北财经大学出版社发行
幅面尺寸：185mm×260mm　　字数：286千字　　印张：13
2023年8月第5版　　　　　　2024年12月第3次印刷
责任编辑：李丽娟　　　　　　　　责任校对：刘贤恩
封面设计：原　皓　　　　　　　　版式设计：原　皓
定价：39.00元

# 第五版前言

党的二十大报告指出："教育是国之大计、党之大计。培养什么人、怎样培养人、为谁培养人是教育的根本问题。育人的根本在于立德。全面贯彻党的教育方针，落实立德树人根本任务，培养德智体美劳全面发展的社会主义建设者和接班人。"《金融产品营销实务》教材编写团队坚持以习近平新时代中国特色社会主义思想为指导，贯彻落实党的二十大报告精神，结合金融行业形势的最新变化，深入金融机构进行调研，将教学实践经验融入教材，对《金融产品营销实务》（第四版）教材进行了修订。修订的内容体现在以下几个方面：

1. 有机融入党的二十大精神。在第五版修订过程中，通过案例、视野拓展等丰富多彩的形式将党的二十大精神和思政教学内容有机融入教材，进一步提升金融从业人员职业道德教育。

2. 进一步丰富数字化教学资源。在第四版基础之上，第五版教材进一步增加了动画、视频、案例、文字拓展类的数字化教学资源，不断拓展教材的延伸阅读。

3. 更新教学内容和相关知识。结合金融行业科技转型的最新发展形势，在修订过程中淘汰了过时的知识内容和表述，对数据进行了更新，将科技在金融产品营销中应用的最新成果尽可能地体现在教材中。

4. 理论与实务结合更加紧密。为提升学生在新时代中的营销实战能力，通过企业调研、研讨、座谈的方式深入了解并研究金融机构对员工营销能力的最新职业要求，充分融入教材实训项目，具有较强的实践指导性。

本教材由蒋丽君担任主编，陈颖瑛、朱丽莎、胡璐、吴嘉谧等优秀专业教师以及刘夏、朱雯婷等实践经验丰富的企业骨干参编。在修订过程中，校内外教师分工合作，实务部分主要由企业教师编写。教材中理论知识与实践技能交叉融合，相互渗透，较好地体现了"学中做、做中学"的优点，既有利于学生掌握理论知识，又有利于提高学生的实践技能和综合素质。因此，本教材既可以作为高等职业院校学生金融产品营销课程学习用书，也可以作为金融营销及市场营销一线工作者的参考读物。

由于水平有限，不当和错误之处在所难免，望读者和同行批评指正。

编 者
2023 年 5 月

# 目录

# 项目一 金融产品营销准备

# 任务一
# 金融产品与金融产品营销认知

**学习目标**

知识目标：1.了解金融、产品、金融产品、金融产品营销等基本概念。
　　　　　2.了解金融产品的类别，掌握金融产品的特征。
　　　　　3.掌握金融产品的营销要点。

技能目标：1.能比较分析不同金融产品的优劣势。
　　　　　2.能区分金融产品营销与普通商品营销的差异。

## 知识要点

### 一、金融、产品、金融产品及其种类

#### （一）金融

顾名思义，金——金子，融——融通，金融——金子的融通。古今中外，黄金，因其不易毁灭性、高度可塑性、相对稀缺性、无限可分性、同质性及色泽明亮等特性，成为经济价值最理想的代表物、储存物、稳定器和交换媒介之一，并因此成为人们喜爱和追逐的对象。

在金本位经济时代，价值与财富是以实物资产——黄金为依据和标准的，这非常有利于全球经济的平稳发展。然而，作为价值流通的载体，黄金使用中不利的一面，如搬运、携带、转换等不便的物理条件限制，使它又让位于更为灵活的纸币（货币）。如今，货币经济不仅早已取代了原始的易货经济，而且覆盖了金本位经济。

但是，货币经济在给人类带来空前经济自由的同时，也给人类带来了诸多麻烦和问题，如世界贸易不平衡、价值不统一、通货膨胀、货币贬值、经济发展大起大落等。因此，这也成为引发全球金融危机的重要宏观因素之一。

在货币多样化的今天，现代金融中的含"金"量越来越少，但其内涵、作用及风险却越来越广、越来越大，并已渗透到社会的每个角落和每个人的生活中。

按金融专家丁大卫先生的观点，金融就是"树"！尽管金融属于人类意识范畴，但它必须遵循天地之规律——地球法则。"树"是地球法则的集大成者，它揭示了金

融发展变化的唯一客观规律。所有金融危机都是人为的，都不应该发生，都是可以避免的。但在人类掌握金融的基本规律之前，金融危机是难以避免的。多年的研究与实践证明，金融就是"树"，违背了"树"的原则和规律，金融危机就一定会发生。

综上所述，金融就是价值的流通。离开了价值流通，金融就成为"一潭死水"，价值就无法转换；价值无法转换，经济就无法运转；经济无法运转，新的价值也就无法产生；新的价值无法产生，人类社会就无法发展。因此，金融危机发展到一定程度就会演变为经济危机，经济危机发展到一定程度就会演变为社会危机。世界大战的深层原因都是经济问题。

### （二）产品

"现代营销学之父"菲利普·科特勒把产品定义为"能够提供给市场，引起人们注意，供人取得、使用或消费，并能够满足某种欲望和需要的任何东西"。

产品包括有形产品和无形产品。银行、保险公司和其他金融机构通常都被认为是服务行业，这些企业的竞争力来源于产品和服务的高度整合。没有产品，服务就是空的；但是有了好产品，服务跟不上，市场份额也难以扩大。

### （三）金融产品

金融产品是指金融机构为市场提供的有形产品和无形服务的综合体。狭义上的金融产品是指由金融机构创造的、可供客户选择的在金融市场进行交易的金融工具。广义上，金融机构向市场提供的，并可由客户取得、利用或消费的一切产品和服务都属于金融产品服务的范畴。

金融产品是各种经济价值的载体，如现金、股票、期货等。比如，张三很有钱，不过他的300万元都买了股票，现在这些股票的市场价值还不到100万元。从这个例子中，我们看到价值在不同的载体中转换并存在。除极少数情况外，如金条、金砖等，这种载体往往是以非实物的有价证券形式存在的，因此也被称为金融资产。此外，由于金融产品能用来盈利，所以又称为金融工具。上述张三用钱买股票就是想用股票这个金融工具去赚钱。

很多金融产品都是由实物资产演变而来的，比如，微软公司的股票就是由微软公司的实际资产演变而来，而微软公司的股票期货和期权又是由微软公司的股票演变而来。又比如，房屋抵押证券是由房屋演变而来。好比树叶是由树枝而来，树枝是由树干而来，树干是由树根而来。它们环环相扣，相互影响。

近二三十年来，创新是最时尚的，华尔街的"精英们"更不甘落后，他们绞尽脑汁，不断翻新花样，创造出各种各样复杂凌乱、连他们自己都搞不懂、更不用说驾驭的金融产品，结果导致美国这棵"金融大树"不堪重负，严重失衡，甚至出现金融危机。

### （四）金融产品的三个层次

金融产品不同于一般工商企业的产品。金融产品由核心产品、形式产品与扩展产品（附加产品）三个基本层次组成。

### 1.核心产品

核心产品也称利益产品，是指客户购买到的基本服务或利益。核心产品是指金融产品具有满足客户需求的属性，如存款能满足储户增值的需求，贷款能满足客户经营过程中资金短缺的需求，保险能满足客户规避风险的需要。因此，核心产品在金融产品的三个层次中处于中心地位。如果核心产品不能符合客户口味，那么形式产品和扩展产品再丰富也不会吸引客户。

金融产品的核心利益是多样的，包括利息、股息、分红、透支、保险、价值、地位、自尊和各种预期心理等。不同金融产品有不同的核心利益，金融企业应该注重开发具有多种核心利益、满足多种需要的金融产品。例如，银行信用卡应注重开发转账结算、存取现金、透支便利三种功能。

### 2.形式产品

形式产品也称特征产品，是金融产品的具体形式，用以展现产品的外部特征。金融产品的无形性，使其形式产品无法通过外形、颜色、式样、品牌、商标来展示，而主要通过质量和方式来表现，如存款分定期、活期等品种，季节性特征的产品有贺岁类存单、助学贷款等。随着人们消费水平和生活需求的不断提高，人们对金融产品外在形式的要求也越来越高，因此，银行在营销时必须设计出不同表现形式的产品，以提高对人们的吸引力。例如，广东发展银行银行卡部门为吸引女性顾客，专门设计推出了紫色透明的"女人卡"和可以作项链的"迷你卡"，其形式美观、吸引眼球的产品外观设计，给客户留下深刻的印象。

### 3.扩展产品

扩展产品也称附加产品，是指在满足客户的基本需求之外，金融产品还可以为客户提供额外的服务，使其得到更多的利益，如储蓄存折的代缴费服务，优质客户的接送单服务，以及与投资、贷款等业务相配套的服务等。金融产品具有较大的相似性，不同金融机构为客户提供的多种服务本质上是相同的，为了使本公司的产品有别于其他公司的同类产品，吸引更多的客户，金融机构必须充分认识扩展产品在金融产品中的重要性。例如，平安一年期综合意外险还提供紧急医疗救援等衍生服务；兴业银行为高端客户推出专项贵宾服务白金信用卡，为客户提供机场贵宾待遇、高尔夫、健康医疗等贵宾增值服务，受到多数高端客户的欢迎。

## （五）金融产品的特征

### 1.无形性

顾客在购买金融产品时无法看到，也无法感觉，只能通过文字、数据等方式进行交流。金融产品在自然形态上经常是无形的，不具备某些鲜明的物理特性，这使得金融产品在扩展方面有比较广泛的想象空间。因此，如何通过某些有形的形式与特点设计，让金融产品具有吸引客户的强大魅力，是金融产品开发的关键性因素。

微课1

金融产品的特征

### 2.不可分割性

金融产品的提供与服务的分配具有同时性，两者不能分开。比如，金融产品的销售过程可以与服务过程联系起来，从而使金融产品具有不可分割性，因此，在整个营销过程中要注意各个环节的相互关联。

### 3.累加性

一般产品仅具有某种特殊的使用价值，如粮食可以充饥，衣服可以御寒，它们的使用价值往往比较单一。而获得金融产品的客户可以享受多种多样的金融服务。比如，某企业申请获得贷款后，银行可以为其提供汇划转账、提取现金、账户管理、不同币种兑换、期货交易、期权交易以及投资咨询等各种服务。

### 4.差异性

不同的金融企业，甚至同一企业的不同分支机构所提供的金融产品或服务亦不尽相同。例如信用卡，中国银行的"长城卡"除了具有消费、储蓄等基本功能外，还提供"290"金融电信服务；招商银行的"一卡通"则具有消费、储蓄、异地汇兑、划转股票交易保证金等功能，甚至还有公交充值等功能；而上海浦东发展银行的"东方卡"提供外汇买卖服务；杭州联合银行的"丰收卡"针对学生客户推出看电影优惠的服务。

### 5.易模仿性

金融产品容易模仿，且模仿速度快。由于金融产品大多数为无形服务，它们不同于工业企业所提供的一般产品，可以向有关方面申请专利，使本企业的产品权益受到法律的保护，因而金融产品没有专利可言。比如，商业银行之间的激烈竞争可能表现为产品之间的相互效仿。某家商业银行推出新的贷款产品，其他银行纷纷跟风，造成效率的低下和资源的浪费。

### 6.季节性

金融产品的需求因时间而异，体现出较强的季节性特征。例如，投入农业生产的季节性贷款、工商企业的生产贷款以及耐用消费品和旅游贷款等都表现出显著的季节性特征。

### 7.增值性

一般产品在使用过程中会逐渐消耗直到完全报废，而金融产品却能为客户带来比购买产品本身更大的价值。客户购买一般产品是为了获得产品的使用功能，购买金融产品，如存款、贷款、基金、保险，最主要的目的是获得产品的增值。在购买和使用金融产品的过程中，其价值和使用价值不仅不会消耗，相反还能带来直接或间接的盈利以及其他难以度量的便利。例如，储蓄存款给客户带来利息的直接盈利，使存入银行的资金增值；住房贷款、汽车贷款则使客户在获得资金后，可以提前享受某种便利与幸福。

### （六）金融产品的种类

金融产品可以从不同的角度加以分类。根据产品形态的不同，金融产品可以分为有形产品和无形产品；根据发行者的性质，金融产品可以分为直接金融产品和间接金融产品；根据信用关系存续的时间长短，金融产品可分为短期金融产品和长期金融产品；根据金融产品营销的目标群体的不同，金融产品可分为个人金融产品、企业金融产品、机构金融产品；从提供者的角度，金融产品可分为银行类金融产品和非银行类金融产品。银行类金融产品又因生产者的不同，分为中央银行类金融产品、政策性银行类金融产品、商业银行类金融产品、投资银行类金融产品。非银行类金融产品可分为保险类、证券类、信托投资类、租赁类以及财务类金融产品。

### 1. 银行产品

银行产品可分为储蓄存款产品、贷款业务产品、中间业务产品等。

储蓄是银行最重要的资金来源，也是银行发挥信用中介、支付中介、信用创造与资金转换职能的基础。储蓄存款按不同的期限可以分为活期存款、定期存款、定活两便存款、通知存款等。活期存款是指不约定期限，存款人可以利用各种方式（如支票、汇票、自动柜员机等）随时提取的存款。对顾客来说，这种存款十分方便，具有支付手段与流通手段职能。定期存款是指顾客与银行事先约定存款的一定期限，顾客到期才能提取存款。定期存款对银行来说稳定性较强，便于银行对吸收的资金进行合理配置，且营运成本低于活期存款。定活两便存款是指一种介于定期存款和活期存款之间的存款，存款期限不确定，利息随期限的长短而变化。通知存款是指存款人提前一定的时间通知银行即可提取的存款。

贷款是银行最主要的资金运用业务，也是银行盈利的主要来源。银行贷款产品按期限，可以分为短期贷款产品和中长期贷款产品；按贷款保障程度，可分为信用贷款产品、保证贷款产品、抵押贷款产品和质押贷款产品；按贷款质量，可分为正常贷款产品与不良贷款产品；按贷款的风险等级，可分为正常、关注、次级、可疑与损失贷款产品；按贷款的偿还方式，可分为一次性偿还贷款产品与分期偿还贷款产品。

银行基本上不动用自有资金为顾客提供各项服务。中间业务产品包括结算产品、信用卡产品、银行信托产品、银行租赁产品、咨询服务产品和代收代付业务产品。结算产品是指银行为经济主体之间因债务关系引起的货币收付提供便利的业务。由于各个经济主体在银行开立账户，因此，通过银行办理转账结算可以大大缩短结算的过程，加速资金的周转，节省流通费用，降低流通成本。信用卡产品作为"电子货币"，具有转账结算、存取款、信贷消费等功能。信用卡根据发卡机构、使用对象、清偿方式、物理性质以及持卡人资信状况的不同可以分为许多种类（详情在"视野拓展"栏目介绍）。银行信托业务是指银行作为信托人，根据委托人的指示代为管理、营运或处理其财产与事务，从而为受益人谋利的经济活动，可以分为资金信托、动产信托、不动产信托等。银行租赁产品是指银行作为出租人，购买某一设备并与承租人签订合同，将设备的使用权出让给承租人，而银行定期得到租金，可以分为经营性租赁、融资性租赁、杠杆租赁等。咨询服务产品是指银行利用自身得天独厚的条件为客户提供有效实用的经济信息，回答他们询问的业务。银行作为业务广泛的综合性金融机构，在人力、物资、技术等方面都有巨大的优势，通过与外界的联系，可以为客户提供具有一定权威性的信息资料。目前，银行咨询主要有资产信息调查、可行性研究、客户介绍、行情分析预测、财务分析、技术中介服务等。代收代付业务是指各商业银行利用自身的结算便利，接受客户的委托，代为办理指定款项的收付事宜的业务。目前，银行的代收代付业务包括代收代付公用事业费、代理清偿债务、代为保管、代理发行股票和有价证券、代理房地产事宜、代理会计事务、代为买卖外汇等。

**2.保险产品**

保险是一种分散风险的手段。保险产品是一种劳务性商品，各个保险公司的保险险种以保险单的形式表现出来。它的特殊性在于保险产品仅仅是对保险消费者的一种承诺，而且这种承诺的履行只能在约定的事件发生时或约定的期限届满时，而不像一般商品或服务能使消费者马上获得实质性的感受。保险产品是一种承诺，是无形的保障服务，无法用人们的五官去感受，很难引起顾客的兴趣使其主动购买。

自从18世纪保险业务产生以来，用于保险业务的金融工具就层出不穷。保险产品的主要类型如图1-1所示。

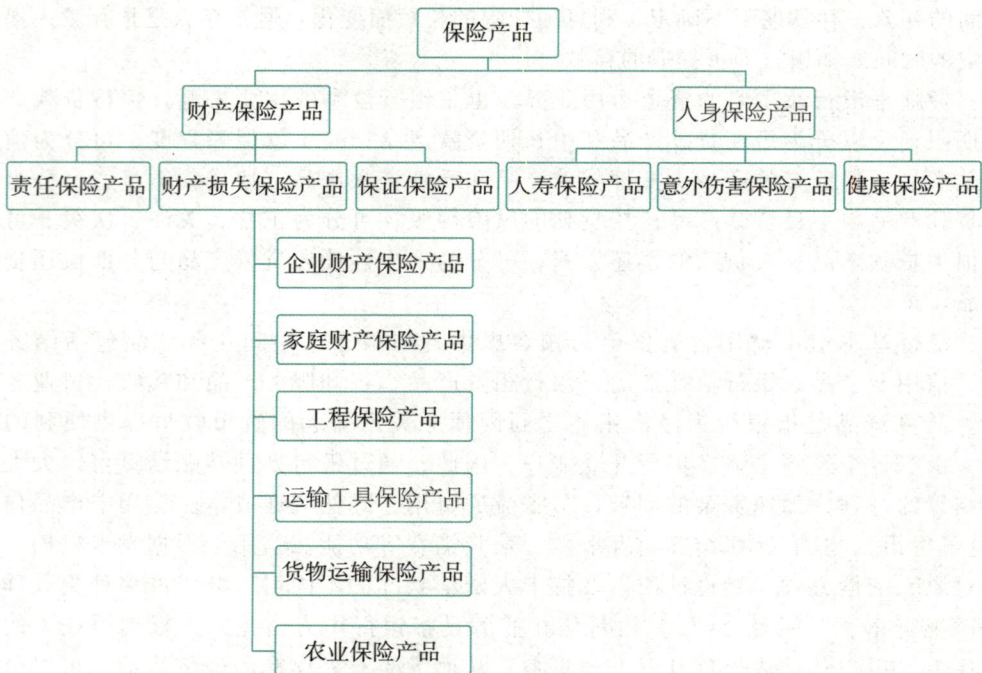

图1-1 保险产品的主要类型

（1）企业财产保险产品。企业财产保险是我国财产保险的主要险种，它以企业的固定资产和流动资产为保险标的，以企业存放在固定地点的财产为对象，即保险财产的存放地点相对固定且处于相对静止的状态。

（2）家庭财产保险产品。家庭财产保险作为财产保险的一种，是在火灾保险的基础上发展而来的。家庭财产保险是使城乡居民的家庭财产，如房屋及其附属物、家庭日用品、衣服、行李、家具等，在遭受保险责任范围内的自然灾害或意外事故造成损失后得到经济补偿的保险。家庭财产保险产品主要有普通家庭财产保险产品、家庭财产两全保险产品、投资保障型家庭财产保险产品和个人贷款抵押房屋保险产品。

（3）工程保险产品。工程保险是指以各种工程项目为主要保险标的的保险，是保险人对一切工程项目在工程期间及工程结束以后的一定时期，因自然灾害或意外事故造成的物质财产损失和第三者责任承担赔偿责任的保险。工程保险包括建筑工程险、安装工程险、机器损坏险、科技工程险等。

（4）运输工具保险产品。运输工具保险是指保险人承保运输工具因遭受自然灾害或意外事故造成运输工具本身的损失和第三者责任。险种主要有机动车辆保险、船舶保险、飞机保险、其他运输工具保险。

（5）货物运输保险产品。货物运输保险就是以运输货物为保险标的，保险公司承担赔偿运输过程中因自然灾害或意外事故所造成损失的一种保险。根据运输方式的不同，货物运输保险可分为水上货物运输保险、陆上货物运输保险、航空货物运输保险和邮包保险、联合货物运输保险等。

（6）农业保险产品。农业是国民经济的基础，也是社会发展的基础。农业发展是国民经济健康发展的重要保证，农民收入是全面建成小康社会的基石。然而，由于农业自身的弱质性和生产过程的特殊性，农民始终承担着源于自然和市场的双重风险，从而导致收入的极不稳定。农业保险就是为农民在从事农业生产过程中，遭受自然灾害或意外事故所造成的损失提供经济补偿的保险。

（7）责任保险产品。在日常生活和经营活动中，任何企业或个人都会面临各种责任风险。例如，注册会计师的计算错误会导致委托人的经济损失，医师的手术操作失误会造成医疗事故，厂家的产品存在缺陷会对消费者的人身或财产造成损害。面对这些风险，责任保险应运而生。责任保险是在被保险人由于过失行为造成他人损害或虽无过错但根据法律规定需对受害人承担赔偿责任时，由保险人根据事先签订的合同对此承担保险责任的一种保险。从这个角度看，责任保险具有分散风险、及时弥补受害人损失的职能。责任保险可分为产品责任保险、雇主责任保险、职业责任保险和公众责任保险。产品责任保险是指由保险人承保的产品制造者、销售者、维修者等因产品缺陷导致消费者的财产损失或人身伤害，且依法应由其承担经济赔偿责任的保险。雇主责任保险是以被保险人即雇主的雇员在受雇期间从事业务时因遭受意外导致伤、残、死亡或患有与职业有关的职业性疾病而依法或根据雇佣合同应由被保险人承担的经济赔偿责任为承保风险的一种责任保险。职业责任保险是指承保各种专业技术人员因在从事职业技术工作时的疏忽或过失造成合同对方或他人的人身伤害或财产损失的经济赔偿责任的责任保险。通常这类保险是由提供各种专业技术服务的单位投保的团体保险，个体职业技术工作的职业责任保险一般由专门的个人责任保险承保。公众责任保险又称普通责任保险或综合责任保险，它以被保险人的公众责任为承保对象，是责任保险中独立的、适用范围最为广泛的保险类别。所谓公众责任，是指致害人在公众活动场所的过错行为导致他人遭遇人身伤害或财产损失，依法应由致害人承担相应的经济赔偿责任。

（8）人寿保险产品。人寿保险是以被保险人的寿命作为保险标的，以被保险人的生存或死亡作为保险事故的一种人身保险。其承保的风险可以是生存、死亡，也可以是生死两全，其相应的基本形态包括生存保险、死亡保险和生死两全保险。人寿保险的保险有效期一般较长，是人身保险中基本的、最主要的险种。从历史上看，人寿保险的典型形式是定期寿险、两全寿险和终身寿险，此外还有年金保险、团体保险和简易人寿保险。这些产品计划缺乏灵活性，在经济环境变动较大的时期不能为客户提供更好的保障，于是寿险产品逐步发展为灵活性很强的产品，如变额寿险、分红寿险、万能寿险等，作为寿险产品的补充种类。

（9）意外伤害保险产品。人身意外伤害保险又称为意外伤害保险或意外险，是指被保险人在保险有效期间，因遭遇非本意的、外来的、突然的意外事故，致使其身体遭受伤害而导致残疾或死亡时，保险人依照合同约定给付保险金的保险。根据保险责任的不同，意外伤害保险产品可分为意外伤害死亡残疾保险、意外伤害医疗保险、综合意外伤害保险、意外伤害误工保险。意外伤害死亡残疾保险只保障被保险人因意外事故伤害所致的死亡或残疾，满足被保险人对意外伤害的保险需求。这种保险通常作为附加条款加在主险上，有时也可以作为单独险种投保。意外伤害医疗保险是指以被保险人因遭受意外伤害导致死亡或残疾需要就医治疗而发生的医疗费用支出为保险金给付条件的人身保险。综合意外伤害保险是指在其保险责任中既有被保险人因遭受意外伤害事故或者残疾保险金给付责任，也有为此住院治疗所花费的医疗费用的医疗保险金给付责任的保险。这类保险大多单独承保。意外伤害误工保险是指被保险人因遭受意外伤害暂时丧失劳动能力而无法工作，保险人给付保险金的人身保险。

（10）健康保险产品。健康保险是以被保险人的身体为保险标的，是被保险人在疾病或意外事故所致伤害时发生的费用或损失获得补偿的一种保险。健康保险按照承保内容的不同，可分为医疗保险、疾病保险和收入损失保险。医疗保险是指以约定的医疗费用为给付保险金条件的保险，即提供医疗费用保障的保险。医疗费用是病人为了治病而发生的各种费用，包括手术费、住院费、护理费等。疾病保险是以被保险人罹患合同约定的疾病为承保风险的一种健康保险。收入损失保险是指对被保险人因疾病致残后，不能正常工作造成收入损失进行补偿的一种健康保险。

### 3.证券产品

证券产品主要包括股票产品、债券产品和基金产品。

股票是代表股权的一种有价证券。股票是股份证书的简称，是股份公司为筹集资金而发行给股东作为持股凭证并借以取得股息和红利的一种有价证券。每股股票都代表股东对企业拥有一个基本单位的所有权。股票是股份公司资本的构成部分，可以转让、买卖或作价抵押，是资本市场主要的长期信用工具。股票产品具有不可偿还性、参与性、收益性、流通性、价格波动性和风险性等基本特征。

债券是债务人为筹集资金而向债权人承诺按期交付利息和偿还本金的有价证券。它只是一种虚拟资本，其本质是一种债权债务证书。它具有偿还性、流动性、安全性、收益性四个基本特征。

证券投资基金是一种利益共享、风险共担的投资于证券的集合投资理财方式，即通过发行基金单位，集中投资者的资金，由基金托管人托管（一般是信誉卓著的银行），由基金管理人（即基金管理公司）管理和运用资金，从事股票、债券等金融工具的投资。基金投资人享受证券投资的收益，也承担因投资亏损而产生的风险。目前我国的基金都是契约型基金，是一种信托投资方式。

金融衍生产品是指依赖基础资产价值变动的合约，如金融远期合约、金融期货、金融期权、互换协议等，这种合约可以是标准化的，也可以是非标准化的。国际上金融衍生产品种类繁多，活跃的金融创新活动接连不断地推出新的衍生产品。

## 二、金融产品营销及其特点

### （一）金融产品营销

金融产品营销是营销管理与金融产品相结合的产物，是营销管理理论在金融产品上的全过程运用，包括金融业务市场细分、选择目标市场、价值定位、开发特定产品、确立价格和分销、品牌经营直至促销推广的全过程。

具体来说，金融产品营销是指金融企业以金融市场为导向，对用户从人文、心理以及行为上的差异进行细分，选择对自身最有利可图的目标市场，设计出"合适的"金融产品和服务，运用整体营销手段传递并提供给目标客户，以获得、保持、增加顾客，在满足客户需要和欲望的过程中实现自身利益目标的过程。

### （二）金融产品营销的特征

金融产品营销是金融企业在金融产品层面上展开的营销管理活动，是金融企业营销的一个组成部分。其特征表现为：

#### 1.金融产品营销注重企业形象

金融产品的特殊性在于，其不是实体，而是无形的，客户的购买行为是建立在对金融企业的信任基础上的。客户对金融产品及其知名度的认识首先是从对其提供者——金融企业的认识开始的，客户如何在众多的具有同质性的金融产品中做出选择，在很大程度上取决于他对金融机构的信任程度与好感程度，因此，在金融产品营销中，商业银行、保险公司等金融机构都非常注重自身形象，从硬件设施到服务都给客户留下非常深刻的印象。

#### 2.金融产品营销注重人性化、注重情感

金融产品营销要求所有营销人员面对不同的客户时，能迅速判断识别出客户的个性化需求，有选择地将本企业的金融产品推荐给客户，并将产品的相关特性与客户的需求匹配起来传递给客户，最大程度地满足客户的需求，为客户提供更人性化的服务。金融机构在进行金融产品营销时，必须注重加强人性方面的情感交流，通过附加某种特定的文化，使之与目标客户群体的价值观、信仰等产生共鸣。

### 3.金融产品营销注重品牌营销

由于金融产品的同质性，不同的金融机构提供的同一类型的金融产品在功能上差别不大，客户在选择金融产品或服务的时候，往往不是先被金融产品功能带来的服务盈利或便利所吸引，而是先被其所熟知的满意的品牌所吸引。例如，招商银行的"金葵花"理财产品、中国银行的"长城卡"系列、中国农业银行的"金穗"信用卡等，在行业内都已形成非常好的口碑，有较强的品牌优势。

### 4.金融产品营销注重全员的营销

金融产品营销涉及众多部门，需要全员共同协作进行整体营销。金融企业在做好企业与顾客的外部营销的同时，必须把一线员工作为内部客户，对一线员工做好内部营销，包括工作设计、员工招聘、员工培训、相互沟通以及激励等。

## （三）金融产品营销发展的动因

任何事物的产生、发展和兴盛都有深刻的内在动因，推动金融产品营销管理的发展也有几方面的动因，包括：

### 1.内部动因：金融市场的激烈竞争

一是银行同业之间的业务竞争。由于商业银行、专业银行、合作银行等各类银行机构的原有专业分工界限被打破，导致彼此业务交叉，新的综合性多功能银行的出现，以及原有银行竞相扩张经营规模，导致银行同业之间在吸收存款，发放贷款，争夺市场份额，扩展经营地域范围、金融产品和服务种类以及提高服务质量等方面的竞争不断加剧。

二是银行与非银行金融机构之间的竞争。20世纪70年代之前，美国银行业、证券业、保险业基本上各行其是，各谋其利。20世纪70年代以后，证券公司和保险公司等非银行金融机构不再受金融法规的限制，利用无须交纳准备金、可以跨州经营业务等有利条件，竞相推出了一些新的金融产品，诸如货币市场共同基金（MMMF）、现金管理账户（CMA）等。这些金融创新产品促使广大储户把资金从银行定息账户中提出，重新投资于以市场浮动利率计息的金融新产品，从而使银行存款大量流失、信用收缩、盈利减少。同时，其他各种非银行金融机构纷纷涌现，它们直接或间接地夺走不少银行业务。

三是非金融企业的发展。以美国为例，美国三大汽车公司（通用、福特、克莱斯勒）涉足金融业，分别成立了附属财务公司，为汽车消费者提供融资服务。又如，美国最大的百货零售商西尔斯公司把业务扩展到投资银行业、保险业等，建立了自己的金融营销网络，使之与其所属的零售商店连接起来，向零售顾客提供多样化的金融服务，具体包括融资、保险、抵押以及各种经济业务，因此，西尔斯公司有了"零售金融集团"之称。

四是金融业务的全球化趋势。20世纪70年代以来，随着西方各国经济的发展和生产社会化程度的提高，各国之间在经济、技术、资金和人员上的联系不断加强，生产、经营和资本的全球化趋势显著。跨国公司开始兴盛，它们在全球范围内统一组织生产、销售，在投融资上也充分利用跨国经营的区位优势，哪个国家利率高就把资金投到哪里，哪个国家利率低，就从哪里融资。这一方面使得跨国大企业逐渐摆脱了对本国金融业的依赖，另一方面也促进了本国金融业向国外发展。由于外国银行或金融机构的进入，双向、交叉经营金融业务开始发展，从而有效地促进了金融业务的全球化。21世纪以来，以互联网为媒介的金融业变革给整个行业带来翻天覆地的变化，互联网金融作为一种新的金融交易模式，进一步推动了全球一体化进程。

可见，竞争的加剧、非银行金融机构的介入、非金融企业的发展以及金融业务的全球化趋势，对于金融机构的营销方式、经营技术以及经营作风产生了深刻影响，金融营销观念应运而生。

### 2.外部动因：客户需求的多样化

金融客户主要包括组织客户（如工商企业、事业机关、社会团体等）和个人客户两类，不同客户的需求存在差异性。组织客户一般有行业、规模和所有制之分；个人客户则有收入水平、职业身份、受教育程度和地区习俗之分。虽然所有客户对于金融产品都有相同的基本要求（如安全、方便、收益等），但不同类型客户的行为方式往往是不同的，他们对于金融产品的种类、服务形式以及手段的需求往往存在显著差异。

随着金融知识教育的不断普及，人们的文化素质日益提高，客户的金融意识日趋成熟，他们要求金融机构为其提供形式多样、灵活方便且集安全性、流动性和盈利性为一体的金融产品和服务。这种变化对金融企业的经营提出了更高的要求，企业必须掌握客户需求的变化，开发出适合的金融产品并满足客户需要，努力拓展分销渠道，加强促销工作，以实现企业的经营目标。

### 3.物质动因：科技的进步

中国共产党第二十次全国代表大会报告指出，"必须坚持科技是第一生产力"。近年来，金融领域的科技应用引起了行业巨变。区块链、云计算、人工智能等金融科技的迅速发展和广泛应用，为金融创新提供了技术前提，使得金融机构能够不断推出各种新的金融业务。现代科技极大地改变了金融企业传统的业务手段，增强了它们处理日常业务的能力，从而突破了原有的业务范围，实现了业务创新。科技不仅催生了各种新形态的金融产品，同时也促使传统金融机构加快金融产品研发创新的脚步。

可见，金融市场的激烈竞争、客户需求的多样化以及科技的进步成为推动金融产品营销管理发展的三大动因。

## 案例分析

### 案例一：

#### "余额宝"——互联网和基金理财产品融合创新的产物

余额宝资金运作流程如图1-2所示。

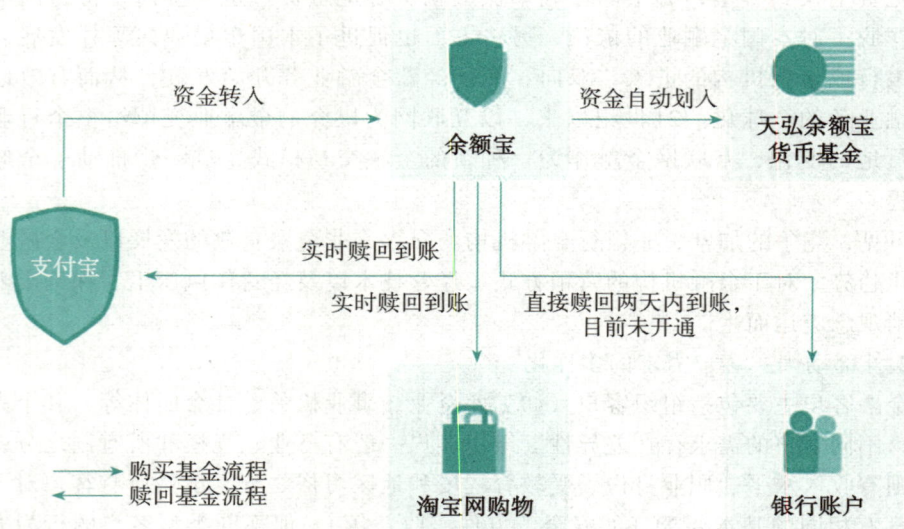

图1-2 余额宝资金运作流程

余额宝是由第三方支付平台支付宝为个人用户打造的一项余额增值服务。通过余额宝，用户不仅能够得到较高的收益，还能随时消费支付和转出，无任何手续费。用户在支付宝网站内就可以直接购买基金等理财产品，获得相对较高的收益；同时，余额宝内的资金还能随时用于网上购物、支付宝转账等支付功能。转入余额宝的资金在第二个工作日由基金公司进行份额确认，对已确认的份额会开始计算收益。

截至2022年6月30日，天弘余额宝规模为7 808亿元，持有人户数为7.4亿户，同比增长了约4.08%。自2013年上线以来，与余额宝对接的天弘余额宝货币基金已经成为全球用户数量最多的单只基金，在基金行业中排名第一。

在余额宝获得市场后，大量"类余额宝"产品相继问世，带动了互联网金融的发展。有业内人士认为，互联网金融用户呈现出年轻化特征，并且大多为首次接触理财的"小白用户"，并未掠夺传统基金理财市场，而是扩大了基金理财行业的用户覆盖范围。

请列举几种跟余额宝产品类似的互联网金融创新产品，并分析其特点。

**案例二：**

### 数字人民币，助推人民币国际化

数字人民币是由中国人民银行发行的数字形式的法定货币，由指定的运营机构运营，并向公众兑换。基于广义货币账户系统，它的功能相当于纸币和硬币。它具有价值特征和法律补偿，并支持可控匿名。也就是说，它是由政府发行的官方货币，与纸币不同的是它并没有纸质形态，而是绑定手机的电子货币形态。

我国从2014年就开始成立研发团队，着手数字人民币的研发和应用开发工作。

2014年，中国人民银行成立专门团队，开始对数字货币发行框架、关键技术、发行流通环境及相关国际经验等问题进行专项研究。

2017年末，中国人民银行组织部分商业银行和有关机构共同开展数字人民币体系的研发。

2019年底，数字人民币相继在深圳、苏州、雄安新区、成都及未来的冬奥场景启动试点测试。

2020年4月19日，中国人民银行数字货币研究所相关负责人表示，数字人民币研发工作正在稳妥推进，试点测试工作不断推进。

2022年1月4日，数字人民币（试点版）不断升级，已上架各大安卓应用商店开放下载。2022年北京冬奥会上，数字人民币App支持近百个冬奥会参赛国家和地区手机号注册和开通钱包。消费者也可以在冬奥会现场的中国银行网点、自助兑换机、定点酒店等渠道便捷地获取数字人民币硬钱包。硬钱包用现金或外卡都能兑换，可以匿名获取并使用，既安全、便捷，又充分保护个人隐私，而且具有文化纪念意义。2022年12月，中国杭州正式推出以"数币场景，赋能亚运"为主题的亚运数字人民币硬钱包。通过碰一碰、扫码付、网络购等方式，数字人民币可便捷实现非接触支付，助力安全亚运。数字人民币支付手环如图1-3所示。

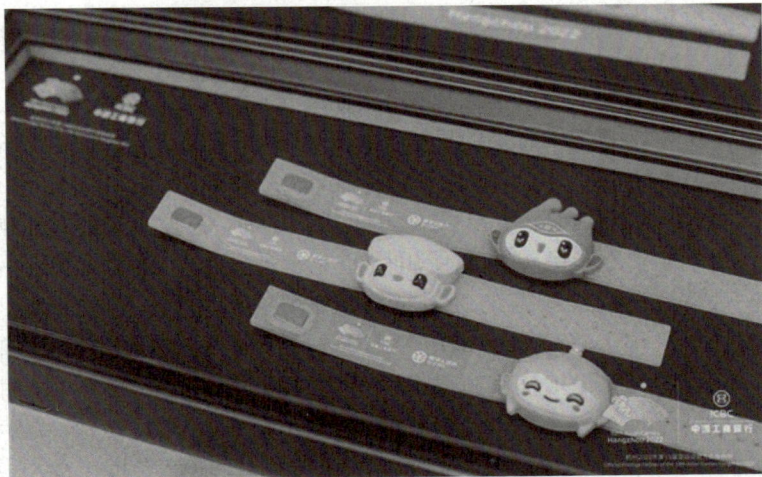

**图1-3　数字人民币支付手环**

从研发到数字人民币的推广和应用，中国总共用了不到8年的时间，到2021年底，数字人民币试点场景超过808.51万个，个人钱包开通2.61亿个，交易金额达578.65亿元。

数字人民币是中国人民银行推出的一种全新加密数字货币，主要用于小额零售业务场景的使用。数字人民币是由中国人民银行发行，由中国银行提供钱包服务。

目前全世界数字货币的运作模式有两种：第一种是单层运营模式，即由中央银行直接面对全社会提供法定数字货币的发行、流通、维护服务。这种模式主要适用于银行体系较为简单的国家。第二种是双层运营模式，也是世界上大多数国家沿用的模式。中国也采用这种模式，中国人民银行不直接对公众发行和兑换央行数字货币，而是先把数字人民币兑换给指定的运营机构，比如商业银行或者其他商业机构，这是第一层；再由这些机构提供钱包服务，运营机构往往是商业银行，将数字人民币兑换给公众，这是第二层。商业银行需要向中国人民银行缴纳100%准备金，这就是1∶1的兑换过程。这种双层运营体系和纸钞发行基本相同，因此不会对现有金融体系产生大的影响，也不会对实体经济或者金融稳定产生大的影响，还可以避免通货膨胀的发生。

数字人民币的优势是什么呢？

第一，数字人民币是一种法定的货币，币值稳定，与纸质人民币和硬币具有同等的效力，适用于所有类型的交易。

第二，数字人民币在匿名性方面采取"小额匿名，大额依法可溯"的原则，在收集个人信息时遵循"最少、必要"原则，同时严格控制个人信息的储存与使用，一般来说，中国人民银行不得将相关信息提供给任何第三方或政府机构，是一种可控、匿名、安全性相对更高的货币。

第三，数字人民币的发行需要向中国人民银行缴纳100%准备金，不会发生通货膨胀。

第四，与纸币相比，数字人民币不用携带货币，使用起来也更加安全、便捷，还可以无网络支付，应用场景多于数字支付方式。

第五，数字人民币的发行成本比现在的纸币、硬币的发行成本低很多，还可以大大节省使用成本或者数字支付需要的手续费，降低中间交易成本；能运用智能合约技术追踪交易，减少非法活动，如避税、洗钱、恐怖活动等。

数字人民币的推出对国际社会以及国际货币体系将产生较大的影响。在很多"一带一路"沿线国家，人民币现金使用已经非常普及了，数字人民币一旦发展起来，将对"一带一路"沿线国家的货币结算带来更多的便利，也能够帮助他们找到更多的商业机会。中国人民银行目前已经与包括马来西亚、泰国、阿拉伯等诸多国家展开合作，共同推进CBDC（官方数字货币）项目的研发。近年来，中国致力于推进人民币成为区域性可结算货币，人民币将逐步成为对美元具有一定可替代性的地方性结算货币，数字人民币的发展以及带来的便利性使得人民币的可接受程度更高。区块链等数字货币技术能够方便跨境交易货币支付和结算，能够省去任何第三方中介环节，做到交易即结算，不再需要任何第三方担任交易对手对双方账户变动进行调整、对账，大大降低成本的同时可以非常迅速地完成支付。数字人民币还可以通过各国间的监管合作，通过大数据、人工智能等技术，系统分析交易数据、追踪资金流向，提高反洗钱工作的精准性，切实防范打击国际洗钱、恐怖融资和逃税等违法犯罪行为，有效维护金融稳定。

微课2

中央银行数字货币

资料来源：佚名. 数字人民币［EB/OL］.［2023-03-12］. https：//baike. so. com/doc/29778211-31329454.html.

**案例三：**

### 浙江网商银行：卫星遥感和人工智能技术在智能化农村金融的创新应用

2021年，浙江网商银行采用卫星遥感技术获取种植大户的作物全生长周期遥感影像，为农户授信策略提供可信任、可追溯的数据源。在此基础上，还进一步运用人工智能图像识别技术分析遥感影像。这项卫星遥感技术代号"大山雀"。基于深度神经网络等普惠金融产品和服务创新案例I模型算法，网商银行建立了28个卫星识别模型，涵盖水稻、小麦等作物全生长周期识别、地块识别等模型，实现作物品类、种植面积、长势情况的识别，建立作物种植画像，了解农户贷款需求时点及授信动态管理。此外，采用大数据风控技术构建特色种植品类（果蔬茶等）行业风控模型，实现农户的精准授信，提升农户的融资效率。目前，模型准确率达93%以上，处于行业领先水平。

为更好地服务"三农"，解决生产端农户贷款难的问题，2019年起，网商银行积极探索通过卫星遥感技术结合普惠金融产品和服务创新案例I模型算法获取可信动态数据，并创造性地将识别结果应用到涉农信用贷款模型中。2021年9月，网商银行还对卫星遥感技术"大山雀"进行了升级，在已有的小麦、水稻等主粮作物识别能力的基础上，新增了苹果、猕猴桃等经济作物品类的识别能力，这意味着许多果农贷款难的问题有了新的解决方案。此次升级的"大山雀"，其作物识别算法模型实现了融合识别不同分辨率的影像，提升了水果等经济作物的识别精度，在业内属于首次。升级后的"大山雀"，还可根据各类信息源建立农业知识图片，能利用地形、降水、积温、历史产量等知识提升作物识别效果。网商银行让"算法机器"掌握了"人工经验"，如图1-4所示。

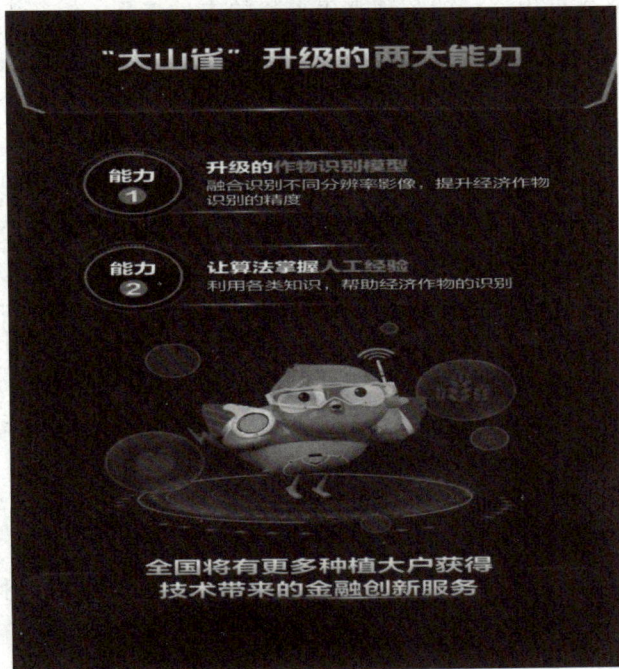

图1-4　浙江网商银行"大山雀"卫星遥感技术

现在，农户只要拿着手机，绕地走一圈，或是在支付宝上把自己的地在地图上圈出来，卫星就可以去识别这块地的农作物面积、作物类型，分辨出水稻、玉米、小麦、花生、烟草等多种作物的区别，准确率达到93%以上。农户圈出的地块是否准确，也可以和农户在政府机构登记的土地确权、土地流转等数据进行交叉验证。有了这些信息，再结合气候、行业景气度等情况，网商银行通过几十个风控模型，就可以预估产量和价值，从而向农户提供贷款额度与合理的还款周期。截至2021年末，"大山雀"已覆盖全国28个省、市、自治区，超60万种植大户因此得到了信贷资金。

网商银行保持开放合作，与当地政府、银行、商业机构一起努力，用科技降低获得金融支持金融服务的门槛，稳步提升合作县域的覆盖度，实现农业产业金融数字化，让更多农民群体享受到科技金融、普惠金融的福利。

结合案例，请分析新的技术如何推进银行信贷产品的创新。

资料来源：佚名.卫星遥感和人工智能技术在智能化农村金融的创新应用｜中国普惠金融典型案例（2022）019号［EB/OL］.［2022-11-17］. http://www. 21jingji. com/article/20221117/herald/6e265a29cac62ddb11cf2bbee08f38b3.html. 经改编。

# 视野拓展

## 一、银行卡、信用卡、借记卡、贷记卡、准贷记卡之间的区别

银行卡是由金融机构发行的各种基于卡片的支付工具。银行卡包括借记卡和信用卡。

借记卡是指先存款、后消费（或取现），没有透支功能的银行卡。借记卡是普通储蓄卡，账户属性是活期存款账户，可以用于消费、ATM存取款等。

信用卡是由金融机构发行的，可用于现金存取、转账收付或者向特约商户取得商品、服务等，并按照约定方式清偿账款所使用的电子支付卡片。信用卡可以用于消费、ATM存取款等，最大的好处是可以透支（有一定的信用额度）。在国外，信用卡就是贷记卡；在我国，信用卡包括准贷记卡和贷记卡。

准贷记卡是指持卡人须先按发卡银行的要求缴存一定金额的备用金，当备用金账户余额不足支付时，可在发卡银行规定的信用额度内透支的银行卡。

贷记卡是指发卡银行给予持卡人一定的信用额度，持卡人可在信用额度内先消费、后还款的银行卡。

借记卡、准贷记卡、贷记卡的区别见表1-1。

## 二、金融衍生产品

金融衍生产品是指其价值依赖于基础资产价值变动的合约。这种合约可以是标准化的，也可以是非标准化的。

表 1-1 借记卡、准贷记卡、贷记卡的区别

| 种类/区别 | 借记卡 | 准贷记卡 | 贷记卡 |
|---|---|---|---|
| 申办条件 | 不进行资信审查，使用前须存款 | 视各发卡银行规定，须进行必要的资信审查，对于符合申请条件的方予发卡；根据各行不同规定，可免担保人、免保证金等 | 视各发卡银行规定，须进行必要的资信审查，对符合申请条件的方予发卡及核定信用额度；根据各行的不同规定，可免担保人、免保证金等 |
| 用款方式 | 存多少，用多少，不能透支 | 先存款，后消费，可以透支 | 无须存款，先消费，后还款 |
| 免息还款期 | 无 | 无 | 20~60 天（根据各章程规定而定） |
| 信用额度 | 无 | 有 | 有 |
| 预借现金 | 无 | 有 | 有 |
| 循环信用 | 无 | 无 | 有 |
| 消费方法 | 凭密码 | 凭密码或签名 | 凭签名或密码 |
| 存款利息 | 有 | 有 | 无 |

## （一）金融衍生产品的分类

国际上金融衍生产品种类繁多。活跃的金融创新活动接连不断地产生新的金融衍生产品。金融衍生产品主要有以下几种分类：

### 1.根据产品形态划分

根据产品形态，金融衍生产品可以分为远期、期货、掉期和期权四大类。

远期合约和期货合约都是交易双方约定在未来某一特定时间，以某一特定价格买卖某一特定数量和质量资产的交易形式。期货合约是期货交易所制定的标准化合约，对合约到期日及其买卖资产的种类、数量、质量做出了统一规定。远期合约是根据买卖双方的特殊需求由买卖双方自行签订的合约。因此，期货交易流动性较高，远期交易流动性较低。

掉期合约是一种交易双方签订的在未来某一时期相互交换某种资产的合约。更为准确地说，掉期合约是当事人之间签订的在未来某一期间内相互交换他们认为具有相等经济价值的现金流的合约。掉期合约较为常见的是利率掉期合约和货币掉期合约。掉期合约中规定的交换货币是同种货币，则为利率掉期合约；如果是异种货币，则为货币掉期合约。

期权交易是买卖权利的交易。期权合约规定了在某一特定时间，以某一特定价格买卖某一特定种类、数量、质量原生资产的权利。期权合同有在交易所上市的标准化合同，也有在柜台交易的非标准化合同。

### 2.根据原生资产划分

根据原生资产划分，金融衍生产品大致可以分为股票、利率、汇率和商品四类。

如果再加以细分，股票类包括具体的股票和由股票组合形成的股票指数；利率类可分为以短期存款利率为代表的短期利率和以长期债券利率为代表的长期利率；汇率类包括各种不同币种之间的比值；商品类包括各类大宗实物商品。

### 3.根据交易方法划分

根据交易方法划分，金融衍生产品可分为场内交易和场外交易。

场内交易，又称交易所交易，是指所有的供求方集中在交易所进行竞价交易的交易方式。这种交易方式具有交易所向交易参与者收取保证金，同时负责清算和承担履约担保责任的特点。此外，由于每个投资者都有不同的需求，交易所需事先设计出标准化的交易合同，由投资者选择与自身需求最接近的合同和数量进行交易。所有的交易者集中在一个场所进行交易，这就增加了交易的密度，一般可以形成流动性较大的市场。期货交易和部分标准化期权合同交易都属于这种交易方式。

场外交易，又称柜台交易，是指交易双方直接成为交易对手的交易方式。这种交易方式有多种形态，可以根据使用者的不同需求设计出不同内容的产品。同时，为了满足客户的具体要求，出售衍生产品的金融机构需要有高超的金融技术和风险管理能力。场外交易不断产生金融创新，但是，由于每个交易的清算都是由交易双方相互负责进行的，交易参与者仅限于信用程度高的客户。掉期交易和远期交易是具有代表性的柜台交易的衍生产品。

### （二）金融衍生产品的特征

#### 1.零和博弈

合约交易的双方（在标准化合约中，"交易"是不确定的）盈亏完全负相关，并且净损益为零，因此称为"零和"。

#### 2.高杠杆性

衍生产品的交易采用保证金制度，即交易所需的最低资金只需满足基础资产价值的某个百分比。保证金可以分为初始保证金、维持保证金，并且在交易所交易时采取盯市制度。如果交易过程中的保证金比例低于维持保证金比例，那么将收到追加保证金的通知；如果投资者没有及时追加保证金，则其将被强行平仓。可见，衍生品交易具有高风险、高收益的特点。

## 三、银行业产品创新呈现六大特征和五大趋势

### （一）六大特征造就创新盛宴

近年来，银行业产品创新活跃度进一步提高，创新深度增强，产品之间的整合程度提升，信息技术对于产品创新的支撑度进一步提高，六大创新特征逐步显现：

（1）理财、信贷和银行卡业务等三类创新产品支撑银行业务增长。理财、信贷和银行卡业务是银行资产负债表扩张和中间业务收入提升的重要支点，也是产品创新最为活跃的三大领域。截至 2022 年底，银行理财市场存续规模达 27.65 万亿元，全年

累计新发理财产品 2.94 万只，募集资金 89.62 万亿元，为投资者创造收益 8 800 亿元。这些理财产品为稳定银行存款、拉动负债增长、维系客户基础发挥了重要作用。从信贷产品来看，各家银行为优化客户结构，提高息差水平，纷纷将中小企业尤其是小微企业信贷作为创新重点，采用抵质押方式创新、担保模式创新及渠道创新等多种形式，打造中小微企业信贷新产品。从银行卡产品看，主要围绕"主题+功能+客户群"三要素进行组合式创新。银行在发卡之初，首先锁定目标客户群体，根据客户某一偏好，选择特定事物作为设计主题，配合独特的附加服务与使用便利，使"客户群""主题""功能"贯通联结，实现银行卡产品创新。

（2）负利率环境促使理财产品投资结构趋变。负利率环境使得银行存款产品销售受阻，理财产品作为存款利率市场化的前沿阵地，备受市场关注。理财产品创新主要体现在三大投资风格的变化上：一是投资期限结构错配化。银行为追求理财产品的高收益，稳定本行存款资源，纷纷使用"短钱长投""滚动发售"等方式，融入短期客户资金，投资于期限长、收益高的资产类别，利用资金融入与融出的期限错配，获得高额理财收益。据统计，期限在 6 个月以下的理财产品占全部理财产品发行量的 88%，期限在 3 个月以下的理财产品占全部理财产品发行量的 68%。二是投资风格相对激进化。迫于通货膨胀压力，消费者倾向于选择高收益理财产品以抵消通货膨胀影响，因此，非保本理财产品成为各行理财产品创新热点。三是投资标的多元化。目前，银行发行的理财产品多为混合型，即一款产品往往投资多个标的资产，"货币市场+债券"和"信贷资产+债券"的双组合理财产品开始占据主导地位。此外，挂钩酒类、旅游等市场投资热点的理财产品也不断涌现。

（3）客户细分成为产品创新的重要基础。以客户为中心，基于客户细分进行产品创新，是产品创新体现的又一特点。在零售业务方面，众多银行纷纷针对高端客户量身定制私人银行理财产品，并以此为契机加快推动个人财富管理业务。例如，工商银行针对其私人银行客户设计的"黄金组合"顶级普洱茶投资理财产品；交通银行为私人银行客户提供的"沃德财富私人银行跨境综合财富管理服务"等。在信贷业务方面，各家银行根据企业规模、行业类型、成长阶段、经营特色等方面的差异，针对客户不同特点和需求，采用不同服务渠道或平台为客户提供个性化产品和服务。例如，中信银行针对不同集群业态的中小微企业推出"成长贷"服务方案；华夏银行针对中关村科技园区企业推出"龙舟计划"等。在银行卡业务方面，银行卡业务逐步成为银行零售客户分层标志，也成为各类高端专属服务的介质载体。例如，中国银行针对私人银行客户推出"环球荣耀非同凡享"长城美国运通卡，为客户提供"1+1+1"管家式金融服务等。

（4）整体金融服务方案创新逐步取代单一金融产品创新。各家银行纷纷针对特定客户群体，推出跨产品线、跨部门的一揽子金融服务方案。例如，华夏银行的"龙舟计划"，针对中关村科技园区科技型企业提供十余种个性化产品和服务，涵盖多种融资模式，应对初创期、成长期、成熟期企业的不同需求。瑞士联合银行（UBS）则打破了投资银行、公司业务、私人银行以及全球各业务中心的区域限制，形成了跨区域、跨部门、全球专业人才联动的一站式服务，为客户提供以咨询为核心，涵盖投资银行、资产管理及财富管理等多业务领域的金融解决方案。

（5）金融网络化蓬勃发展，势不可挡。网络平台不仅为银行原有产品及服务提供了全新的营销渠道，同时也是银行产品创新的主攻方向。一方面，各家银行纷纷升级网络银行，大力发展手机银行业务，推出各种基于电子银行的对公及个人金融服务产品，给广大客户带来全新体验。另一方面，伴随网络商户迅猛增加，各家银行积极依托网络平台，借助网络技术，大力发展网络融资业务，实现产融对接。例如，工商银行针对资金需求频率高、周期短的企业，依托网银平台推出"网贷通"产品；交通银行则针对小微企业和个人开发网络信贷专属平台，系统可根据客户在线申请的相关信息为其量身定做最优贷款方案并进行网上预审，授信过程通过网络实现，最大程度地发挥网络的便捷优势。

（6）机构合作成为拓宽创新产品市场空间的重要方式。银行与其他机构，尤其是与非金融企业合作已成为一种趋势，这一趋势在银行卡和信贷产品创新中更为明显。在银行卡方面，如光大银行北京分行携手北京金逸影城、日本信用会社（JCB）国际信用卡公司共同推出了"光大·金逸"联名信用卡；中国建设银行浙江分行与医院合作，开通了具有"预约挂号"和"先诊疗，后结算"功能的"健康龙卡"；中国银行北京分行携手招商证券和招商期货联合推出北京地区首张银行、证券、期货三方联名卡"长城·智远"联名借记卡。在信贷产品方面，如浦发银行、上海银行、中国银行上海市分行与上海市科学技术委员会、保险经纪公司及太平洋保险公司携手，通过"政府+保险+银行"的风险共担模式，在全国率先推出科技中小微企业履约保证保险短期贷款业务。又如，当前众多银行纷纷推出网络融资服务，借助电子商务机构对中小企业的交易记录及信用评级，发掘和培养以网上交易、网上信用为基础的新型融资模式，实现银行、中小微企业及电子商务机构的互利共赢。

### （二）五大趋势打造金融创新方舟

随着经济发展与社会变迁，"民营经济快速发展，农村经济崛起，国民财富分化，金融脱媒以及人口结构变化"共同构成了未来中国经济和社会发展中的五大热点问题。商业银行的产品创新趋势也会应势而变，呈现五大发展趋势：

（1）中小企业金融产品异军突起。中小企业群体是未来银行创新竞争的战略红海。在这一领域，创新将主要集中在两个方面：一是银行与外围机构的合作升级，银行将以全新的方式与中小企业合作伙伴、电子商务企业、行业协会、第三方评估公司及政府开展合作，通过订单等方式确认中小企业与大企业的合作关系，通过电子商务企业提供信用评级信息，通过行业协会提供行业发展信息，通过第三方担保公司或政府提供定向担保等多种方式评定中小企业主资质，评估其信用水平及偿还能力。二是中小企业融资抵质押物范围扩大，以专利权、音像版权、著作收益权、排污权、特种经营专属权（如品牌代理商、汽车4S店等）和商誉商标使用权（如东来顺、肯德基等）等特种权利为主的质押担保授信产品将成为中小企业融资产品的创新重点。这些特种权利与不同行业中小企业的运营特点相结合，经过标准化处理，形成更适用于中小企业的金融产品。

（2）借助小额贷款公司提高农村金融产品创新活跃度。针对农村金融领域，银行将借助小额贷款公司这一利器，与政府、保险公司、农村信用社、小额贷款公司多方联动，充分利用地方农业龙头企业担保、农业保险公司联保和政府风险补偿基金等手段，通过同业授信方式（银行对小额贷款公司授信，再由小额贷款公司发放贷款给农户），降低农户贷款实际运营成本，实现农村金融产品创新。

（3）财富管理业务品种将进一步丰富。针对高净值客户的财富管理产品创新将体现出更加综合化的趋势，实现一站式的财富咨询和管理解决方案。银行将基于复杂的资产配置方法和工具，系统地评估客户的金融需求和风险偏好，将涵盖财务规划、资产管理、投资、保险、信托、税务及遗产安排、收藏、拍卖等诸多领域的金融产品和服务进行创造性的组合，并按照客户贡献度进行差异化定价，定制适宜的产品服务解决方案。

（4）以综合金融服务方案为主导的结构化金融产品创新增多。综合金融服务方案创新在未来将得到进一步强化，更多的结构化金融产品将被融入综合金融服务方案。银行通过产品创新将资产的风险与收益进行有限切分，并逐步由单纯的贷款资金供给方转变为信用风险承担方和整体金融服务方案发起方。

（5）人口结构变化带来创新契机。老龄化和新兴消费群体崛起是人口结构变迁最值得关注的两大趋势。一方面，满足老年人晚年资产管理特殊要求的金融产品创新将趋于活跃，诸如"住房反向抵押贷款"等业务品种将成为继"个人经营性贷款"（如"商贷通""短贷宝"等）后个贷业务的又一热点产品。另一方面，以电子银行为核心的、面向"80后""90后"新兴消费群体的"整合式"创新产品将呈现爆发式增长。在这一领域，创新的重点在于技术上的整合，也就是将转账、支付、还款、缴费、理财等多种金融功能，在不同的电子渠道（如网上银行、手机银行和ATM）间实现业务的联动、整合（如客户在手机银行上设定提取现金的金额和密码后，可以在ATM机无卡取现），从而使电子银行具备更多的基础业务中心和增值业务中心职能。

资料来源：罗亚辉. 银行业产品创新呈现六大特征［J］. 当代金融家，2012（5）. 经改编。

## 四、金融科技领先世界　推动产业经济发展

自2013年以来，中国从传统金融时代跨越式发展到金融科技时代，金融与科技两种元素的深度融合正在改变传统的金融行业骨架，以大数据风控、智能资产管理、大数据信用体系为代表的新金融体系正在形成。

通过搭建新的金融体系，传统时代以人工为主的金融参与者将会被大数据、人工智能、云计算等新技术所取代，从而将金融行业的发展带入到一个全新的阶段。随着金融行业骨架的改变，金融行业低效、低质的状态将会改变，除了提升自身的效率之外，还能够给外部行业带来更多的支持，从而将金融更加深度地应用到更多行业当中。

金融科技时代注重的是金融与科技的深度融合以及由此所引发的行业内在改变。构建一个新金融体系不仅能够将金融行业的发展带入一个全新的阶段，而且能够将金

融行业更加深入地与已经发生改变的外部行业产生联系。近年来，在新一轮科技革命和产业变革的时代背景下，以互联网、大数据、云计算、人工智能等为代表的数字技术不断取得突破，一个以技术为驱动的数字普惠金融新模式正在全球范围内加速形成。

金融科技正在成为各领域、各机构竞相追逐的"香饽饽"。在金融科技的助力下，越来越多"零征信""弱征信"的群体开始享受到高效率、低利率的贷款服务，这也使得普惠金融的可获得性和金融服务的便利性大大提升。

近几年来，越来越多持牌金融机构开始关注数字技术，以互联网为依托，以大数据、云计算、人工智能等数字技术为核心的技术创新越来越多。其中，持牌金融机构愈发重视和科技公司合作，比如某家银行和80多家科技公司有合作关系。另一方面，互联网企业也与传统金融机构联合，双方发挥各自在技术领域和金融领域的优势，进行强强合作。例如，四大互联网龙头企业纷纷创建其旗下的金融科技平台。B（百度金融）、A（蚂蚁金服）、T（腾讯互联网金融）、J（京东金融）这四家的目的都是服务于传统金融机构，并为其赋能。

数字普惠金融的科技赋能主要体现在，通过开发传统持牌金融机构的金融科技来助力金融，使金融服务更加高效、便捷。从全球范围来看，中国金融科技在普惠金融方面的应用已走在世界前列，不管从金融科技应用领域还是从金融科技企业数量来说，很多国家涉及的都远远不及中国。中国金融的崛起势在必行，相信会带给世界新的秩序。

资料来源：佚名. 金融科技已逐步实现领先世界 推动产业发展 ［EB/OL］.［2020-03-20］. https：//www.sohu.com/a/256444629_100036314.

### （一）中国工商银行拥抱金融科技打造智慧银行

2017年8月25日，中国工商银行发布《关于组建网络金融部的议案》，决定设立网络金融部，统筹全行网络金融业务发展与管理，加快推动互联网金融e-ICBC 2.0向e-ICBC 3.0智慧银行战略升级。这是工行在互联网金融业务快速增长的同时，不断完善金融科技架构，继成立互联网金融、大数据与人工智能、云计算、区块链与生物识别等七大创新实验室之后，在金融科技方面的又一创新举措。工行的这一科技转型走在了全国商业银行前列。

围绕e-ICBC战略，工行在建设"融e购"、"融e联"和"融e行"三大平台的基础之上，推出了工银e支付、逸贷、工银e生活等互联网金融产品，并积极与互联网企业开展技术合作，推动工商银行互联网金融业务实现跨越式发展。

在移动支付领域创新方面，工行持续发力，在国内率先推出工银HCE云闪付信用卡，先后推出Apple Pay、三星Pay、华为Pay、小米Pay，并将移动支付场景从手机拓展至手表等可穿戴设备，陆续推出华为智能手表支付、斯沃琪腕表支付，全面搭建了线下"近场"挥卡支付和线上"远程"一键支付的产品体系。

在区块链方面，工行完成了"基于区块链技术的金融产品交易平台"的系统建设，实现账户贵金属转账功能；同时，协同贵州省政府利用区块链技术实现扶贫项目及用款审批的透明运作，保障扶贫资金的封闭运行管理。

在大数据的应用与发展方面，工行将"大数据与信息化银行"战略作为三大战略之一，并在客户营销、产品使用、风险防控、经营管理等领域应用成效显著；在反欺诈领域，工行运用神经网络模型防范客户欺诈，实时判断电子银行每笔交易的欺诈风险，有效防范了客户资金损失的风险；在客户服务领域，工行于2016年投产了新一代智能机器人产品；在物联网技术应用方面，工行实现移动物品定位追踪的功能，首个汽车专项分期付款业务已成功试点投产。

资料来源：佚名. 工行：拥抱金融科技打造智慧银行［EB/OL］.［2020-03-20］. https：//www. financialnews.com.cn/zgjrj/201709/t20170928_125416.html.

### （二）杭州银行客服中心加快数智化转型步伐，积极部署"数智人+"发展体系

自2021年底数智人"杭小美"入职杭州银行客服中心以来，杭州银行客服中心围绕"数智人+"发展体系，积极部署应用场景，持续在赋能对外服务和提升内部能力上双向发力。

#### 1.数智人+金融风控

杭州银行客服中心聚焦远程核身业务场景，以数智人为基点，以人工智能技术为核心，融合虚拟人像合成、生物识别、自然语言理解、视频通讯等前沿技术，突破系统壁垒，深度耦合数智人与客户端、客服系统、视频系统等，将传统核身方式转变为可视化的数智人人机交互模式，同时联动风险监控系统，双重保障交易的安全性和准确性，并融合"音视频协同服务"新模式，有效确保远程核身业务7×24小时服务连续、高效运营。以事中风控场景为例，当客户在手机端交易触发风险进入远程核身环节时，客服端将通过文本或真人语音驱动数智人对外输出统一声音、统一形象，其逼真形象的外形、自然亲和的音色极大地提高了交互亲近感，提升了客户交流意愿。此外还在场景设计中强化了老年客户关怀属性，为老年客户提供专属座席、标签优先、语速放慢、语言简化等特殊服务，切实提升老年客户金融服务"获得感"。该场景自上线以来，数智人月均服务近400人次，客户满意度达100%。

#### 2.数智人+业务辅助

借势大数据分析、用户行为研究等手段，聚焦客户行为断点，利用数智人为客户实时提供清晰的操作流程辅助，将服务与业务有机结合，为客户提供更高效、更快速、更顺畅的服务。以"百业贷"还款场景为例，通过用户数据和行为分析发现，虽然直销银行App界面有明显的还款菜单及提醒，每月也会多次向客户发送还款提醒短信，但在实际操作中，仍有较多客户通过客服渠道咨询还款问题，这占百业贷业务总咨询量的60%左右，主要集中于不知还款资金该转到哪里、想要提前还款但不知如何操作、不确定还款金额三个方面。对此杭州银行客服中心连同直销银行在百业贷还款界面引入了数智人实时播报功能，引导客户在同一渠道、同一流程中自主完成还款业务办理，节约客户排队等待和咨询时间，有效提升客户体验和操作流畅性。该场景自上线以来，累计触达客户近6 000人次。

### 3.数智人+培训

"大家好，我是AI培训师杭小美。"杭州银行浣纱支行的培训教室里出现了一个新面孔，正是数智人"杭小美"。"杭小美"以其生动逼真的外形、语音、表情，专业的教学态度，深受客户经理喜爱。这节短短4分钟的数智人早课"新钱包规则调整专题培训"让客户经理们在上岗前快速掌握"新钱包"产品的新规则、规则调整时间、调整原因、客户通知渠道、客户常见问题等内容，及时更新业务知识，提升客户服务能力。相较于传统的人力培训，以数智人代替真人，该模式不仅节约培训师资源，还节省人工备课和授课时间，只需在数智内容生产平台上输入准备好的文字脚本，几分钟内即可快速生成一个AI培训视频。

同时，客服中心着力打造线上培训师ID，"杭小美"目前已作为AI培训师入驻了线上培训，主讲了"客服中心能力池'四大金刚'""智能知识库训练入门"等课程，月学习量近700人次，超越绝大多数同类型课程。相比于纯视频讲解，融入数智人形象，可进一步拉近培训师和学员之间的距离，使培训更加生动有活力，为学员提供有温度、沉浸式的零失误培训体验。

### 4.数智人+IP

数智人"杭小美"还担任着杭州银行客服中心的虚拟品牌官。借势物理仿真、虚拟形象驱动、多模态合成模型等金融科技，杭州银行客服中心搭建了集数智人管理、动作设置、多音字检测、语速配置、AI字幕等多功能于一体的数智内容生产平台，同时将平台能力复用于移动办公系统"杭易联"上，轻松覆盖全行员工，可随时随地实现内容快速、自动化生成，推动AI视频规模化、个性化生产，目前已应用于客户关怀、反诈宣传等多种场景，赋能全行业务发展。

未来，杭州银行客服中心将积极探索新型应用模式，创造更多元的"数智人+"应用场景，在客户服务、品牌营销、虚拟直播等各个领域发挥更大优势，构建数智世界用户新体验。

资料来源：杭州市人民政府国有资产监督管理委员会.杭州银行客服中心加快数智化转型步伐，积极部署"数智人+"发展体系［EB/OL］.［2023-01-04］.http://gzw.hangzhou.gov.cn/art/2023/1/4/art_1689495_58900577.html.

## 实践训练

### 一、实训内容

1.参观金融产品陈列室。

2.将全班同学按6~7人的规模分成若干个小组，各组商定小组名称。

3.以组为单位，选定一种金融产品，根据所选金融产品选择商业银行、保险公司、证券公司、互联网金融公司进行实地考察。

4.分析所选金融产品的基本特征以及与同类产品相比较的优势和劣势；分析金融产品营销与普通产品营销的区别。

5.以小组为单位撰写考察报告。

## 二、实训目标

1.通过参观金融产品陈列室，使学生了解金融产品的种类和特点。

2.通过实地考察，使学生增强对金融产品及金融产品经营企业的感性认识。

3.通过小组研讨和撰写考察报告，提高学生思考问题、分析问题的能力。

## 三、实训考核

根据考察报告和课堂小组发言情况给予评分。

# 任务二
# 金融产品营销调研

## 学习目标

**知识目标**：1.掌握金融产品营销调研程序。
2.掌握金融产品内外部环境分析的内容。
3.掌握调查问卷设计的要领。
4.掌握实地访谈、电话采访、网络调查的要领。
5.掌握收集信息的方法。
6.掌握资料整理、分析的要点。
7.掌握金融产品营销调研报告撰写要领。

**技能目标**：1.能根据金融产品营销调研程序进行金融产品营销内外部环境分析。
2.能较好地运用调查问卷、实地访谈、电话访问、网络调查等主要调研方法进行金融产品营销调研。
3.能熟练地利用网络收集各种信息。
4.能从大量的信息中捕捉有用的信息为己所用。
5.能根据调研资料撰写金融产品调研报告。

## 知识要点

### 一、金融产品营销调研的功能

金融产品营销调研是指系统地设计、收集、分析和提供关于金融服务领域的相关信息，掌握和理解金融企业所面临的特定营销状况，为经营管理和市场决策提供依据的过程。其主要功能有：

#### （一）了解金融营销环境

金融产品营销调研的主要目的是了解经济政策走向、国内生产总值、消费者情况、科技新动向以及竞争环境。金融营销环境是制定营销战略的外部影响因素，因此，了解金融营销环境的变化是企业营销决策的关键。

### （二）发现金融市场需求

市场需求调研包括现实需求和潜在需求的调研，是金融市场调研的核心内容。市场需求调研具体包括市场需求容量调研、消费结构及发展趋势调研、消费者购买动机和购买行为调研等。通过调研金融企业正在服务的市场，对之进行细分，找出目标市场，并提出有关企业形象、区位选择等策略。

### （三）评估营销计划成果

评估营销计划成果主要包括：追踪各种内部数据的账目，如账号、资金使用情况；追踪外部表现因素，如金融企业知名度、企业形象、市场定位等，用以评价企业的影响力；定期对市场结构和市场份额进行研究，了解企业的市场表现等。

### （四）提供经营决策指导

提供经营决策指导是指分析市场结构、产品生命周期、消费者习惯以及宏观经济环境，对市场未来发展趋势进行预测，为以后的经营决策提供指导。

## 二、金融产品营销调研的程序

### （一）确定调研目标

根据金融企业面临的重大问题或将会面临的问题来确定调研的目标，比如，什么因素会扩大该金融产品的销售量，银行的网点是否合理，网络营销方式是否与传统营销方式相冲突等。这些问题会促使金融企业对目标的市场策略进行反思，继而不断改进，调整市场策略。确定调研目标有一个原则，即问题的定义要适度，目标太大会导致调研结果解决不了实际问题，问题太小，则其本身没有太大的研究意义。

微课 3

金融产品营销调研

### （二）制订调研计划

完整的调研计划包括以下几部分内容：

（1）调研目的：为什么进行该项目调研，想要调研哪些内容。

（2）调研项目：调研的项目以及内容。

（3）调研方法：根据调研目的和调研项目确定调查地点、调查对象和调查方式。

（4）经费预算。

（5）调研人员以及调研日程安排。

### （三）收集调研信息

收集一手资料和二手资料都很重要。二手资料更容易获得，而且二手资料成本低、效率高；一手资料获得的成本高，但是对于一份调研报告而言，一手资料是不可或缺的。

一手资料的获得方法通常有：观察法、访问法、调查法、实验法。

### （四）整理分析信息

从收集到的信息中提炼出合理的调查结果。营销人员可以运用统计技术和决策模型，对信息进行整理、加工、计算和分析，为撰写调研报告打下基础。

### （五）写出调研报告

根据调查资料和整理结果，写出调研报告，提出问题的解决方案和建设性意见，为制订营销计划提供参考。调研报告具体包括：调研目的、调研方法、调研结果及资料分析、对策建议和附录，包括整理后的有关资料、技术分析图表等。金融产品营销调研系统如图2-1所示。

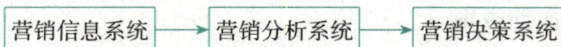

营销信息系统　→　营销分析系统　→　营销决策系统

图2-1　金融产品营销调研系统

## 三、金融产品营销调研的方法

### （一）按照调查对象的范围划分

#### 1. 全面调查（普查）

全面调查（普查）是指对调查对象的全部个体单位无一例外地逐个进行调查。该调研方法比较准确，但时间长、成本高。

#### 2. 典型调查

典型调查是指对具有代表性的少量典型对象进行调查，以了解总体的基本情况和趋势的一种调研方法。该调研方法应保证典型对象具有充分的代表性。

#### 3. 抽样调查

抽样调查是指从调查对象总体中，按照科学的抽样方法抽取若干具有代表性的样本进行调查，以其结果推断出总体情况的一种非全面调查方法。抽样调查一般可以分为随机抽样、非随机抽样两种方式。随机抽样可以分为以下多种：

（1）简单随机抽样（抽签法）：对总体的所有容量不作任何分类和排队，完全按随机原则逐个抽取。

（2）等距抽样：先将总体各单位按某一有关标志（或无关标志）排队，然后相等距离或相等间隔抽取样本单位。根据需要抽取的样本单位数（n）和全体单位数（N），可以计算出抽取各个样本单位之间的距离和间隔，即：$K=N/n$，然后按此间隔依次抽取必要的样本单位。

（3）类型抽样：将全体中的所有单位按某一主要标志分组，然后在各组中采用纯随机抽样或等距抽样方式，抽取一定数目的调查单位构成所需的样本。

（4）整群抽样：在总体中以群（或组）为单位，按纯随机方式或等距抽样方式，抽取若干群（或组），然后对所有抽中的各群（或各组）中的全部单位一一进行调查。

（5）多阶段抽样：将多个抽样程序分成若干阶段，然后逐阶段进行抽样，以完成整个抽样过程。比如，为了调查某县人口的抽样，可以分为三段进行：首先以乡为抽样框，抽取一部分；然后在抽中的乡里面，以村为单位进行抽样，抽出若干个；最后，再在抽取的村里面抽取一定的人口。

（6）按照调查人员主观设计的某个标准抽选样本的抽样方式，如偶遇抽样、立意抽样、配额抽样等，在市场调查中经常使用，比如拦访调查，关于打算购买某一商品需求意愿的调查，按年龄分布计算比例分配样本的调查等。

## （二）按收集调查资料的方式划分

### 1. 人员走访

人员走访是通过调查者与被调查者面对面交谈以获取市场信息的一种调查方法。询问时可按照事先拟定的提纲顺序进行，也可采取自由交谈方式。

因为人员走访是在调查者与被调查者的人际沟通中实现的，所以使用这种方法需要掌握一定的技巧和方法。同样的调查内容，同样的成本支出，同样的被调查者，方法和技巧不同，调查结果可能大不一样，这就需要调查者悉心研究、妥善处理。另外，人员走访采取面对面的交谈方式，也使人员走访具有独特的优势。

人员走访的优点：

（1）人员走访具有很大的灵活性。由于调查者与被调查者面对面交流，交谈的主题可以突破时间限制。同时，对于一些新发现的问题，尤其是那些争议较大的问题，调查者可以采取灵活委婉的方式，迂回提问，逐层深入。当被调查者对某一问题误解或不理解时，调查者可以当面予以解释说明，从而有利于资料收集工作的顺利进行。

（2）拒答率较低。与其他方式相比，人员走访容易得到较高的回答率，这也是人员走访最为突出的优点之一。

（3）调查资料的质量较好。在访问过程中，由于调查者在现场，因而既可以对访问的环境和被调查者的表情、态度进行观察，又可以对被调查者回答问题的质量加以控制，从而使调查资料的准确性和真实性大大提高。

（4）调查对象的适用范围广。由于人员走访主要依赖口头语言，它适用的调查对象的范围十分广泛，既可以用于文化水平较高的调查对象，也可以用于文化水平较低的调查对象。

人员走访的缺点：

（1）调查费用较高。这主要表现为调查者的培训费、交通费、工资以及问卷及调查提纲的制作成本费等。

（2）对调查者的要求较高。可以说，调查结果的质量在很大程度上取决于调查者本人的访问技巧和应变能力。

（3）匿名性较差。因而对于一些敏感性问题往往难以用人员走访来收集资料。

（4）访问调查周期较长。因而在大规模的市场调查中，这种收集资料的方式较少采用。

### 2. 调查问卷

（1）调查问卷设计原则

调查问卷设计的根本目的是设计出符合调研与预测需要以及能获取足够、适用和准确信息资料的调查问卷。为实现这一目的，调查问卷设计必须遵循以下原则：

① 目的性原则。问卷的主要目的是提供管理决策所需的信息，以满足决策者的信息需要。问卷设计人员必须透彻地了解调研项目的主题，能拟出可从被调查者那里得到最多资料的问题，做到既不遗漏一个问句，以致需要的信息资料残缺不全，也不浪费一个问句，去取得不需要的信息资料。因此，要从实际出发拟题，问题目的明

确，重点突出，没有可有可无的问题。

②逻辑性原则。一份设计成功的问卷，问题的排列应有一定的逻辑顺序，符合应答者的思维程序，一般是先易后难、先简后繁、先具体后抽象，这样能够使调查人员顺利发问、方便记录，并确保所取得的信息资料准确无误。

③通俗性原则。如果受访者对调查题目不感兴趣，一般不会参与调研。问卷设计最重要的任务之一就是要使问题适合潜在的应答者，要使被调查者能够充分理解问卷，乐于回答，正确回答。因此，设计问卷的研究人员不仅要考虑主题和受访者的类型，还要考虑访谈的环境和问卷的长度。问卷必须避免使用专业术语，一般应使用简单用语表述问题。

④便于处理原则。便于处理是指要使被调查者的回答便于检查、数据处理和分析。设计好的问卷在调查完成后，能够方便地对所采集的信息资料进行检查核对，以判别其正确性和实用性，也便于对调查结果的整理和统计分析。如果不注意这一点，很可能出现调查结束后，信息资料获得很多，统计处理却无从下手的难堪局面。

（2）调查问卷中问题的种类

①封闭式问题。这种问题的答案是研究者在问卷上早已确定的，由回答者认真选择一个回答画上圈或打上钩就可以了。

优点：从调查实施的难易程度看，封闭式问题容易回答，节省时间，文化程度较低的调查对象也能完成，回答者比较乐于接受这种方式，因而问卷的回收率较高。从测量的层次看，封闭式问题在测量级别、程度、频率等一些等级问题方面有独特优势，其答案标准化便于统计分析。对于一些敏感的问题，用等级资料的方式，划出若干等级，让回答者选择，往往比直接用开放式问题更能获得相对真实的回答。从资料的整理和分析方面看，封闭式问题列出答案种类，可以将不相干的回答减少到最低程度，收集到的资料略去了回答者之间的某些差异，统一归为几类，便于分析和比较。

缺点：某些问题的答案不易列全，回答者如果不同意问卷列出的任何答案，没有表明自己意见的可能，而调查者也无法发现。对于有些无主见或不知怎样回答的人，答案给他们提供了猜答和随便选答的机会，因此，资料有时不能反映真实情况。封闭式问题调查还容易发生笔误，这类错误无法区分。

②开放式问题，也称为开口式问题。这种问卷不设置固定的答案，让回答者自由发挥。

优点：适用于不知道问题答案有几种的情况。开放式问题可让回答者自由发挥，能收集到生动的资料，回答者之间的一些较细微的差异也可能会反映出来，甚至得到意外的发现。当一个问题有10种以上的答案时，若使用封闭式问题，回答者可能记不住那么多答案，从而难以做出选择。同时，问题和答案太长，容易使人感到厌倦，此时用开放式提问为好。

缺点：开放式问题要求回答者有较高的知识水平和语言表达能力，能够正确理解题意，思考答案并表达出来，因而适用范围有限。自填式问卷通常不用开放式问题，因为回答者回答此类问题需花费较多的时间和精力，加之许多人不习惯或不乐意用文字表达自己的看法，导致回答率低。对开放式问题的统计处理常常比较困难，有时甚至无法归类编码和统计，调查结果中还往往混有一些与研究无关的信息。

③半封闭式问题。这种问卷介于封闭式和开放式两者之间，一般问题既有固定的、标准的答案，也有让回答者自由发挥的空间，吸取了两者的长处。这类问卷在实际调查中运用还是比较广泛的。

（3）设计调查问卷的步骤

①深刻理解调研计划的主题。

②决定调查表的具体内容和所需要的资料。

③逐一列出各种资料的来源。

④写出问题，要注意一个问题只能包含一项内容。

⑤决定提问方式，哪些用多项选择法，哪些用自由回答法，哪些需要作解释和说明。

⑥将自己放在被调查者的位置，考查这些问题能否得到确切的资料，哪些方便回答，哪些难以回答。

⑦按照逻辑思维，排列提问次序。

⑧每个问题都要考虑怎样对调查结果进行恰当的分类。

⑨审查提出的各个问题，消除含义不清、倾向性语言和其他疑点。

⑩以少数人应答为实例，对问卷进行小规模的测试。

⑪审查测试结果，对不足之处予以改进。

⑫打印调查问卷。

（4）调查问卷的结构

调查问卷的基本结构一般由标题、问卷说明、主体、编码、被访者项目、调查者项目和结束语七个部分组成。

①标题。问卷的标题是概括说明调查研究主题，使被调查者对所要回答什么方面的问题有一个大致的了解。标题应简明扼要，易于引起回答者的兴趣，例如"大学生消费状况调查""中国互联网发展状况及趋势调查"等，而不要简单采用"问卷调查"这样的标题，它容易引起回答者不必要的怀疑而拒答。

②问卷说明。在问卷的开头应有一个说明，对调查项目的目的、意义及有关事项进行解释。其主要作用是引起被调查者的重视和兴趣，争取他们的积极支持和合作。其具体内容可以包括：调查人自我介绍，包括对调查人员所代表的研究机构或调查公司的介绍及本人的职务和姓名；说明本项调查的目的、意义；说明酬谢方式等。文字应该简洁、准确，语气要谦虚、诚恳、平易近人。说明后要写明调查研究单位，这本身也是尊重人、相信人的表现，不可小视。

**示例 2-1**　　　　　　　　**××市信用卡市场需求状况调查问卷**

女士/先生：

　　您好！

　　我是××××（单位名称）的市场调查员，目前我们正在进行一项有关××市信用卡市场需求状况的问卷调查，希望从您这里得到有关消费者对信用卡需求方面的市场信息，恳请您协助我们做好这次调查。该问卷不记名，回答无对错之分，请您照实回答。我们准备了小礼品以表达对您的谢意。下面我们列出一些问题，请在符合您情况的项目旁"□"内打"√"。谢谢！

××××（单位名称）

××××年××月××日

　　③主体。该部分是调查问卷的核心部分，它包括了所要调查的全部问题，主要由各种形式的问题和答案及其指导语组成，是调研主题所涉及的具体内容。在拟定主体部分问题时，问题的多少应根据调查目的而定，在能够满足调查目的的前提下越少越好；与调研无关的问题不要问；能通过二手资料调查到的项目不要设计在问卷中；答案的选项不宜太多。

　　④编码。编码是对调查问卷中的每一个问题以及备选答案都给予统一的设计代码，是将问卷中的调查项目变成代码数字的工作过程。大多数市场调查问卷需加以编码，以便分类整理。在大规模问卷调查中，调查资料的统计汇总工作十分繁重，借助编码技术和计算机可大大简化这一工作。编码既可以在问卷设计的同时就设计好，也可以等调查工作完成以后再进行。前者称为预编码，后者称为后编码。在实际调查中，调查者一般采用预编码。

　　⑤被访者项目。被访者项目是有关被调查者的一些背景资料。例如，在消费者调查中，被访者项目包括消费者的性别、年龄、民族、家庭人口、婚姻状况、文化程度、职业、单位、收入、所在地区、家庭住址、联系电话等；在对企业的调查中，被访者项目包括企业名称、地址、所有制性质、主管部门、职工人数、商品销售额（或产品销售量）等情况。

　　从目的来看，被访者项目可以分为两种：一种是将来进行统计分析时使用的项目。通过这些项目，便于研究者根据背景资料对被访者进行分类比较和交叉分析，以了解不同性质、不同属性的人在行为或态度上是否有明显的差异。例如，对于性别，可以从男、女被访者对某一问题的看法上进行比较，分析是否有差异，为将来的市场细分、广告等市场营销策略的制定提供依据。另一种是进行调查管理时使用的项目。调研组织者需要对调查人员进行监督，避免其弄虚作假，有时还需要进行抽查。例如，家庭住址、联系电话、姓名等项目都是为调查管理用的，调查人员应向被访者作恰当的说明以消除其疑虑。对于家庭住址，进行入户调查时由调查人员仔细填写，采用其他方式调查时标明大的区域即可，以免被访者产生误会。

被访者项目通常放在问卷的后面。在实际调查中，需要列入哪些具体项目、列入多少项目，应根据调查目的、调查要求而定，并非多多益善。同时要注意，由于被访者的个性不同，他们的受教育水平、理解能力、道德标准、宗教信仰、生活习惯、职业和家庭背景等都具有较大差异，加上调查者本身的专业知识与技能高低不同，这些都会给调查者带来困难，并影响调查的结果。

⑥调查者项目。调查者项目主要包括调查人员姓名、调查地点、调查日期等与调查人员相关的信息，其作用在于明确责任和便于查询、核实。

⑦结束语。结束语也称致谢语，一般放在问卷的最后，用来简短地对被访者的合作表示感谢，也可以征询一下被访者对问卷设计和问卷调查本身的看法和感受。当然，不同问卷的结束语略有不同，如邮寄问卷的结束语可能是"再次感谢您参与访问，麻烦您检查一下是否有尚未回答的问题，之后将问题放入附近的回邮信封并投入信箱"。一份拦截访问的问卷的结束语可能是"访问到此结束。这里有一份小礼物送给您，请签收。谢谢您，再见"。在互联网时代，更流行的是用"问卷星"等网络平台进行问卷调查，在结束调查之后，可以通过随机抽奖的形式感谢被访者。

（5）调查问卷的外观

① 小张纸比大张纸好，四小张比两大张使被访者感到有压力的可能性会小一些。

② 外观庄重、正式的问卷可使被访者感觉到这是一份有价值的问卷。

③ 问卷应当只印在纸张的一面，而且必须为答案留出足够的空白，关键词应当画线或用醒目字体。

④ 问卷的每一页都应当印有供识别用的顺序号，以免在整理时各页分散。

⑤ 网络问卷则要求页面制作精美、排版整齐，给被访者视觉上的美感。

**示例 2-2**　　　　　　　　**金融企业营销人才需求调查问卷**

您好！我是××职业技术学院的学生，本调查的目的是了解企业对金融产品营销人才需求的情况。贵公司在营销管理人才培养方面的建议，对于我们改进教学设计、培养实用的技能型营销人才非常重要。问卷调查内容仅作教学改革之用，并对所调查内容保密。调查只需几分钟，感谢合作！

1.贵公司有哪些营销工作岗位？（　　　）（可多选）

A.销售代表　　　　　　　　　　　　B.客服代表

C.商务助理　　　　　　　　　　　　D.客户经理

E.市场经理　　　　　　　　　　　　F.销售经理

G.渠道经理　　　　　　　　　　　　H.销售主管

I.企划主管　　　　　　　　　　　　J.其他

2.贵公司现有营销人才多少人？（　　　　）

A.5人以下　　　　　　B.5~10人　　　　　　C.11~30人　　　　　　D.31~60人

E.60人以上

3.贵公司每年大约会流失几名营销人才？（　　　　）

A.2人以下　　　　　B.2~5人　　　　　C.6~10人　　　　　D.10人以上

4.您认为其他公司营销人才流失的主要原因依次是（　　　　）。

A.薪酬待遇　　　　　　　　　　B.企业文化与个人价值观冲突

C.期望过高　　　　　　　　　　D.缺乏晋升空间

E.人际关系不和谐　　　　　　　F.挖墙脚

G.其他

5.贵公司每年需招聘多少名营销人才？（　　　　）

A.2人以下　　　　　B.2~5人　　　　　C.6~10人　　　　　D.10人以上

6.贵公司急需的营销人才是（　　　　）。（可多选）

A.销售代表　　　　B.客服人员　　　　C.商务助理　　　　D.客户经理

E.市场经理　　　　F.销售经理　　　　G.渠道经理　　　　H.公关文秘

I.企划主管　　　　J.其他

7.贵公司的主要招聘途径是（　　　　）。

A.中介机构介绍　　　B.媒体公开招聘　　　C.现场招聘会　　　　D.网络招聘

E.推荐　　　　　　　F.内部选拔

8.一般来说，贵公司一年招聘几次营销人才？（　　　　）

A.1次以下　　　　　　　　　　　　B.1~3次

C.4~7次　　　　　　　　　　　　　D.8次以上

E.常年招聘

9.在每年招聘的营销人才中，应届的毕业生有几名？（　　　　）

A.0（不招应届毕业生）　　　　　　B.1~3名

C.4~10名　　　　　　　　　　　　D.10名以上

10.贵公司在招聘营销人才时主要考虑哪些因素？（您首先考虑的因素在该项括号内填写数字1，第二考虑的因素填写数字2，依此类推填写数字3、4、5…）

| 因素 | 学历 | 综合素质 | 知识结构 | 工作经验 | 专业技能 | 证书 |
|------|------|----------|----------|----------|----------|------|
| 排序 |      |          |          |          |          |      |

11.近两年，贵公司录取的营销人才的学历大多是（　　　　）。（单选）

A.中专（含高中）及以下　　　　　　　　B.大专

C.本科　　　　　　　　　　　　　　　　D.硕士研究生及以上

12.在营销人才选拔中，您认为下列要素哪些非常重要？（　　　）（限选3项）

A.爱岗敬业，责任心强　　　　　　　　　B.诚实守信

C.心态积极、自信　　　　　　　　　　　D.人际交往能力强

E.创新精神　　　　　　　　　　　　　　F.团队合作意识

G.时间管理能力强

13.结合您的营销管理工作实践，您认为符合贵单位要求的营销人才应该具备的知识包括哪些？（　　　）（可多选）

A.行业知识　　　　B.企业知识　　　　C.顾客知识　　　　D.产品知识

E.专业技术知识　　F.其他（请说明）

14.贵公司每次的招聘成本大约是多少？（　　　）

A.300元以下　　　　B.300~600元　　　　C.601~1 000元

D.1 001~3 000元　　E.3 000元以上

15.贵公司每年用于基层营销管理人才的培训费用大约是多少？（　　　）

A.0.5万元以下　　　B.0.5万~1万元　　　C.1万~2万元

D.2万~5万元　　　　E.5万~10万元　　　　F.10万元以上

16.贵公司是否愿意与我院实施订单式营销人才培养？（　　　）

A.愿意　　　　　　　B.暂时没有打算　　　C.不愿意（原因是：＿＿＿）

17.贵公司是否愿意与我院建立实训实习基地？（　　　）

A.愿意　　　　　　　B.暂时没有打算　　　C.不愿意（原因是：＿＿＿）

18.贵公司在什么时间方便安排实习生实习？（请选择合适的时间并画"√"）

| 1月 | 2月 | 3月 | 4月 | 5月 | 6月 | 7月 | 8月 | 9月 | 10月 | 11月 | 12月 |
|-----|-----|-----|-----|-----|-----|-----|-----|-----|------|------|------|
|     |     |     |     |     |     |     |     |     |      |      |      |

19.贵公司需要多少学生到公司进行营销实习？（　　　）

A.3名以下　　　　　B.3~5名　　　　　　C.6~10名

D.11~20名　　　　　E.20名以上

20.对于给我们输送营销人才的人力资源开发公司，贵公司（每招1名）愿意支付多少成本？（　　　）

A.500元以下　　　　B.500~800元　　　　C.801~1 200元

D.1 201~2 000元　　E.2 000元以上

【企业资料】

单位名称：_____

单位性质：_____（国有制、股份制、合资、民营、外资等）

受访者职务：_____ 姓名：_____联系方式：_____

（谢谢您的合作！）

访问完成时间：_____ 访问员姓名：_____审核时间：_____

审核员姓名：_____

**示例 2-3　　　　　　　金融理财产品问卷调查表**

尊敬的女士/先生：

您好，我是××公司客户经理，为了您更好地理财投资，请您填写如下问卷，而且我们承诺会为您保守一切秘密。感谢您的支持与配合！

×××年××月××日

一、投资经历

1.您进行金融理财的主要目的是（　　　）。

A.防止资产缩水　　　　　　　　　　B.获取资产的稳定增值

C.获取高额投资收益　　　　　　　　D.其他

2.您的风险承受能力为（　　　）。

A.不低于收益预期　　　　　　　　　B.不低于同期银行存款利率

C.本金不亏损　　　　　　　　　　　D.本金亏损不超过5%

E.本金亏损不超过10%　　　　　　　F.本金亏损超过10%

3.您拥有的金融资产（包括定期存款、黄金、活期存款、股票、基金、债券、信托和投资型保险等）规模是多少？（　　　）

A.100万元以下　　　　　　　　　　B.100万~300万元

C.300万~1 000万元　　　　　　　　D.1 000万~5 000万元

E.5 000万元以上

4.请问您有以下哪些金融资产？它们各自所占的比例是多少？（　　　）

A.黄金_%　　　　　　　　　　　　B.银行理财产品_%

C.国债_%　　　　　　　　　　　　D.信托产品_%

E.股票_%　　　　　　　　　　　　F.基金_%

G.其他_%

二、金融知识

1.您从下列哪些渠道知悉有关金融的基本知识和相关信息？（　　　）（可多选）

A.报纸、杂志　　　　B.互联网　　　　　C.电视、广播媒体

D.朋友介绍　　　　　E.金融公司

2.您对贵金属投资等金融基本制度和相关法规的了解程度如何？（　　　）

A.熟悉　　　　　　　B.一般了解　　　　C.不知道

3.请问您听说过或者知晓以下哪几家企业？（　　　）

A.上海黄金交易所　　　　　　　　　B.天津贵金属交易所

C.北京证券交易所　　　　　　　　　D.广州期货交易所

三、金融投资

1.您希望选择投资多长期限的金融产品？（　　　）

A.1年　　　　　　　B.2年　　　　　　C.3年

D.5年　　　　　　　E.5年以上

2.您愿意选择投资以下哪类金融产品？（　　　）

A.贵金属投资

B.本金安全+浮动分成

C.预期同期限银行定期存款利息收益+浮动分成

D.预期收益

E.预期收益+浮动分成

3.您在考虑购买金融产品过程中，影响您决策的主要因素（按重要性大小依次排序）是（　　　）。（可多选）

A.预期收益率　　　　B.过去金融产品的投资经历

C.服务质量　　　　　D.风险因素　　　　E.其他

四、个人情况

1.您的年龄为（　　　）。

A.20岁以下　　　　　B.21~30岁　　　　C.31~40岁

D.41~50岁　　　　　E.51~60岁　　　　F.60岁以上

2.您的职业是（　　　）。

A.金融业内人士　　B.国家机关干部　　C.事业单位员工　　D.技术人员

E.商业服务业　　　F.行业生产商　　　G.军人　　　　　　H.学生

I.农民　　　　　　J.医生　　　　　　K.教师、科技人员

L.个体户、私营企业主　　　　　　　　M.退休人员　　　　N.其他

3.您的职位是（　　　）。

A.CEO/企业高层　　　　　　　　　　B.总监/企业中高管理层

C.部门经理/部门主管/企业中层管理人士　　　D.一般员工

E.自由职业者　　　　　　　　　　　　F.其他

4.您的文化程度是（　　　）。

A.初中及以下　　　B.高中或中专　　　C.大专　　　D.本科

E.硕士研究生　　　F.博士研究生

非常感谢您认真填写我们的调查问卷！

### 3. 电话访问

电话访问是通过电话中介与选定的被调查者交谈以获取信息的一种做法。由于彼此不直接接触，而是借助电话这一中介工具进行，因而是一种间接的调查方法。

（1）电话访问应注意的问题

电话访问的自身特点决定了要成功地进行访问，必须首先解决好以下几个问题：

一是设计好问卷调查表。这种问卷调查表不同于普通问卷调查表，由于受通话时间和记忆规律的约束，大多采用两项选择法对被调查者进行访问。

二是挑选和培训好调查员。电话访问对调查员的要求主要是口齿清楚、语气亲切、语调平和。

三是调查样本的抽取及访问时间的选择问题。由于电话访问的结果只能推论到有电话的对象这一总体，所以必然存在先天性不完整的缺陷，同时，电话访问又很容易导致无反应问题，如白天上班不在家、周末团聚拒绝率高等，所以电话访问对于调查样本的抽取及访问时间的选择就显得尤为重要了。通常的做法是随机抽取几本电话号码簿，再从每个电话号码簿中随机抽取一组电话号码作为正式抽中的被调查者。至于访问时间的选择，首先要根据调查内容而定，比如，访问年轻人有关消费偏好问题，最好选择在工作日的晚上，而对老年人购买习惯的访问，则可以选择在白天；其次要考虑被调查者的生活习惯等问题。

（2）电话访问的优缺点

电话访问的突出优点是信息反馈快、费用低、辐射范围广。其缺点主要表现在以下几个方面：

一是由于电话访问调查的项目过于简单明确，而且受通话时间的限制，调查内容的深度远不及其他方法。

二是电话访问的结果只能推论到有电话的对象这一总体，因而先天存在着不完整的缺陷，不利于资料收集的全面性和完整性。

三是不能使用视觉的帮助。有一些调查项目需要得到被调查者对一些图片、广告或设计等的反映，电话访问无法达到这些效果。当然可以提前把这些资料寄给被调查者。

四是由于电话访问是通过电话进行的，调查者不在现场，因而很难判断所获信息的准确性和有效性。

### 4. 邮寄访问

邮寄访问是市场调查中一种比较特殊的资料收集方法，它是一种将事先设计好的调查问卷邮寄给被调查者，由被调查者根据要求填写后寄回的调查方法。

（1）邮寄访问的优缺点

邮寄访问的突出优点表现在以下几个方面：

一是调查的空间范围广。邮寄访问可以不受被调查者所在地域的限制，只要是通邮地区都可以被选为调查对象。

二是费用低。与其他访问方法相比，邮寄访问可以说是市场调查中一种最方便、代价最小的资料收集方法。

三是邮寄访问可以给予被调查者相对更加宽裕的时间作答，便于被调查者深入思考或从他人那里寻求帮助，而且可以避免面访调查中可能受到的调查人员的倾向性意见的影响。

四是邮寄访问的匿名性较好。对于一些人们不愿公开讨论而市场决策又很需要的敏感性问题，邮寄访问同网上访问一样，无疑是一种最佳选择。

邮寄访问也有自身不可避免的缺点，其中最大的缺点是问卷回收率低，因而容易影响样本的代表性。除此之外，另一缺点是问卷回收期长，时效性差，由于各种主客观原因，问卷滞留在被调查者手中的时间较长，这就可能产生一些问题，当很多问卷回收以后，往往已经失去分析研究的价值了。

（2）提高邮寄访问问卷回收率的方法

一是不要将问卷发出去就撒手不管了，试着做些事后性的工作，比如，发一封跟踪信，打一个跟踪电话，寄一张明信片等，也许会收到意想不到的效果。有调查学者研究表明，跟踪提醒一般可将问卷回收率提高大约20个百分点。

二是附加一些实惠的东西。比如说给予一定的中奖机会，赠送一些购物优惠券，享受会员待遇等，效果有时候也许比打100个跟踪电话更好。

三是预先通知一下，这也许并不会花费你太多的时间和精力，却能在一定程度上满足被调查者的情感需求，激发其合作热情，提高问卷作答的质量和回收率。

四是请权威机构主办。市场调查由受人尊重的权威机构主办将大大提高问卷的回收率。在国内，由政府机构主办和支持的市场调查受到"礼遇"的可能性和收集资料的容易程度大大高于其他机构。

此外，附上回邮信封和邮票等小小的细节问题也被认为是提高回收率的有效方法。

### 5. 网上访问

网上访问是随着互联网的发展而兴起的一种新的访问方式，是当下比较流行的访问方式。其主要方法是运用问卷星、腾讯问卷等调查问卷平台设计问卷，再通过平台进行数据收集、分析的问卷调查形式。

（1）网上访问的优点

同其他访问相比，网上访问有明显的优点：

第一，其辐射范围比较广。

第二，网上访问速度快，信息反馈及时。

第三，匿名性好，对于一些人们不愿在公开场合讨论的敏感性问题，网上将是一个畅所欲言的乐土。

第四，费用低廉。

以上几种访问方式比较起来，网上访问的费用比较低。

（2）网上访问的缺点

网上访问的缺点，首先是答题率的问题。通过网络形式进行问卷的发放，有可能这份问卷在众多网络信息中被答题者忽视，导致最终样本数据不充分。其次是所获信息的准确性和真实性程度难以判断。比如，调查女性对××化妆品的意见，并不排除"热心"的男士出来讨论，而后者从某种意义上说并没有发言的权利。

"互联网+"时代已然到来，网民比例迅速上升，互联网在各行各业的应用越来越深入，网络调研由于其便捷性、高效性将越来越得到普及。

拓展阅读2-1

互联网金融对大学生消费习惯的影响调查问卷

（3）网上访问的样本

网上访问的样本可以分为三类：随机样本、过性样本、选择样本。

①随机样本是指总体中每个要素被选中的概率大于零而得到的保证有代表性的总体的子集。

②过性样本是指通过对期望样本特征的配额限制一些自我挑选的未具代表性的样本。这些特征通常是一些统计特征，如性别、收入、地理区域位置或与产品有关的标准等，如过去的购买行为、工作责任、现有产品的使用情况等。过性样本通常是以分支或跳问形式安排问卷，以确定被选者是否适宜回答全部问题。有些网上访问能够根据过性问题立即进行市场分类，确定被访者所属类别，然后根据被访者的不同类型提供适当的问卷。

③选择样本适用于网上访问中需要对样本进行更多限制的目标群体。对被访问者通过电话、邮寄、E-mail或个人方式进行补充完善，当认定符合标准后才向他们发送E-mail问卷或直接发送问卷链接。选择样本对于已建立抽样数据库的情形最为适用。例如，以顾客数据库作为抽样框选择参与顾客满意度调查的样本。

（4）网上访问的方法

进行网上访问主要有以下三种方法：E-mail、交互式CATI系统和网络调研系统。

①E-mail问卷就是一封简单的E-mail，并按照已知的E-mail地址发出，被访问者回答完毕，将问卷回复给调研机构，有专门的程序进行问卷准备、列支E-mail地址和收集数据。E-mail问卷制作方便，分发迅速。由于出现在被访问者的私人信箱中，因而能够得到注意。但是，它只限于传输文本，图像虽然也能在E-mail中进行链接，但与问卷文本是分开的。

②交互式CATI系统是利用一种软件语言程序在CATI上设计问卷结构并在网上进行传输。互联网服务站可以设在调研机构中，也可以租用有CATI装置的单位。互联网服务器直接与数据库连接，对收集到的被访问者答案直接进行储存。

③网络调研系统是指专门为网络调研设计的问卷进行连接及传输的软件。这种软件设计无须使用程序方式，包括整体问卷设计、网络服务器、数据库和数据传输程序。一种典型的用法是：问卷由简易的可视问卷编辑器产生，自动传输到互联网服务器上，通过网站，使用者可以随时在屏幕上对数据进行整体统计或图标统计，最终得到可视化的数据分析结果。

## 四、金融产品营销调研资料的整理和分析

金融产品营销调研资料的整理和分析是根据市场调研的目的和任务，对调查所获得的原始资料进行科学的审查、分类、汇总，并通过统计分析使之系统化、条理化的过程。这些经过处理的资料能够反映调查对象的基本情况，显示调查结果。

### （一）金融产品营销调研资料的整理

#### 1. 编辑

首先，从已经收集到的资料中选取一切有关的、有重要参考价值的资料，与此同时，剔除无关紧要的、没有参考价值的资料。

其次，将已经挑选出来的全部资料按照一定的逻辑顺序排列，使之前后连贯。要根据实际需要将其中某些数据进行换算和调整，以便进行分析比较。

最后，核对资料的可靠性。

#### 2. 汇总和分类

汇总是将已经收集到的并经过编辑选取出来的大量资料从形态上进行编组或按大类分别集中，使之成为某种可供备用的形式。这部分工作需在资料分析开始之前完成。

分类是将已经汇总的资料再作较为明细的"分类"，然后才能开展实际的分析工作。

#### 3. 制表

将分类后的资料分别进行统计，并把统计结果用表格形式表示出来的过程称为制表。制表方式分为简单制表和交叉制表。

#### 4. 列示统计图

统计图是统计资料的另一种常用的表达形式。用各种图形来反映统计资料，从视觉角度来说，具有简洁、具体、形象生动和直观易懂的特点，能给人留下明确深刻的印象，一般能取得较好的效果。常见的统计图有曲线图、条形图、圆形图等。当然，统计图只是描述和揭示统计数据特征的有效方法之一，它并不能代替统计分析。

### （二）调研资料的分析

将调研资料整理以后，可用市场研究专用的高级统计软件SPSS等来作统计分析，所提供的统计报告和分析结果是国内通行的。目前，比较流行的分析方法主要有以下几种：

#### 1. 聚类分析（cluster analysis）

聚类分析可以将被访者从人口背景、消费习惯、生活方式、个性等方面进行分

类，并将这些特性与消费习惯结合起来，是营销管理中"市场区隔划分"的主要手段。

### 2. 因子分析（factor analysis）

影响消费者购买的原因有很多，但有些原因是相关的，有内在的必然性，只要深入了解这些内在的必然性，就可以将复杂的问题简单化，在执行上变得轻而易举。还有在品牌差异性方面，通过因子分析，也可以发现各品牌内在的联系，从而不会被外表所迷惑，对于分析品牌地位有很大的帮助。因子分析就是从大量的数据中寻找内在的联系，减少决策的困难。

### 3. 相关分析（correlation analysis）

相关分析提供影响消费者消费、评价品牌，产品与品牌，产品特性之间的内在关系。通过相关分析，可以看到自己的品牌和竞争品牌的市场驱动力和阻碍力，从而明确自身努力的方向。

### 4. 对应分析（correspondence analysis）

对应分析是品牌形象分析最有效的工具，它可以将品牌形象非常直观地表现在二维平面上，清楚地看到自身品牌的形象以及各竞争品牌的关系。对应分析对于品牌定位和重新定位是非常适用的。

### 5. 象限分析（quadrant analysis）

象限分析能揭示研究结果之间的内在关系，对于发现市场问题和机会有非常好的效果。象限分析需要研究人员有较强的营销基础和数据敏感度。

### 6. SWOT分析

SWOT分析是指分析品牌的内在环境和外在环境，从而明确优势和劣势，认清市场机会和威胁，对于策略性决定有很大的指导作用。

### 7. 目标群体指数分析（target group index analysis）

目标群体指数分析有助于明确目标市场，是设定目标时经常使用的分析方法。

### 8. 数据显著性检验（data significance test）

数据显著性检验用于分析目标群体之间在消费习惯和态度方面的差异，通常是决策的行动标准。

## 五、金融产品营销调研报告的撰写

### （一）金融产品营销调研报告的结构

金融产品营销调研报告是对某一情况、某一金融产品调查研究后，将所得到的材料和结论加以整理而写成的书面报告。

金融产品市场调研报告的结构一般是由题目、目录、摘要、正文、结论和建议、附录等几个部分组成。报告的结构不是固定不变的，不同的调查项目、不同的调研者或调查公司、不同的用户以及调查项目、自身性质不同的调查报告，都可能会有不同的结构和风格。

**示例 2-4**　　　　　　　　　　**金融行业市场调研报告**

**第一章　货币信贷状况**

一、货币供应量情况

二、金融机构人民币各项存款情况

三、金融机构人民币各项贷款情况

四、银行间市场利率情况

五、国家外汇储备情况

**第二章　金融市场运行分析**

一、债券发行情况

二、拆借交易情况

三、债券流通市场分析

四、债券市场价格走势分析

五、债券余额分析

六、股票交易情况

七、外汇市场情况

八、期货市场情况

**第三章　金融业经营状况**

一、上市银行净利润情况

二、保险业资产和保费收入情况

三、券商佣金收入情况

**第四章　货币政策综述及金融形势展望**

一、货币政策综述

二、金融形势展望

### （二）金融产品营销调研报告的撰写方法

#### 1.调研报告的标题

调研报告应用能揭示中心内容的标题，具体可采用公文式标题、一般文章式标题、提问式标题、正副题结合式标题等写法。其中，提问式标题是典型的调研报告常用的标题写法，特点是具有吸引力。正副题结合式标题是用得比较普遍的一种调研报告标题，特别是典型经验的调研报告和新事物的调研报告常采用这种写法。

#### 2.调研报告的正文

调研报告的正文包括前言、主体和结尾三部分。

（1）前言

调研报告的前言简要地叙述了为什么对这个问题（工作、事件、人物）进行调查，以及调查的时间、地点、对象、范围、经过及采用的方法，调查对象的基本情况、历史背景以及调查后的结论等。这些方面的侧重点由写作者根据调研目的来确定，不必面面俱到。

调研报告开头的方法很多，有的引起读者注意，有的采用设问手法，有的开门见山，有的承上启下，有的画龙点睛，没有固定形式，但一般要求紧扣主旨，为主体部分展开做准备，文字要简练，概括性要强。

（2）主体

这是调研报告的主干和核心，是引语的引申，是结论的依据。这部分主要写明事实的真相、收获、经验和教训，即介绍调查的主要内容是什么，为什么会是这样的。主体部分包括大量的材料——人物、事件、问题、具体做法、困难障碍等，内容较多，所以要精心安排调研报告的层次，安排好结构，有步骤、有次序地表现主题。

调研报告中关于事实的叙述和议论主要都写在这部分里，是充分表现主题的重要部分。一般来说，调研报告主体的结构大约有三种形式：

① 横式结构。这种报告是把调查的内容加以综合分析，紧紧围绕主旨，按照不同的类别分别归纳成几个问题来写，每个问题都可加上小标题，而且每个问题里往往还有若干个小问题。典型经验性质调研报告的格式，一般多采用这样的结构。这种调研报告形式观点鲜明，中心突出，使人一目了然。

② 纵式结构。这种结构有两种形式，一是按调查事件的起因、发展和先后次序进行叙述和议论。一般情况的调研报告和揭露问题的调研报告的写法多使用这种结构方式，有助于读者对事物发展有深入的全面的了解。二是按成绩、原因、结论层层递进的方式安排结构。一般综合性质的调研报告多采用这种形式。

③ 综合式结构。这种调研报告结构兼有纵式和横式两种特点，互相穿插配合，组织安排材料。采用这种调研报告写法，一般在叙述和议论发展过程时用纵式结构，而写收获、认识和经验教训时采用横式结构。

调研报告的主体部分不论采取什么结构方式，都应该做到先后有序、主次分明、详略得当、联系紧密、层层深入，为更好地表达主题服务。

（3）结尾

结尾是调研报告分析问题、得出结论、解决问题的必然结果。不同的调研报告，结尾写法各不相同，一般来说，调研报告的结尾有以下五种：对调研报告进行归纳说明，总结主要观点，深化主题，以提高人们的认识；对事物发展做出展望，提出努力的方向，启发人们进一步去探索；提出建议，供领导参考；写出尚存在的问题或不足，说明有待今后研究解决；补充交代正文没有涉及而又值得重视的情况或问题。总之，调研报告结尾要简洁有力，有话则长，无话则短，没有必要也可以不写。

同时，写调研报告时，要注意解决四种问题：一是观点与材料脱节；二是材料不充分，不能说明观点；三是堆砌材料，没有从材料中概括出观点，缺乏分析与研究；四是表述不当。写调研报告应尽量避免枯燥乏味的语言，力争写得通俗、朴实、生动。

## （三）金融产品营销调研报告的撰写技巧

### 1.针对性强，简单明了

首先，调研报告在选题上必须强调针对性，做到目的明确、有的放矢，围绕主题展开论述，这样才能发挥市场调查应有的作用；其次，调研报告还必须明确阅读对象。阅读对象不同，他们的要求和所关心的问题的侧重点也不同。比如，调研报告的阅读者是银行行长，那么他们主要关心的是调查的结论和建议部分，而不是大量的数据分析等；但如果阅读的对象是市场研究人员，他们所需要了解的是这些结论是怎么得来的，是否科学、合理，那么，他们更关心的就是调查所采用的方式、方法，数据的来源等方面的问题。针对性是调研报告的灵魂，必须明确要解决什么问题，阅读对象是谁等。针对性不强的调研报告必定是盲目的和毫无意义的。

### 2.有说服力

报告的分析要有理有据，数据确凿，图表精确，通过科学的统计方法和数据分析使整份报告具有较强的说服力。

### 3.结论明确

得出的结论必须科学，这是调研报告意义和价值的体现。

### 4.时效性强

市场信息千变万化，经营者的机遇也是稍纵即逝。市场调研滞后，就失去其存在的意义。因此，调查行动要快，市场调研报告应将从调查中获得的有价值的内容迅速、及时地报告出去，以供经营决策者抓住机会，在竞争中取胜。

# 案例分析

### 案例一：

#### 工行牡丹卡市场调研策划方案

### 一、背景

工行牡丹卡是工行信用卡中的主打产品，是一个知名度较高的品牌。随着我国经济的快速增长，生活水平不断提高，消费者的消费水平和消费观念都有了显著的变化，有着消费透支及现金透支功能的贷记卡是符合当前消费潮流的。但在银行业中，同业竞争激烈且金融产品都有很多相似之处。在这种行业环境下，工行牡丹卡有着怎样的市场占有率？对此问题，我们将展开一系列市场调研活动，针对牡丹卡贷记卡的知名度、美誉度及忠诚度"三度"进行深入的调研。现拟订如下市场调研策划方案。

### 二、调研目的

（1）工行牡丹卡在贷记卡市场上有多少市场占有率？在客户心中的"三度"如何？

（2）贷记卡市场的竞争格局及发展潜力。

（3）各竞争对手对贷记卡市场所采取的各种竞争策略。

（4）工行牡丹卡与同类产品之间的异同度。

调研活动将以上四点作为调研目的，并侧重于第一个目的深入调查。通过这四个方面的调研，对工行牡丹卡所面临的综合营销环境将有一个比较全面和深入的了解。

### 三、调研方向

（1）针对宏观环境，主要了解现今消费者的消费水平及消费观念和消费潮流的发展趋势，并比较国内外的消费格局和国家的相关政策等。

（2）对于竞争对手的行业环境调查，主要调查五大国有银行，兼顾其他股份制银行，并参考国外银行。

（3）工行牡丹卡产品本身的情况及工行所具备的各种要素，这是对微观环境的把握。

调研将分别从宏观、中观、微观三方面的环境进行全方位的调查，力求做到知己知彼。

### 四、调研范围

（1）有条件成为贷记卡用户者及贷记卡现有客户。

（2）一般的银行客户。

前者主要调查贷记卡的市场需求量，后者调查贷记卡的消费环境，以前者为主，后者为辅。

### 五、调研工具及措施

关于对牡丹贷记卡内外两种环境及市场的调研，将采取多种调查方法相结合的混合调查法，以求做到全面和深入，确保信息的收集和分析的准确性和真实性。

#### （一）对于宏观环境及行业竞争格局和中观环境的调研

对于宏观环境及行业竞争格局和中观环境的调研将以收集第二手资料及实地调查为主。

##### 1. 收集第二手资料（网络收集）

对于目前的消费环境和其他银行对于贷记卡市场所采取的营销手段及其他贷记卡的产品特性通过上网查询、访问各银行网点及收集各行的宣传资料等进行二手资料的整理和了解。

##### 2. 实地查询

在初步了解各行产品（贷记卡）的情况后，调查人员再到各行网点进行实地询问调查，以便对资料有更为深入的掌握。

#### （二）对于牡丹贷记卡及现场要素的调研

对于牡丹贷记卡及现场要素的调研将通过内部调查了解。

##### 1. 翻阅内部资料

利用在银行实习之便，翻阅工行牡丹贷记卡的详细资料并询问相关工作人员，深入了解牡丹贷记卡，从而对所要调研的产品有完整的了解。

**2. 现场观察**

通过现场观察，了解工行员工是如何办理牡丹卡贷记卡业务的，以及工行人员是如何对待该项业务（通过调查问卷深化落实）并采取何种营销策略的。

### （三）对于市场占有率及客户"三度"的调研

**1. 调查问卷**

设计一份完整的问卷，对银行客户进行随机抽样调查和重点调查，分别对贷记卡客户和非贷记卡客户进行调查。

**2. 访问法**

对于来办理牡丹卡贷记卡及询问牡丹卡贷记卡情况和办理其他一般业务的银行客户进行现场访问，并观察他们是如何使用牡丹卡贷记卡的。

通过收集二手资料、现场观察及问卷调查等市场调研工具，采取相应的调查措施，全面收集整理市场信息。

## 六、调研步骤

**1. 调研时间安排**

3月1日—3月10日，小组成员商讨调研策划方案，并拟订具体方案。

3月11日—3月20日，按照调研方案开展实地调查。

3月21日—3月30日，针对调查所收集的信息，进行综合分析整理，得出结论，撰写市场调研报告。

**2. 调研人员及地点**

调研人员：共5个人。

调查地点：杭州、温州、乐清。

**3. 具体安排**

（1）上网收集第二手资料，5个人共同参与，并对收集的资料相互交流和分析（2天）。

（2）共同商定调查问卷的设计，共2份，一份为客户调查，一份为内部调查（2天）。

（3）实施问卷调查并走访其他银行（3天）。

（4）在银行上班时间，现场进行观察和调查。

## 七、调研总结

通过拟订方案和实施方案两个阶段，得到银行卡市场调研策划方案。

## 案例二：

### 客户资料收集和需求分析

## 一、客户需求分析——以往福利

业务员：陈姐，现在单位都为你们提供了什么员工福利？比如：有没有买社会保险？需要每个月缴费吗？有没有团体人寿保险？有没有医疗福利？

（一一询问，等待客户一一回答）

业务员：不知道您同不同意，一份工作不一定是终生的，因为每天可能都会有更好的发展机会等待我们去选择（比如：自己创业），或是一些迫不得已的原因让我们变换工作（比如：年龄大了，原先的工作承担不了；爱人变换工作，家庭迁移，我们也要跟着换工作），您说对吗？

业务员：每换一次工作，原来单位给您的保障和福利就会失去，多可惜。而一个好的保障计划，应该由您自己控制，无论做什么工作，您的利益都不会受到影响。

业务员：不知道陈姐您同不同意呢？

## 二、客户需求分析——现有寿险情况

### （一）如果客户没有购买保险

业务员：陈姐，现在您和家人有没有保险？

客户：没有保险。

业务员：您介不介意告诉我是什么原因让您到现在还没有购买保险？

客户：我觉得暂时没有需要。

业务员：那也是，不是每个人都认为自己需要保险。但是，陈姐，如果经过今天的分析，发现您有这方面需要的时候，您会不会考虑呢？

### （二）如果客户有购买保险

业务员：陈姐，现在您和家人有没有保险？

客户：前年买了一些。

业务员：是什么保险？什么公司的？

客户：是孩子的保险，好像是××公司的。

业务员：您介不介意告诉我是什么原因让您购买这份保险？

客户：是朋友的妹妹在做保险，一直来找，不好意思不买，就当存钱。

业务员：陈姐，无论怎样，都很高兴您有了保险。但保险的种类很多，功能也很多，每个家庭都需要专业的保险需求分析。同时，一份保险就好似一个灭火器，过了2~3年的时间，就应该检查一下灭火器是否正常，这样在需要它的时候，它才能真正地帮助到您。让我来帮您分析一下。

业务员：陈姐，如果经过今天的分析，发现您的保险计划需要进行调整或完善，您会不会考虑呢？

客户：应该会吧。

## 三、客户需求分析——家庭背景

业务员：陈姐，为了给您提供一份详细的分析，您介不介意我了解一些您的基本情况？不过请您放心，这些资料我会绝对保密的。

业务员：陈姐，您结婚几年了？您先生怎么称呼？在哪里高就啊？

业务员：陈姐，您小孩叫什么名字？

客户：他叫小明。

业务员：陈姐，除了那份保险外，不知道您有没有为小明准备教育基金呢？

客户：生意太忙了，我还没有考虑。

业务员：陈姐，不知道您认为小明在接受高等教育的情况下，到多少岁才能够自立呢？

客户：大约22岁左右吧。

业务员：陈姐，从现在到小明22岁还有16年的时间，在这16年里，您和您的爱人要照顾小明的起居饮食及支付他的教育费用，这段时间就是家长的责任期，不知道陈姐您同不同意？

客户：同意。

业务员：除了小明外，您还需要在经济上照顾其他家庭成员吗？例如父母或兄弟姐妹。

客户：我爱人的父母。

业务员：照顾他们需要多少钱呢？

客户：我爱人有三个兄弟，父母和他大哥住，每个月只要给他们点零用钱就行了。

### 四、客户需求分析——家庭财务收支情况

业务员：陈姐，您家现在的收支情况如何？年收入大概多少？每月的固定生活费用支出大概是多少？

客户：年收入大概就8万元吧，每月生活费用在2 000元左右。

业务员：那还有其他较为大笔的支出吗？比如有没有房子按揭贷款？

客户：这个倒是没有，房子是自己家建的。

业务员：那你们平时每月节余的收入都有什么理财规划呢？我是说除了存银行的。

客户：很少有时间打理，只有原先买的那点保险。

业务员：那现在小孩子需要的花费多吗？未来读大学的费用有为他准备吗？

客户：那倒是还没有，现在花费也不是很多，还是小学嘛。

业务员：陈姐，随着社会的进步和人们风险意识的加强，现代人都很注重家庭财务的安全，会从收入中拿出10%~15%来做一个家庭保障计划，也就是在保险公司开一个账户，来保障家庭基本生活支出、孩子教育费用、家人医疗费用、两口子养老费用等，就算有突发事件也不用担心了。

业务员：我们现在通常都会在银行开好几个账户，比如定期的、活期的，钱存在哪个账户我们都不担心，因为钱都是我们的，同样我们也可以把钱存在保险公司，得到很多银行不能提供的服务。

业务员：陈姐，下面我们就一起来看看人生不同阶段有哪些保险需求（见表2-1），而哪些又是我们目前所没有的却是必须要考虑的，好吗？

表 2-1　　　　　　　　**客户需求分析——人生各阶段保险需求**

| 人生成长阶段 | | 风险状况分析 | 购买点分析 | 适合险种 |
|---|---|---|---|---|
| 单身 | | 创业阶段，回报父母，收入低、担心发生意外风险 | 保费低、保障高，父母受益养老无忧（尽为人子女的责任） | 定期险<br>保障型终身险 |
| 成家立业期 | 二人世界 | 对配偶的责任，面临置业、买车还贷，工作压力大，担心身体出现安全以及健康问题 | 强制储蓄、高额的保障型和重疾医疗保障，转移风险（为爱人） | 保障型终身寿险<br>重疾医疗型终身寿险 |
| | 三口之家 | 三口之家，抚养教育责任，子女教育储备（为人父母的责任） | 零存整取，提前储备教育金（为孩子），健康保障和重疾保险 | 教育储蓄类保险<br>重疾以及保障类保险 |
| 中年期 | | 面临养老、旅游、健康、投资理财 | 收入稳定，有一定的积蓄，面临疾病高发期（为自己）、投资 | 理财规划<br>增加医疗保障 |

## 五、客户需求分析——寿险保障计划

业务员：陈姐，您觉得哪个方面是目前急需的又必须要考虑的呢？

客户：……

业务员：陈姐，我为您做的这个计划，还需要三项资料：一是您一家人的出生日期；二是您家人过去5年有没有做过手术？三是一般人都会预留10%~15%作为家庭保障计划的预算，在不影响日常开支的情况下，不知道陈姐您每个月可以预留多少钱来参加这个计划呢？

客户：每个月600元左右。

## 六、客户需求分析——约定时间

业务员：陈姐，我需要2天的时间给您做这份计划，我们后天同样的时间见面，或者下午4点，哪个时间比较方便？

客户：下午4点吧！

# 视野拓展

## 一、金融调研与金融营销的行业特点

市场营销的过程说到底是一个需求管理的过程，即从发现、挖掘消费需求，转化消费需求，到最后满足消费需求的过程。伴随着我国金融市场全面对外开放、国内金融巨头改制上市的步伐，中国金融业市场化程度不断提高，如何做好市场营销和市场调研成为各家金融企业的重中之重。

市场化意味着以市场为导向，即以市场需求为导向。重视金融调研，把握需求动态，不仅是金融企业开展营销活动的前提，也是企业经营的基础。要成功地开展金融调研，首先必须充分认识金融业的行业特点，有针对性地设计研究思路、研究角度、研究方法、研究步骤、研究内容等，从结果的可解读性及可操作性考虑，而不能简单地把其他行业的研究模型照搬过来，虽然它们有很多可借鉴之处。

### 1. 懂与不懂之间，金融营销和金融调研发挥巨大作用

金融企业提供的是无形的、看不见、摸不着的"产品"。人们购买某项金融产品，并不一定非要持有具体的金融资产，而只需保存代表该资产的某种凭证即可。人们在进行金融交易时，看重的不是凭证的形式，而是凭证代表的价值。问题就在这，凭证代表了什么价值，有什么特点，有什么优势，存在什么隐患，这些都是一般消费者不清楚或不容易弄懂的。另外，其关系到消费者的切身利益，消费者期望"明明白白地消费"。这种矛盾的存在，给了金融企业发挥营销功能的庞大空间。哪家企业能让消费者明白并信任所购买的是什么样的金融产品，哪家企业就会赢得信赖，从而赢得口碑、美誉度、满意度、忠诚度，进而增加推荐率。这或许就是招商银行获取成功的一个重要原因。据业内人士所说，招行信用卡与其他银行信用卡在功能上并没有大的差异，但它最受消费者欢迎，为什么？因为它对于信用卡服务和功能的宣传能让消费者相对更明白"手中这张卡是怎样一张凭证"。招商银行在借记卡和信用卡上的营销努力对于招商银行的品牌形象和定位起到了至关重要的作用。

要更好地发挥金融营销的作用，就要借助专业调研的力量，弄清楚消费者起码要知道的是什么，最想知道的是什么。从需求程度和重要性两方面综合考虑，寻找营销方向和营销重点，找出现在可利用的宣传点，在营销中建立优势，挖掘未来需求点，占领先机。

### 2. 同质化严重，专业性强，使得品牌研究与品牌营销作用凸显

在目前的阶段，一方面，多数消费者对于金融产品的认知还不深，判断能力还比较差；另一方面，金融产品同质化现象比较严重，各家产品差异不大，使得消费者不会花太多精力去比较，往往凭直观感觉和朋友建议来选择。在这种状况下，品牌美誉度对于吸引顾客和留住顾客起着非常重要的作用，这种作用在金融行业体现得比其他行业更明显。

与普通消费品不同的是，金融产品有很大的私密性，不存在面子问题，消费者更关心的是收益和风险，所以消费者对于知名度的要求不高。从企业角度讲，金融企业数量少、规模大，真正的消费者又会主动搜索信息，企业知名度方面不会有太大问题，但目前在产品认知方面还存在较大问题，需要加强宣传与推广。

任何一个金融企业，无论其规模如何，它所提供的产品和服务都不可能满足全部市场的需要，而只能满足其中的一部分，因此，要加强对客户市场的研究，根据需求特点，将企业和公众划分为若干个消费群体，针对客户的不同需要，向选定的目标客户群体提供独特的金融产品、服务和营销组合，建立起差异化的竞争优势。如何进行

品牌定位对于金融服务企业有着重要的意义。

### 3. 关系到"钱"，对私密问题的调研需要多方验证

金融调研的另一个突出特点是调研内容敏感性强，直接询问拒访率会非常高，而且难以得到真实结果，所以在金融调研中需要多角度侧面验证。比如，对资产的话题需要对用车情况、居住情况、外出就餐、娱乐消费、旅游度假等进行了解，然后通过交叉分析、关联分析等手段验证资产的真实性。又如，对于资产所在机构，需要通过第一提及、评价深度、抱怨重点等来进行验证，因为人们通常最先想到的是最常打交道的机构，对它的评价最多、最深刻，同时也是主要的抱怨对象，因为接触越多，发现的问题越多。

### 4. 机构决策时间长，使得调研审批时间长，结果利用较差

金融机构，主要是银行，市场化程度不高，旧的体制和观念还未完全转变过来，使得市场反应速度较慢，现在绝大多数金融机构还没有专门的市场调研部门，对市场的研究还不够系统化，往往是哪个部门有想法，然后提出申请，等待审批，目前一个调研项目从提出到审批完成，长的甚至需要一年时间。好不容易进行了调研，结果却难以得到充分利用，因为要做出一些调整，往往需要多个部门进行配合，需要领导重视并协调。

中资金融机构现在已经从组织架构、绩效管理等许多方面自主开展内部调整，建立扁平化、专业化的营销管理组织架构，希望中资金融机构对市场的把握和反应速度不断加强。

### 5. 作为窗口企业，金融企业的"内部营销""内部调研"十分必要

从企业的角度看，服务提供者是直接与消费者接触的企业员工，其所具备的服务素质和言行、仪表、举止以及与消费者接触的方式、方法、态度等，会直接影响企业服务营销的实现，为了保证服务的有效性，需要对员工进行培训、评估和奖惩。在这方面，神秘顾客研究是一种行之有效的检测方法。

但从员工的角度看，员工的态度和情绪会传递到顾客身上，员工的状况直接决定着顾客的满意程度，因此，金融企业在做好对于顾客的外部营销的同时，需要把员工作为内部"顾客"进行内部营销。成功的内部营销是外部营销取得成功的前提，而员工满意度研究又是内部营销取得成功的保证。

借助专业调研的力量来准确把握市场动态，是市场化程度高、竞争激烈行业的常规行为，也是国外金融行业的通常做法。我国金融业市场化道路已经迈开步伐，多数企业已经认识到借助专业力量进行金融调研的重要性，例如，数字100金融事业部已经为几大国有银行提供过市场调研服务。国有银行尚且如此，更不用说保险、基金这些市场化程度较高的企业，其对专业市场调研机构更加重视。相信随着市场化进程的加快，这种合作将更加深入。

## 二、艾瑞咨询：2022年金融科技行业研究报告（见以下二维码）

2022年金融科技行业研究报告

## 实践训练

### 一、实训内容

1.学生以小组为单位，制订所选金融产品的调研方案。要求：确定调研目标、制订调研计划、确定调查地点、调查对象和调查方式、经费预算、调研人员以及调研日程安排。

2.根据所选金融产品的特点，设计调查表。要求：主题明确。根据调查目的确定主题，问题目的明确，重点突出，结构合理；问题的排序应有一定的逻辑顺序，符合被调查者的思维程序，通俗易懂。调查问卷要使被调查者一目了然，避免歧义，愿意如实回答；调查问卷语言要平实，语气诚恳，避免使用专业术语。对于敏感问题应采取一定的技巧，使问卷具有较强的可答性和合理性，长度适宜。问卷中所提出的问题不宜过多、过细、过繁，应言简意赅，回答问卷时间不应太长，一份问卷回答的时间一般不多于30分钟，应便于统计。设计时要考虑问卷回收后的数据汇总处理，便于进行数据统计处理。

3.用设计好的调查表进行实地调查。要求小组全体成员都参与，分工合作。

4.对调查搜集的信息进行资料分析。

5.在对调查资料进行整理分析的基础上撰写调研报告，并对报告主要内容进行陈述。要求：调研报告结构完整；调研数据真实；文字表述准确、清晰、到位。

### 二、实训目标

1.通过实践活动，学生应学会制订调研方案、设计调查表，掌握实地调查的方法和技巧，学会信息的收集、筛选、整理与分析，进一步提高写作能力。

2.通过小组活动，培养学生的合作意识、沟通协调能力及管理能力。

### 三、实训考核

根据小组成员的参与情况、调研态度及调研报告质量给予评分。

# 任务三

# 金融产品营销目标市场选择

## 学习目标

知识目标：1.掌握市场细分的标准、步骤和原则。

2.掌握目标市场选择方法。

3.掌握目标市场进入方式。

技能目标：1.能针对某金融产品进行多种类型的市场细分。

2.能对各细分市场进行市场评估。

3.能根据某金融产品的特征、市场细分的情况选择目标市场。

## 知识要点

### 一、金融产品市场细分

#### （一）金融产品市场细分的含义

微课4

金融产品市场细分

金融产品市场细分是指金融企业根据客户需要、偏好及对某种金融产品的购买动机、购买行为、购买力等方面的差异，运用系统方法将整个金融市场划分为若干个子市场的活动。

属于同一个细分市场的客户，他们的消费特征在某些方面具有一定的相似性。而属于不同细分市场的客户对同一种金融产品的需求存在明显差异。如按性别分，可以把客户分为男性市场与女性市场；如按收入水平分，可以把客户分为低收入者市场、中等收入者市场和高收入者市场等。这个过程就是金融市场细分。

不同细分市场的客户对金融产品的需求是不同的。经调查表明，男性客户更偏向于对高风险金融产品的投资，而女性客户更偏重于稳健型金融产品的投资。同样，不同的年龄、教育背景、个性都会影响投资者对金融产品的偏好与选择，而这些特征，则成为市场细分的标准。对于金融企业而言，应该明确有多少细分市场及各细分市场的主要特征，以此来进行有针对性的产品营销。

### （二）个人客户市场细分标准

个人客户是相对于公司客户而言的，个人客户市场细分标准主要有人口标准、地理标准、心理标准、行为标准等。

#### 1. 人口标准

人口标准是指根据客户的性别、年龄、收入、家庭生命周期、职业、文化程度、民族等因素进行市场细分，见表3-1。

表3-1　　　　　　　　　　　　按人口标准细分市场

| 人口标准 | 主要变量 | 营销要点 |
| --- | --- | --- |
| 性别 | 男女构成 | 了解男女构成及消费需求特点 |
| 年龄 | 老年人、中年人、青年人、少年、儿童 | 掌握年龄结构、比重及各档次年龄的消费特征 |
| 收入 | 高收入者、中等收入者、低收入者 | 掌握不同收入层次的消费特征和购买行为 |
| 家庭生命周期 | 单身阶段、备婚阶段、新婚阶段、育儿阶段、空巢阶段、寡鳏阶段 | 研究各家庭处在哪一阶段，以及不同阶段消费需求的数量和结构 |
| 职业 | 工人、农民、军人、学生、干部、教育工作者、文艺工作者 | 了解不同职业的消费差异 |
| 文化程度 | 文盲、小学、中学、大学等 | 了解不同文化层次人群购买种类、行为、习惯及结构 |
| 民族 | 汉族、满族、蒙古族等 | 了解不同民族的文化、宗教、风俗及不同的消费习惯 |

#### 2. 地理标准

地理标准是指按照客户所在地理位置，如地区、城市规模甚至不同的气候条件等来进行市场细分。我国地域辽阔，地区间金融、经济发展水平差异较大。在地区发展水平差异较大的情况下，显然通过地理标准将金融市场进行细分是非常必要的。根据地区间的金融水平差异推出不同的金融产品和服务也能体现出市场的公平性及营销策略的合理性。例如，银行提供住房贷款策划服务，上海一套住房贷款400万元，收取100元的服务费，而乌鲁木齐一套相同面积的住房贷款只需60万元，如果也收取100元的服务费就相对偏高了。由于乌鲁木齐的收入水平低，同一价格在乌鲁木齐具有更高的边际利润率，这显然违背了公平原则。因此，对于不同地区要进行市场细分。按地理标准进行市场细分的变量见表3-2。

表3-2　　　　　　　　按地理标准进行市场细分的变量

| 细分变量 | 细分市场 |
| --- | --- |
| 地区 | 东部、西部、中部；南方、北方；沿海、内陆；城市、农村 |
| 城市规模 | 特大城市、大城市、中等城市、小城市 |
| 气候 | 热带、亚热带、温带、寒带；干燥、湿润；炎热、寒冷 |

### 3. 心理标准

这是指根据客户生活方式（对工作、消费、业余爱好的态度）、个性、价值观念等因素来进行市场细分。

金融企业往往会根据客户的个性、价值取向、生活方式等因素来细分个人客户市场。比如，银行会为个性较为保守的客户选择安全、可靠、风险小的品种，对风险偏好型的客户，则会建议投资收益大、风险高的投资产品。再如，由于投保动机不同，不同的客户会产生保障需求、安全需求、增值需求等，保险公司可以有针对性地开发具有保险和安全功能的"家庭财产两全保险"、具有增值功能的"投资连结险"、具有安全保障功能的"人身意外险"等。而不同的生活方式也会构成人们不同的消费心理。因此，金融企业的产品开发必须针对客户的不同心理需求，为其"度身定制"金融产品，这样才会有广阔的市场空间。

### 4. 行为标准

这是指根据客户购买时间、地点、所追求的利益、使用频率、对某种品牌的忠诚度等项目进行市场细分。

金融企业根据客户参与金融交易的目的、对金融产品的品牌忠诚度、金融产品的使用程度、购买金融产品的频率等因素来细分个人客户市场。比如，根据消费者的忠实程度，可将某种金融产品的客户分为坚定忠诚者、中度忠诚者、转移型忠诚者、经常转换者。其中，坚定忠诚者始终只购买一种品牌的产品；中度忠诚者则同时忠于两三个品牌；转移型忠诚者是从偏爱一种品牌转换为偏爱另一种品牌的消费者；经常转换者是指不忠实于任何品牌的消费者。金融企业可以运用品牌策略提高消费者的忠诚度，巩固和发展现有的市场。

### （三）机构客户市场细分标准

引起机构客户对金融产品和服务需求差异的因素有很多，这里主要分析机构客户规模、机构客户性质、机构客户产业类别等几大因素。

#### 1. 机构客户规模

不同规模的企业有不同的金融需求，通过机构客户年度营业额、总产值、固定资产总值、资本总额、资产总额、职工人数等因素评估机构客户规模，根据规模的大小，提供不同水平的金融产品和服务。

#### 2. 机构客户性质

根据客户性质，将机构客户分为政府机构、事业单位、私营企业、三资企业、外商独资企业、合资企业、股份制公司等客户群。它们对资金的需求以及金融产品和服务的需求是不一样的，如政府机构、事业单位因为福利保障待遇较好，所以它们对商业性的保险需求度不高。但是随着事业单位养老保险制度试点改革的推进，事业单位的员工对于企业年金、储蓄性养老保险的需求度必然会加大，寿险公司的市场营销策略必将重新调整。

#### 3. 机构客户产业类别

按照第一、第二、第三产业的统计口径对机构客户进行分类，不同产业的客户对

拓展阅读3-1

中信银行银行卡业务介绍

拓展阅读3-2

北京银保监局：鼓励各商业银行、各卡中心细分新市民客群，开发新市民专属银行卡

金融产品的需求度是不一样的。比如，从事制造业、户外高风险行业的机构对保险，尤其是人身意外伤害保险、工伤保险、医疗保险的需求度较大，而从事第三产业服务业的员工对于补充性企业年金及储蓄性养老保险、投资理财产品较为偏爱。

## 二、金融产品营销目标市场选择

金融企业在市场细分的基础上，通过对细分市场的评估归纳出不同的目标市场类型，然后进行选择；继而在被选中的目标市场中进行市场定位；最后根据市场定位构建市场营销组合，以进入目标市场，占领目标市场，发展目标市场。

金融企业对各个细分市场进行评估后，必须对进入哪些市场和多少个细分市场做出决策，这就是选择目标市场。

一般有三种目标市场的营销策略：

### 1. 无差异性目标市场策略

金融企业在市场细分后，不考虑各子市场的特性，而只注重子市场的共性，决定只推出单一产品，运用单一的市场营销组合，力求在一定程度上满足尽可能多的顾客的需求。这种营销策略的最大优点是可以节约成本，相应地降低消费者的购买价格，实现规模经济。例如，某寿险公司可以通过直接邮寄活动向儿童市场的每一个儿童营销一种教育保单，将整个儿童市场定位为教育保险的目标市场。但是采用该策略，不利于发挥竞争优势，市场针对性不强，如果遇到专门为满足整体市场中的某个细分市场的需求而设计的更有针对性的金融产品或营销组合策略，金融企业往往会因为产品过于单一而失去市场。无差异目标市场策略无法兼顾不同客户的差异化需求，往往只适用于比较简单的金融产品，不适用于结构较为复杂的产品。所以，世界上一些曾经长期实行这一策略的企业最终也实行差异性营销策略了。

### 2. 差异性目标市场策略

差异性目标市场策略是指金融企业决定同时为几个子市场服务，设计不同的产品，并在渠道、定价和促销等方面都加以改变，以适应各个子市场的不同需要。

这一策略认为消费者的需要是有差异的，不可能使用完全相同的、无差别的产品去满足各类消费者的需要。采用差异性营销策略的金融企业一般是大企业，有较为雄厚的财力、较强的技术力量和素质较高的管理人员，而这些是实行差异市场营销策略的必要条件，如美国花旗银行在根据客户不同情况提供多层次服务方面有较好的经验。对于大众市场，花旗银行提供各种低成本的电子服务，如信用卡和邮购银行业务等；对于收入较高的客户，提供更加个性化的服务；对于富裕的上层客户，则提供广泛的私人银行业务。同时，由于采用差异性营销策略必然受到企业资源和条件的限制，小型金融企业往往无力采用，如农村合作银行作为小型法人机构，金融产品设计相对单一，差异化不明显，无法与大型商业银行相抗衡。

差异性营销策略的优点是：可以提高金融企业产品的适销率和竞争力，减少经营风险，提高市场占有率。因为多种产品能分别满足不同消费者群体的需要，扩大产品销售市场，其中几种产品经营不善的风险可以由其他产品经营所弥补。如果金融企业在数个细分市场都能取得较好的经营效果，就能树立企业良好的市场形象，提高市场占有率。所以，目前有越来越多的金融企业采用差异性市场营销策略。

差异性营销策略的缺点是：由于运用这种策略的金融企业进入的细分市场较多，而且针对各个细分市场的需要实行产品和市场营销组合的多样化策略，随着产品品种增加、销售渠道多样化以及市场调研和促销宣传活动的扩大，金融企业各方面经营成本支出必然会大幅度增加。

### 3. 集中性目标市场策略

集中性目标市场策略指的是金融企业集中所有力量，以一个或少数几个性质相似的子市场作为目标市场，集中精力进行专业化生产和经营，试图在较少的市场上拥有较大的市场占有率。对于一些资源有限、实力不够雄厚的金融企业而言，采用这一策略可以更深入地了解特定细分市场，实现专业化经营。

集中性目标市场策略的优点是：目标市场集中，有助于金融企业花较少的成本更深入地了解目标市场的消费者需求，使产品适销对路，提高企业和产品在市场上的知名度。集中性目标市场策略还有利于企业集中资源，节约生产成本和各种费用，增加盈利，取得良好的经济效益。美国纽约银行抓住自身擅长经营证券业务的优势，将银行精力主要集中在证券业务上，从而获得了巨大收益。

这种市场策略的最大风险在于，一旦市场出现意外变化，如客户爱好转移、消费者需求的突然变化、价格猛跌或者出现强大的竞争对手等，金融企业就有可能因承受不了短时间的竞争压力而立即陷入困境。所以，对于金融企业而言，除非有特别的把握，否则"不要把所有的鸡蛋放在一个篮子里"，学"狡兔"营造"三窟"，以防止倾覆性的风险。采用集中性目标市场营销策略的金融企业，要随时密切关注市场动向，充分考虑企业对未来可能的意外情况的各种对策和应急措施。

三种目标市场营销策略的特点比较见表3-3。

表3-3　　　　　　　　　　　　三种目标市场营销策略的特点比较

| 项目 | 无差异性目标市场策略 | 差异性目标市场策略 | 集中性目标市场策略 |
|------|--------------------|------------------|------------------|
| 前提 | 需求无差异 | 需求差异性 | 需求差异性 |
| 市场目标 | 整个市场 | 多个细分市场 | 一个细分市场 |
| 营销策略 | 一种 | 多种 | 一种 |
| 优点 | 成本低，规模效益显著 | 满足多种需要，风险分散，销量大 | 针对性强，营销效果和效率高 |
| 缺点 | 不能满足不同的消费需要 | 投资成本大，管理难度大 | 产品单一，风险大 |

上述三种不同的目标市场营销策略适合于不同发展阶段的金融企业，所以对金融企业而言，准确的市场定位及营销策略的选择对于金融企业的可持续发展是至关重要的。

### 三、金融产品营销市场定位

#### （一）金融产品营销市场定位的概念

市场定位是在 20 世纪 70 年代由美国营销学家艾·里斯和杰克·特劳特提出的，其含义是指企业根据竞争者现有产品在市场上所处的位置，针对顾客对该类产品某些特征或属性的重视程度，为本企业产品塑造与众不同的、给人印象鲜明的形象，并将这种形象生动地传递给顾客，从而使该产品在市场上确定适当的位置。

金融企业在选择和确定了目标市场后，就进入了目标市场营销的第三个步骤——金融产品营销市场定位。金融产品市场定位是指金融企业根据客户的需要以及客户对于金融产品某种属性的重视程度设计出有别于竞争对手的具有鲜明个性的金融产品，从而使金融产品能在客户的心目中占据一个适当的位置。例如，花旗银行面对日本政府较为严格的金融管制，提出"全方位、高质量"的金融产品营销市场定位。

市场定位是目标市场营销战略重要的组成部分，它关系到金融企业及其产品在激烈的市场竞争中，占领消费者心理，树立企业及产品形象，实现企业市场营销战略目标等一系列至关重要的问题。金融企业在进行市场定位时，既要了解客户对产品属性的熟悉程度，又要了解竞争对手的产品特色，以实现定位目标。

#### （二）金融产品营销市场定位方法

在金融企业的目标市场中，通常竞争对手的产品已经在顾客心目中树立起了一定的形象，占有一定的位置。金融企业要想在目标市场上成功地树立起自己产品独特的形象，就需要针对这些企业的产品进行适当的定位。产品市场定位的基本方式主要有以下几种：

##### 1. 首次定位

首次定位是指金融企业对初次投放市场的产品确定市场地位的活动。比如，信用卡业务首次推出时往往采用免年费、赠送小礼物、折扣优惠、加点数等方式，这样的市场定位的目的在于打开新的市场。

##### 2. 再定位

再定位是指金融企业为已经在某市场销售的产品重新确定某种形象，以改变顾客对其原有的认识或态度，争取有利的市场地位的活动。比如，美国长岛信托公司在大银行激烈竞争的背景下，做了"长岛信托公司为长岛居民服务"的重新定位，提高了市场地位。

##### 3. 避强定位

避强定位是指当对手实力强劲时，避开强有力的竞争对手，选择新的金融产品和新的企业形象定位的活动。这一方法市场风险小，成功率高。美国曼哈顿银行在面对强劲的市场对手时，通过四年的时间进行调整，进一步明确了市场定位和发展策略。

一般来说，采用避强定位的金融企业能够提供更加具有优势的金融产品，并且有充足的资源以维持市场竞争。

# 案例分析

### 案例一：

#### 农业银行典型人群的数字化营销案例：女性信用卡的集中性目标市场策略

近年来，女性消费市场高速崛起，2020年底农业银行于上海推出首家女性信用卡5G智慧快闪主题网点，该网点通过结合女性信用卡系列产品漂亮升级妈妈信用卡，以"奇遇时刻 共赴美好"为主题，将信用卡品牌、发卡拓客、金融服务与客户体验相融合，是数字化时代线上线下营销结合的有益尝试。

客户可以跟随地面上"都市丽人"和"时尚辣妈"两条主线指引，沿途体验农行信用卡的快速申办、极速秒批、新客权益、数字货架商圈优惠、商城优惠等优质服务，同时可参加神秘拍照打卡、快乐抽盲盒等精彩活动，在轻松互动的氛围中了解农行信用卡产品活动和权益。

资料来源：彭妍. 农行首家女性信用卡5G智慧快闪主题网点落成［EB/OL］.［2020-12-07］. https：//baijiahao.baidu.com/s？id=1685411067534099543&wfr=spider&for=pc.

案例分析：请结合金融产品目标市场选择的相关知识，针对女性用户设计漂亮妈妈卡的集中性目标市场策略方案。

### 案例二：

#### 东阿农商银行开展"深耕'三农'专项客群"营销固化活动

为助力黄河流域生态保护和高质量发展，结合乡村振兴和产业振兴，东阿农商银行本着"走出去，迎进来"的理念，坚持主动营销，全面营销，创新营销模式，当好乡村振兴、服务"三农"的主办银行。

开展延时营销、入村宣传业务，通过印制宣传单页、走访农户进行线下讲解等方式，有针对性地推介贷款产品，利用形式多样的金融服务满足客户多样化的金融需求，让更多有需要的客户能够第一时间联系到该银行，将金融服务送到客户家门口。

积极贯彻落实助企纾困相关政策要求，强化金融服务，深耕供应链金融，护航实体经济，着力解决企业"融资难、融资贵"问题，不断提升金融服务可及性和可得性，助力小微企业转型升级。

驻村入户，深耕农村市场。有效借助村"两委"等关键人，定向邀约村内年轻、有经营项目的村民，组织召开座谈会、精准营销相匹配的存贷款产品，配备专属客户经理，逐一添加微信，建立联络，深挖客户需求，巩固农村市场。围绕农户担保难、融资难问题，深化合作对接，创新担保方式，持续优化信贷服务，解决好农民生产生活资金需求。

东阿农商银行始终把"服务'三农'，服务实体经济"当作最大的使命和责任，为新时代乡村振兴注入新活力、新源泉，将金融服务工作抓到细处、落到实处、做到深处，为广大群众提供更优质便捷的暖心服务。激励青年员工砥砺前行，不负梦想，做一个追梦农商人。

资料来源：张国腾. 东阿农商银行开展"深耕'三农'专项客群"营销固化活动［EB/OL］.［2022-10-25］. https://k.sina.com.cn/article_5328858693_13d9fee4502001kmtd.html.

案例分析：阅读以上材料，请分析东阿农商银行开展客群营销固化活动的各类措施。

## 案例三：

### 商业银行高净值客户规模呈现蓬勃发展态势

截至 2023 年 4 月 13 日，多家 A 股上市银行披露了 2022 年私人银行客户数量和资产管理规模。综合来看，2022 年商业银行私人银行业务稳健发展，高净值客户规模呈现蓬勃发展态势。

私人银行客户数量方面，截至 2022 年末，工商银行、农业银行、建设银行、中国银行、招商银行私人银行客户数均超过 10 万户，分别为 22.60 万户、20 万户、19.37 万户、15.96 万户、13.48 万户。紧跟其后的平安银行、交通银行、中信银行、兴业银行、光大银行的私人银行客户均超过 5 万户。其中，平安银行达标客户 8.05 万户，交通银行客户数 7.70 万户。民生银行、浙商银行的私人银行客户分别为 4.22 万户、1.09 万户。

从增速维度来看，截至 2022 年末，大多银行私人银行客户数量均增长 10% 左右。比如，农业银行、平安银行、工商银行、光大银行、中信银行、招商银行、交通银行、建设银行增长分别达 17.65%、15.5%、13.3%、13%、10.81%、10.43%、9.33%、9.31%。

私人银行业务管理资产规模方面，多家银行资产管理规模呈双位数增长。截至 2022 年末，招商银行私人银行客户总资产达 3.79 万亿元，较上年末增长 11.74%；工商银行、中国银行、建设银行、农业银行私人银行管理资产规模均超 2 万亿元；其中，工商银行私人银行管理资产 2.63 万亿元，增长 13.0%；平安银行（私人银行达标客户 AUM 余额）、交通银行均超过 1 万亿元；中信银行私人银行客户管理资产达 9 486 亿元，同比增长 13.04%；光大银行管理私人银行客户资产达 5 682 亿元，同比增长 13.38%。

"财富管理业务是银行轻资产转型和零售转型的重点，私人银行又被称为银行财富管理皇冠上的明珠，具有需求复杂多元、业务价值高等特点。"零壹智库特约研究员于百程认为，2022 年大多数银行私人银行业务资产管理规模之所以增长迅速，一是在中国经济快速发展过程中，居民财富增长效应累积，由此带来的专属个性化财富管理需求上涨；二是银行业依靠资产规模高增长模式的改变，在私人银行等中间业务上发力。私人银行凭借轻资本、抗周期性、盈利性强的优势，成为银行近几年新的业绩增长点。

资料来源：李冰. 上市银行披露私人银行业务"账本" 资产管理规模增长迅速［EB/OL］.［2023-04-14］. http://finance.china.com.cn/money/bank/20230414/5969714.shtml.

案例分析：阅读以上材料，请分析商业银行私人银行业务的未来发展趋势。

## 案例四：

### 国寿寿险以数字化转型赋能保险业高质量发展

如今，大力发展数字经济已成为经济社会发展的主旋律。数字技术正日益融入社会发展各领域的全过程，对于保险行业而言，数字化转型已逐渐成为行业高质量发展的主旋律。

#### （一）依托数字化技术，打造互联网保险一站式平台

以数字化转型赋能新时代高质量发展，不断守护人民美好生活是中国人寿保险股份有限公司一直以来不变的责任使命。为更好地满足人民群众线上便捷购买保险产品的需求，充分发挥互联网"触达快、覆盖广、效率高"的优势，中国人寿寿险公司秉承"数字化、智能化、共享化"的互联网理念，打造了集"产品+服务+内容"于一体的"国喜保中国人寿保险商城"（以下简称"国寿保险商城"）。

据了解，国寿保险商城依托于数字化技术，按照"智能引领、体验优先、数据驱动"原则进行设计研发，是为广大客户提供"产品丰富、操作便捷、体验流畅、安全稳定"的互联网保险一站式平台。用户不仅可以享受贴心的线上便捷服务，还能轻松获取各类保险知识，量身定制保障计划，真正实现"一步到位、一站服务、一键安心"。

目前，国寿保险商城已经在中国人寿寿险 App、官方微信及微信小程序多点上线，初步形成"一个平台、矩阵投放、万千触点、全域链接"的互联网直销新模式。中国人寿寿险公司表示，国寿保险商城的上线是公司探索销售模式转型、加速数字化转型的重要里程碑。

#### （二）丰富线上保险产品，方便客户享受便捷投保体验

为满足客户家庭多元化的保险需求，提前为孩子规划未来保障，国寿保险商城同步上线国寿卓越前程少儿年金保险（互联网专属）。据悉，该保险产品具有投保方式灵活、保障多元、领取安心等多重优势。投保人可选一次性交费、年交、月交三种交费方式。选择年交、月交时，支持3年、5年、10年三种交费期间，方便客户结合自身家庭情况选择适合自己的交费方式，为孩子提供安心保障。

"凡出生二十八日以上、十三周岁以下，身体健康者均可作为被保险人，由对其具有保险利益的完全民事行为能力人作为投保人向中国人寿寿险公司投保该保险。"中国人寿寿险公司表示，父母为孩子投保后，按照合同约定，孩子在成年的不同阶段可享受教育金、深造金、创业金，并获得身故保障，为孩子的成长道路增添一份保障与安心。

此外，除上述互联网专属的少儿年金保险外，国寿保险商城已支持综合意外险、少儿教育金、个人养老金等多款保险产品线上自助购买。客户可以通过三种线上投保方式购买产品：一是微信搜索"中国人寿保险商城"小程序；二是关注"中国人寿保险股份有限公司"微信公众号，进入"保险产品—保险商城"；三是下载中国人寿寿险 App，点击"产品—保险商城"。以上方式均可进入国寿保险商城，按照操作步骤

享受便捷投保体验。

中国人寿寿险公司表示，将始终"坚持以人民为中心的发展思想"，不断推进多元化保险产品供给，助力大众家庭构建更加科学、多维、全面的风险保障体系，全力守护人民美好生活。

资料来源：佚名. 上线互联网保险商城 国寿寿险以数字化转型赋能保险业高质量发展［EB/OL］.［2023-02-03］. https://www.cebnet.com.cn/20230203/102855520.html.

案例分析：请结合国寿寿险数字化转型谈谈该如何细分寿险市场，以满足家庭多元化的保险需求和投保方式。

## 案例五：

### 聚科技、搭平台、建场景，银行正在将科技风吹向新农村

2023年2月13日，《中共中央 国务院关于做好2023年全面推进乡村振兴重点工作的意见》发布。文件在"扎实推进宜居宜业和美乡村建设"的重点任务中要求，"深入实施数字乡村发展行动，推动数字化应用场景研发推广。加快农业农村大数据应用，推进智慧农业发展。"有分析认为，上述要求至少释放出这样一个信号：以数据要素为核心、数字技术为驱动，农业农村大数据与应用场景的融合创新，将成为数字乡村、乡村产业转型升级发展的重要路径。

2023年2月3日发布的《农业农村部关于落实党中央国务院2023年全面推进乡村振兴重点工作部署的实施意见》要求，"撬动金融投入。持续推进农业经营主体信贷直通车服务，加快农业生产经营信息库建设，支持农村数字普惠金融发展。"

综上，数字乡村、数字金融普惠在政策上有了顶层设计和要求，金融支持数字乡村建设，银行通过数字普惠金融覆盖更广的农村生产生活有了新起点。

2月20日，人民网与微众银行共同搭建的普惠金融展示中心揭幕，并正式对外开放，以展现我国普惠金融高质量发展的全景画卷。当天，微众银行党委书记、行长李南青表示，我国数字经济蓬勃发展，普惠金融也面临从量到质的转变。

据了解，微众银行近年来通过融合大数据风控、区块链等技术推出数字供应链金融服务，缓解农村小微企业融资问题，对农村金融以及振兴农村经济有着很大的作用。该行通过"微业贷"模式，依托线上化的技术能力和无抵押、不过度依赖核心企业信用的服务特色，与行业数十家涉农核心企业达成合作，开展农业供应链上下游的金融业务，带动产业链稳定发展。

其实，在具体落地方面，国内银行已有相当丰富的经验和案例。中国工商银行、中国农业银行、中国建设银行、中国银行、交通银行、中国邮政储蓄银行等六大行就纷纷搭建数字平台，并结合农村具体场景特点，为当地撒下数字普惠金融的种子。

工商银行以数字乡村建设激活乡村振兴新动能。2020年3月，工商银行"数字乡村综合服务平台"上线。该平台通过打造涉农产品服务的统一载体和输出渠道，为金融服务乡村振兴搭建广阔平台。据统计，上线一年多以后，该平台与16家省级农业农村厅签署战略合作协议，与600多家市县级农业农村主管部门达成信息化合作，覆盖全国各地的157个地市及8.3万个村集体。平台为农村提供包括智慧党建、数字政

务、阳光村务、三资管理、产权交易、惠农补贴管控、普惠信贷等服务，实现综合金融服务"一触即达"。

农业银行搭建涉农数字化场景，深度融入农村生产生活，创新助力乡村振兴。2021年12月18日，农业银行掌上银行7.0优化升级"乡村版"服务，通过科技优势，提供乡村振兴理财、"惠农e贷"、"惠农通"服务点等专属服务产品，以简约的风格和通俗易懂的表达，搭建丰富多元的涉农数字化场景，为乡村客户提供数字金融服务。该行还在农村充分利用物联网技术，突破了生物资产监管难、抵押难的融资瓶颈。

建设银行以数字平台为乡村振兴赋能。为解决普惠金融服务在县域乡村的民生痛点，建设银行依托"金融+政务+生产"为一体的"建行裕农通乡村振兴综合服务平台"（简称"裕农通"平台），围绕乡村振兴"大连接、大场景、大服务"的思路，不断延伸农业产业链的生态场景，持续推动"裕农通+"服务平台迭代升级，共建数字化生态服务网络，构建起乡村振兴金融服务新业态。

除了搭建数字平台，部分银行还结合新事物、新工具给数字普惠金融带来新元素。

中国银行推动数字人民币在乡村振兴领域的普及应用，为农民省钱、省时、助力。例如，中国银行北京市分行大力推动数字人民币在乡村振兴领域的普及应用，充分发挥数字人民币"支付即结算""无手续费"等交易特性，在节省涉农资金流通时间、降低涉农资金交易成本、保证涉农资金使用安全等方面为涉农企业和农户提供助力，还拓展了公益帮扶、助贫助农等场景的应用。

交通银行利用科技思维推动乡村振兴数字金融服务。近年来，交通银行利用科技思维全面出击，努力在农村构建完善的数字金融服务体系。一是推进手机银行、网上银行、云上交行、小程序等各类线上渠道，扩大"三农"客户服务的覆盖面；二是丰富惠农线上融资产品体系，有效满足"三农"多样化的金融需求；三是加强农村支付清算基础设施建设，提供数字人民币、移动支付、POS机等丰富的支付结算渠道；四是推进"云上交行"建设，提升线上线下一体化服务能力。

中国邮政储蓄银行推动"三农"金融数字化转型，让农户用信用换取"真金白银"。中国邮政储蓄银行通过各地分行在农村积极推进"信用村"建设工作。"信用村"是中国邮政储蓄银行通过优选信用环境良好的行政村，授予其"信用村"称号并授牌，为村民发展产业提供信贷等支持。信用村、信用户经中国邮政储蓄银行颁证授牌后，可提高信用村、信用户小额信用贷款额度以及享受贷款利率优惠，通过"信用村"的创建，有效解决农户融资难、融资贵的问题。

除大行外，整个社会对数字普惠金融有更多期待，其他相关的银行和社会主体也积极参与其中。

相信站在农村数字普惠金融的新起点上，更多银行会在农村有更大的作为，在普惠金融的画卷上留下更多的精彩。高质量发展的数字普惠金融将在农村收获更多果实。

资料来源：王超．聚科技、搭平台、建场景，银行正在将科技风吹向新农村［EB/OL］．［2023-02-24］．https://www.cebnet.com.cn/20230224/102860041.html．

案例分析：阅读以上材料，请分析农村数字普惠金融对"三农"发展的好处。

# 视野拓展

## 一、保险产品的目标市场策略

保险公司选择什么保险产品开展业务，需要考虑的首要因素是本企业进行市场细分后选择的目标市场，其次是营销组合策略，最后是竞争策略。只有当一家保险公司明确了自己的竞争地位，将市场进行有效的细分，准确地选择适合自己的目标市场，才可能成功。

### （一）保险市场的细分

#### 1.保险市场细分的意义

保险市场营销人员将保险消费者和组织细分为有相似需求或特征的代表性的群体，并向接受率最高的群体直接进行营销。

（1）针对公司提供的各种类型的产品，识别和评估其潜在市场；

（2）在整个市场中选择公司将要向其集中营销的一部分或几部分；

（3）开发和完善能够满足所选市场的营销组合；

（4）在细分市场中，将其产品与其构成竞争的产品相区别。

保险市场细分是将巨大的、不同质的保险市场，细分为小的、具有相似产品需求或营销组合需求的同质保险子市场的过程。市场细分的基本目的是帮助公司选择愿意涉足并且有能力涉足的细分市场。一个细分市场必须具备如下条件：可衡量性、可接近性、可盈利性、可操作性。

#### 2.保险市场细分的依据

被选为细分依据的因素必须与消费者对营销产品的需求、使用或行为有关。每个细分依据都应该包含能对特定的备选营销组合有相似反应的消费者。另外，细分因素本身必须是可衡量的或可观察的。家庭构成、职业和收入经常被当作细分变量，因为它们是能够被观察或被测量的可衡量因素。

多变量市场细分是利用多种特征的组合来细分一个市场。相对于单变量市场细分，多变量市场细分能够提供关于一个细分市场的更为详细的信息，因此，它能使公司针对特定细分市场中的消费者，开发出更为精确的营销组合。

多变量市场细分增加了整个市场中的细分市场的数量。从整个市场中开发出的细分市场越多，每个细分市场的潜在销售量就越少，因为如果细分市场中的消费者数量少，公司就不会在那些不可能盈利或不可能对公司产品有反应的细分市场上浪费资源。

### （二）保险产品目标市场的选择

#### 1.目标市场选择原则

（1）适度原则。在细分的市场中，有些细分市场规模大、增长快、边际利润高；

而有些细分市场则可能规模小、增长慢、边际利润低。企业在选择时，必须要遵循适度发展的原则，不能"嫌贫爱富""求大舍小"，应该选择具备适当规模和增长特性的细分市场，以求得适度发展。

（2）协调原则。在选择目标市场时，企业会发现有的细分市场虽具备理想的规模与增长率，但若从利润的角度去考察却又无法形成吸引力。这种吸引力可以来自潜在竞争者的多寡、替代产品的多寡和相关购买力的大小等。

（3）相符原则。有些细分市场虽然同时具备了规模增长和吸引力，但如果与企业的目标和资源不相符，则这种细分市场也是难以成为企业所要选择的对象的，对这样的细分市场必须要舍得放弃；如果某个细分市场符合企业的目标，企业又在此拥有一定的技术和资源优势，则企业就可以选择进入这一细分市场。

2. 选择目标市场考虑的因素

公司在选择其目标市场时应考虑的因素有：

（1）公司目标；

（2）细分市场的销售潜力（包括期望的销售量和计划的增长率）；

（3）覆盖和向细分市场提供服务的费用；

（4）细分市场的期望获利贡献；

（5）在细分市场中存在的现有的和预期的竞争水平；

（6）细分市场的分销体系需要；

（7）在公司的整体经营计划和目标中，细分市场的配合情况；

（8）组合市场与现存的目标细分市场的兼容性。

3. 目标市场选择的步骤和依据

（1）目标市场的规模与潜力。潜在的目标市场只有具有一定的购买力才有实际意义；有了足够的营业额，目标市场才具有开发的价值。但"规模"是个相对的概念，大的保险公司重视销售量大的细分市场，往往忽视销售量小的细分市场。

（2）目标市场的吸引力。目标市场可能具备理想的规模和潜力，然而从盈利的观点来看，它未必有吸引力。目标市场的内在吸引力受五种力量的影响：

① 同行业竞争者的影响。如果某个细分市场已经有了为数众多的、强大的或者竞争意识强烈的竞争者，该细分市场就失去了吸引力。如果出现细分市场过于稳定或萎缩状态、固定成本过高、撤出市场的壁垒过严、竞争者投资过多等情况，保险公司要想坚守这个细分市场，就会出现价格战和广告争夺。

② 潜在的新的竞争者的影响。如果新的竞争者进入某个细分市场时遭遇森严壁垒，并且遭受到细分市场内原有公司的强烈报复，这个细分市场就最具有吸引力；反之，进入细分市场的壁垒越低，原来占领细分市场的保险公司的报复心理越弱，这个细分市场就越缺乏吸引力。

③ 替代产品的影响。如果某个细分市场现已存在替代产品或者有潜在的替代产品，该细分市场就失去了吸引力，因为替代产品会限制细分市场内价格和利润的增长。

④ 购买者议价能力的影响。如果某个细分市场中购买者议价能力很强或正在加强，该细分市场就可能没有吸引力。因为购买者会设法压低价格，对产品质量和服务提出更高的要求，并且使竞争者相互争斗，使保险公司的利润受到损失。

⑤ 供应商议价能力的影响。如果供应商，如银行、行业协会、保险中介能够控制某个细分市场的保险商品价格或服务质量等问题，那么这个细分市场就失去了吸引力。

（3）保险公司的目标和资源。任何时候保险公司均应将其自身目标与所选择的细分市场结合考虑，如某一细分市场有较大的吸引力，但不符合保险公司的长远目标，也应该放弃。对于符合保险业目标的细分市场，保险公司在进入时也要考虑自己是否具备必要的条件。

### （三）保险产品目标市场开发策略

#### 1. 无差异性市场策略

无差异性市场策略，亦称整体市场策略。这种策略是保险公司把整体市场看作一个目标市场，只注意保险消费者对保险需求的相同性，而不考虑他们对保险需求的差异性，以同一种保险条款、同一标准的保险费率和同一营销方式向所有的保险消费者推销同一种保险产品。保险公司的许多险种都适用于无差异性营销，如汽车第三者责任保险，可在一个国家的任何地区用同一营销方式和保险费率进行推销。

无差异性市场策略适用于那些差异性小、需求范围广、实用性强的险种的推销。这种策略的优点是：减少保险险种设计、印刷、宣传广告等的费用，降低成本；能形成规模经营，使风险损失率更接近平均的损失率。其缺点是：忽视保险消费者的差异性，难以满足保险需求的多样化，难以适应市场竞争的需要。

#### 2. 差异性市场策略

差异性市场策略是指保险公司选择了目标市场后，针对各个目标市场分别设计不同的险种和营销方案，去满足不同保险消费者需求的策略。这种策略的目的要求保险公司根据保险消费者需求的差异性去捕捉保险营销机会。其优点是：使保险营销策略的针对性更强，有利于保险公司不断开拓新的保险险种和使用新的保险营销策略。其缺点是：提高了营销成本，增加了险种设计和管理核算等费用。差异性市场策略适用于新的保险公司或规模较小的保险公司。

## 二、以客户为中心再定义，客户细分到底该怎么做?

瞬息万变的时代，客户的需求也时刻处于变化状态，任何对个人角色和行为特征的僵化定义都失去意义。落后的金融机构将不得不疲于应对客户的频繁流动，却无法真正提供基于客户需求的解决方案和灵活的交付方式。

### （一）"悬浮"的客户细分和动摇的客户关系

金融服务业在客户细分这项工作上已经尝试了很多年，尽管重要性人尽皆知，实操中却是说来容易做到难。

我们常常看到，那些在多个细分产品领域均有涉及的客户，同时被来自多条业务线的客户顾问狂轰滥炸，所得到的服务却毫无整体规划可言。又或者，对某一产品类型一掷千金的大客户，在进入到另一个尚不熟悉的产品分类区域时，被当作无名氏冷淡对待。

金融机构同样有苦难言：客户细分工作耗资巨大，各级员工压力倍增，但这种努力并不一定带来更有效率的业务运转，或必然提高销售量和利润率。

这并不是简单的"观点是否跟上""认识是否到位"的问题，而是有着极其现实的考量和客观因素。

有效的客户细分取决于对客户的充分认识。在国内目前分业经营的环境下，某种业态的金融机构往往只对应其中一个投资类型，即便同一类型的投资，出于"赛马"或分散风险的考虑，也会被放到不同的篮子里进行比较，再加上对个人隐私的保护日益重视，最终每个金融机构能拿到的客户信息都只是拼图的极小一块。有限的信息来源和真正量体裁衣、满足动态发展要求的整体性规划和服务之间存在错位，金融机构要做到精细定位面临较多的困难。

很多金融机构基于不科学的标准进行的客户细分本质上属于无用功。举例来说：有些金融机构按客户之前的购买习惯做细分，但这种标准并没有考虑客户需求的动态变化；有些金融机构按客户在该机构的资产值进行判断，但这种标准忽视了客户可能没有说出口的整体资产状况；有些金融机构按客户登记的收入状况预测其可能感兴趣的投资类型，但却无法确切得知客户的风险偏好和投资倾向。

金融机构也往往无法回答关于客户的一系列问题。比如，目前从客户处收集到的数据是否准确？能否用以预测客户接下来将处于生命周期中的哪个阶段？需要哪些能力来匹配与这些需求对应的产品和服务？前期思考的缺失，导致千辛万苦得来的数据并不具备太强的实用性，更像是"为做而做"，而无法真正指导资源配置。

在企业自身经营层面，一些金融机构既缺乏对自身经营状况和利润率的精确分解，也无法将客户细分工作与企业的短、中、长期经营目标有效挂钩。由于对客户分类工作的评价指标与经营目标实现程度的联动性不强，因而也无法有效改善财务报表，长此以往更容易陷入战略摇摆的境地。

而个体（企业、客户）得失之外，站在企业社会责任的角度，还要谨防客户细分沦为企业收割客户、获取短期利益的工具。"大数据杀熟"的本质是罔顾长期目标和社会整体福祉，将原本用以提供"差异化的产品和服务"的客户信息用作客户不知情基础上的"差异化定价"。在反垄断的大环境下，这种运作模式是悬在企业头上的利剑，不仅损害了客户利益，也给企业的做大做强带来极大的合规不确定性和监管应对压力。

### （二）Win-Win战略需要眼界和时间

以上种种，导致"客户细分"在一定程度上成了"正确"但"悬浮"的字眼。那些死守僵化的客户细分标准、无法快速察觉和应对客户状态变动的金融机构，正在因客户体验不连贯和产品服务无特色而失去优势，但Win-Win战略并非不可实现。

同样是做年轻人的贷款生意，是不是只能利用人性弱点无节制提供甚至诱导消费贷？十几年前，RBC（Royal Bank of Canada，加拿大皇家银行）有个项目颇有借鉴意义。

基于"客户细分"战略的指导，RBC的数据分析师把目标锁定在医学院或牙科学校的在读学生以及实习医师群体，并于2004年发起了一个奖学金计划，为该领域新生提供五项每人价值3 000加元的奖学金。如果只是一个静止的计划，那么再好也只是起到了鼓励的作用。RBC的做法是，针对这些年轻人的成长，推出具有竞争力的专项贷款计划：为新开业的从业者提供医疗设备贷款，或为其设立第一家诊所提供专项贷款等。一年之内，RBC针对该群体的市场份额从2％快速上升到了18％。而后续的跟踪数据表明，这批客群体现出高潜特征和长期的成长性，其人均收入贡献是该银行整体客群平均水平的3.7倍，并且有着更低的流失率。

客户细分的另一个案例是近几年在车险定价中发展迅速的UBI（usage-based insurance，基于使用情况的保险）策略。车主如选择UBI型保险，可以在加入时即可享受约5％~15％的折扣。作为对价，有关驾驶习惯等数据将被收集并反馈给保险公司，几个月运行期满后得到一份个性化的打分报告，以此作为下一年度保费优惠的依据（通常优惠幅度可达20％~30％）。目前UBI不到全球汽车保费市场的5％，但Markets and Markets预测，2026年UBI空间将达668亿美元，复合年增长率达27.7％。

这个案例的特点在于，一方面，UBI是市场参与者公认的最为个性化的细分市场；另一方面，大多数北美客户具有强烈的隐私保护意识，对于数据采集及应用普遍存疑。保险公司要找到那些接受度更高的客户，这是在细分上的第一重考验；然后要了解他们有兴趣但尚未入场的原因，这是第二重考验；决定自己要做其中的哪一类客户，并结合技术发展和监管调整，把资源倾注于此，开发出一系列自选项目菜单供客户调整组合，这是第三重考验。

整个流程考验的是各家保险公司对业务模式的理解和对自身发展方向的选择，洞察力和行动力最终决定了各家保险公司在UBI业务上的发展速度和空间。

回到客户细分的评价标准。单一的人口统计学不能成为客户细分的唯一标准，正如年龄、性别、教育等基本因素不能完全指代同一个群体。时代变迁，风口浪尖，人心涌动，大家都说要做"Z世代"年轻人的生意，但人们口中的"年轻人"是谁？模糊的群像之下，需要更多的针对性定义。而这种定义，本质上来自于企业对于自身发展战略及未来努力方向的认知，亦最终取决于机构拥有的资源、能力边界乃至可利用的生态网络。

### （三）从"细化"到"泛化"，重新定义"以客户为中心"

新时代的客户面对更加透明的产品和服务价格，也习惯通过互联网等多渠道比价降低获取成本，这一现象的逻辑后果是，客户对于标准化服务的忠诚度正在下降，金融机构想要维护客户忠诚度，必须提供更多的价值支撑。

实践中，当一项综合性战略取得市场反响时，我们往往会认为是客户细分策略的成功，但也许这只是某个产品的阶段性成功。当时间拉长，产品热度散去，给客户所做的画像仍然是那些画像，但客户却已转身投向其他产品。在这样一个变化的时代，任何对个人角色和行为特征的僵化定义都失去意义，必须要有更好的方法帮助客户管理需求。

如果说细分是通过识别具有不同需求的消费群体来开发市场，那么泛化则是拉长服务周期，从"整合"的角度来获取更大的客户价值。后者不是对前者的简单否定，而是在前者基础上的进化，希望用更全面、到位的服务来重新定义以客户为中心的概念。

反映在金融服务领域，一些金融机构在客户服务团队的建立上，开始不再局限于传统的客户细分思维，而是按客群进行服务全覆盖，提供无缝体验。这实际上是两个维度的结合：在某一时点的切面上，做到"千人千面"，为不同的客户提供该时点的最佳方案（包括对应的产品和服务）；而对同一客户的不同时段，则围绕满足客户需求做好衔接，重新组织自己的业务流程，为客户的"一人多面"提供贯穿整个生命周期的客户体验。一切皆以"人"为中心，正如 Peter S. Fader（美国著名营销专家）所说："客户中心化是一种战略，它使公司产品和服务的开发和提供与选定的客户群的当前和未来需求相一致，以使他们的长期利益最大化，从而为公司创造财务价值。"

这是一种前瞻性的联系与互动，金融机构不仅要有跟踪和长期服务客户的能力，也要有直面自己当下的能力边界并预测下一个阶段自身核心能力的勇气。

有些机构倾向于向客户传达"无论你需要什么，我都在这里"的信号，虽然态度到位，但也隐含危险，似乎自己已经无法从客户细分工作中获取有长期价值且具备指导意义的信息，只能对客户主动提出的请求做出回应。当客户已经大步向前时，自己却只能紧随其后，渐行渐远。

那些真正从客户细分战略获益良多的公司则会以客户需求为出发点进行匹配，使当前的组织和运营能够适应并支持客户在传统细分领域之间更多更快地流动，捕捉客户在不同生命周期的需求，从而提供高效的综合服务。

RBC 早在 1978 年便开始主动收集客户数据用以针对性服务，1992 年开始按盈利贡献度对客群进行细分，以此分配相应的销售和服务人员，迈出一对一服务的第一步。但银行很快在实践中认识到，这个模式对关系的定价不够精准，也没有提供潜在价值的衡量标准，因此无法用作绩效衡量标准。通过一个名为"价值分析器"的基础应用程序的开发，RBC 逐步由 CRM（客户关系管理）向 CVM（客户价值管理）迈进：首先，通过将客户交易汇总到总账中，以个体为单位构建盈利能力示例模型，来了解客户的需求缺口和企业的盈利拓展点，然后在数据仓库的推动下，采取集成式的"测试-学习"文化，确保营销推广、定价决策、信用管理、客户保留等各个环节都从客户的一致观点出发——作为一个循环过程，客户价值评估以月为周期进行评估，滚动计算 12 个月和年度总值，它定义策略，在客户接触点执行策略，获得反馈，并利用这些反馈为未来的规划提供信息。而挑战之处在于，经营战略和业务规则必须内置于 IT 基础架构内的决策支持引擎中，需要足够的积累和被尊重。

当然，这种构架必须考虑到企业自身的风险控制与资源调配能力。差异化取决于每个机构与客户建立独特关系的能力，如资源受限，则尤其需要正视短板，选择最可能实现的突破口，有的放矢地进行整合和投入。

资料来源：叶毓蔚. 以客户为中心再定义！从"千人千面"到"一人多面"，从细化到泛化，客户细分到底该咋做？［EB/OL］．［2021-09-25］. https://m.thepaper.cn/baijiahao_14656975.

### 三、商业健康保险需要重新审视功能定位

2023年4月18日，由清华大学医院管理研究院主办、中国人民健康保险股份有限公司（以下简称"中国人保健康"）协办的"2023中国商业健康保险发展战略和模式创新论坛"在清华大学主楼召开。此次论坛围绕宏观政策、产业热点、数智应用、卓越实践四大主题，业内多位专家和企业代表进行热烈讨论与实践分享。

中国人保健康总裁邵利铎在致辞中表示，中国健康服务进入"全民需求时代"，进一步优化完善健康治理成为回答人民之问的一个重要方面，商业健康保险需要重新审视功能定位、潜在机遇和发展模式，在"三医联动"协同发展的格局下完成供给端的自我转型，锚定商业健康保险作为基本医保的"补充"的功能定位，积极探索"主体明确、一体推进、专业运作"的多层次医疗保障有序衔接的发展道路。

随着中国老龄化人口结构和疾病特征的不断变化，对于高质量的医疗需求日益上涨。灵活高效的商业医疗保险作为基本医疗保险的有益补充将发挥越来越大的作用。建立健全多层次的医疗保障体系，从以疾病治疗为中心转向以健康管理为中心，不断提升人民群众的健康获得感。

国家卫健委体制改革司司长许树强强调，深化医药卫生体制改革必须以人民健康为中心，促进"三医"协同发展和治理，关键是要深化以公益性为导向的公立医院改革，构建有序的就医和诊疗新格局，尤其是要减轻人民群众的自付费用负担，不能让医药费用负担成为共同富裕道路上的障碍。因此，以基本医疗保险为主体，医疗救助为托底，补充医疗保险、商业健康保险、慈善捐赠、医疗互助共同发展的多层次医疗保障制度体系的建设和完善迫在眉睫，要通过政府和市场这两只手共同加强制度衔接，形成综合保障效应。

清华大学杨燕绥教授从德国等四个典型国家的商业保险发展情况对比入手，分析了我国商业健康保险的发展空间，并从体制机制建设和产品、理赔、展业等多角度论证了其发展路径和前景。她倡导在医疗和商业健康保险领域大力推行相互保险计划，实现医患保药合作与共赢；惠民保尽快走向有法可依、有章可循的合格计划；社会医疗保险和商业健康保险共同开发经办、支付和智能监控系统；代理人转向财富规划师；提高国家公共服务和市场服务合作的治理能力。

国家医疗保障局原副局长陈金甫结合医改过程中涌现的若干热点问题一一做了回应。他表示，社会保险存在的意义是促进化解社会矛盾，随着社会发展的多元化，必然会提出多层次的诉求。我们要遵循的原则是社会保险保基本，防止福利化，不能再提高费率和增加企业发展负担。商业保险及互助慈善等补充性保障体系要作为国家战略性安排，以多层次的保障体系解决多元化的需求，这需要明确各自的定位和提高国家社会治理能力。

如何看待中国商业健康保险市场的发展？清华大学陈秉正教授分析了2002—

2022年中国健康保险保费的收入及增速,从数据的波动性下降来看,中国的健康保险市场开始趋于成熟,但同时也存在着发展逻辑不清、定位模糊、缺乏监管等实际问题。要实现商业健康保险的创新发展,不仅要从需求端找准痛点,还要从供给端加大变革力度,探索新的产品和盈利模式。

中国人保健康党委委员、副总裁李晓峰以中国人保健康为例,从其健康管理服务体系建设和三医联动探索实践的角度,分享了中国人保健康的管理模式以及他们在医疗资源合作、数据互联互通、产品服务创新等方面的努力和保险企业能力建设的路径,并站在保险供给端的角度对商业健康险行业的进一步发展和完善提出了专业的建议。

资料来源:郭伟莹. 我国健康险市场开始趋于成熟 商业健康保险需要重新审视功能定位 [EB/OL].〔2023-04-20〕. http://henan.china.com.cn/m/2023-04-20/content_42339866.html.

## 实践训练

### 一、实训内容

1. 设定自己是某金融产品销售的客户经理,针对所选产品,分析"谁是你的客户",确定并描绘你的客户。

2. 运用适当的市场细分标准进行市场细分,在市场细分的基础上为所选金融产品选择合适的目标市场及营销策略。

3. 对所选金融产品进行适当的市场定位,找准目标市场,确定该产品的卖点。

### 二、实训目标

通过实践活动,使学生学会金融产品目标市场细分的方法和目标市场选择策略,并能找准产品的市场定位。

### 三、实训考核

根据小组交流、互评和课堂汇报情况给予评分。

# 任务四
# 金融产品营销策略制定

## 学习目标

**知识目标**：1.掌握产品整体概念、产品组合、产品品牌名称设计。
2.掌握产品定价方法、定价策略。
3.掌握中间商类型、渠道类型及设计应考虑的因素、渠道管理与控制要点。
4.掌握金融产品促销方案要素。
5.掌握广告传播方案制订要点。

**技能目标**：1.能设计产品的附加价值、产品系列，能分析品牌战略的利弊。
2.能鉴别竞争对手的价格策略，能为产品制定合适的价格。
3.能分析金融产品营销的渠道模式。
4.能设计金融产品分销的渠道模式。
5.能设计金融产品促销方案。
6.能制订合适的金融产品广告传播方案。

## 知识要点

### 一、金融产品策略、价格策略制定

#### （一）金融产品策略

金融机构的营销活动，实际上是从金融产品的构思、设计与推广开始的。金融机构将某种金融产品推向市场，需要根据顾客的购买和使用情况，做出这种金融产品是否适合市场需求的判断，然后根据对市场情况以及各种相关因素的判断，来决定这种金融产品的未来以及应该采用的市场策略。

##### 1.优质产品或服务取胜策略

该策略是指利用优质的金融产品，可以帮助形成金融机构的忠实消费者和顾客群，从而有助于金融机构在竞争中取胜。

金融机构可以通过创建、推广具有鲜明特色、有代表性的金融产品或金融品牌；通过优质的金融产品及优良的金融服务来树立其市场形象与市场地位，以吸引市场，占领市场。

### 2. 以新取胜策略

金融机构只有顺应市场变化，根据客户需求开发出消费者和顾客愿意接受、使用甚至是追求的金融产品，并根据客户需要，提供新的业务和服务，才可能在竞争激烈的市场环境中掌握主动权，树立良好的市场形象，提高信誉和地位，既可以满足消费者的需求，又可以达到金融机构获利与自我发展的目的。例如，2013年安联财险与阿里小微金融服务集团旗下淘宝保险共同合作推出"中秋赏月险"这一新兴互联网保险产品，其他保险公司纷纷跟进，相继推出"爱情险""雾霾险""跑步无忧险"等新型保险产品，以夺取市场眼球。

### 3. 以快取胜策略

金融市场瞬息万变，金融产品和服务要想在激烈的竞争环境下为消费者和顾客所接受，除了要有优异的质量、合理的价格、有效的促销外，还要把握住准确的市场信息，在适宜的时机迅速推出新的产品和服务。对于某些在一个较为特定的阶段非常流行的产品和服务，更是如此，需要金融机构能够把握先机，否则很容易被市场淘汰。

### 4. 以廉取胜策略

在产品推销阶段，可以考虑将产品和服务的价格适当定得低一点，以取得一定的市场份额。通过让利于民，树立起良好的市场形象，招揽更多的忠实消费者，占领更多的市场份额，战胜竞争对手。有时候，金融企业从战略的高度，在产品的定价中，或者在某一时段的定价中，采取刻意亏损的战术，这也是一种经营策略。比如，银行在推广信用卡时，往往通过免年费、积分换礼物等方式扩大市场占有率。

### 5. 高档产品与低档产品策略

高档产品策略是指在一条产品线内，增加高档高价产品项目，以此来提高金融机构现有产品的声望。而实施低档产品策略主要是吸引无力购买高档产品的顾客。金融机构可以根据自身的发展策略，选择其中之一或两者同时使用。例如，银行在推出银行卡时，往往会通过市场细分，根据不同消费者群体的收入、持有动机等状况，设计不同的信用卡类型，在保持信用卡基本功能的同时，为某些特定的客户设计一些特定的金融服务，同时根据不同额度服务费用的收取，以及不同金融服务数量、类型的提供，来实现金融产品价格的差异化。

### 6. 系列产品策略

一方面，通过为顾客提供"全套"金融产品或"一站式"服务，使顾客能够获得系列产品或全套金融服务，以满足顾客对不同金融产品的不同需求，使顾客可以在一家金融机构获得大部分甚至全部金融服务；另一方面，通过增加产品线、扩展产品服务的广度和深度，达到使金融机构在经营上规模晋级和分散风险的目的。例如，中国银行长城信用推出长城中国移动信用卡、长城环球通美国运通信用卡、长城世界信用卡、长城E闪付信用卡等系列，以满足客户的不同需求。

### （二）金融产品开发策略

#### 1. 扩充策略

金融企业在确立了自己在金融市场中的位置后，通过扩展现有服务、增加交叉销售等办法，将其业务推向更广阔的市场和更大的空间，使其业务类型、产品品种和服务范围向纵深发展，使客户能够在一家金融机构获得全面的金融服务。

这种产品开发策略对于客户有较强的吸引力，同时由于其便利性，给客户和金融机构带来了双赢。比如，目前很多金融机构提供"一站式"金融服务，商业银行向"金融超市"迈进，银行纷纷开展中间业务的创新等。

#### 2. 附属产品策略

附属产品策略是指不依附于主要金融产品而独立开发的产品。它的购买者或使用者不必是该金融机构核心账户的持有者，或者可能根本就是该金融企业的非账户持有人。其实质是创造一种脱离金融机构核心服务的独立产品，如现在很多商业银行推出面向非本行账户持有人的附属卡、贷款、投资咨询等金融产品和服务。

#### 3. 改造策略

金融服务企业对原有产品进行改造，在继续保持原有产品功能的基础上，增加新的服务功能，然后换一个新的名称，以此实现功能上的创新，这种金融产品开发是屡见不鲜的。比如，美国为规避对于存款利率设定上限的Q条例，发明了一系列存款创新产品，有可转让支付命令账户、大额可转让定期存单、个人退休金账户、货币市场存单、货币市场互助基金等。

#### 4. 延伸策略

金融服务企业在某一产品的基础上，延伸开发出与该产品的主要性能相类似的同类型其他产品的策略。

#### 5. 创新策略

金融企业根据新的市场需求，开发出能满足这种需求的新产品的策略，如自助银行、网上银行、手机银行App等。客户通过便捷的客户端操作，可以轻松完成汇款、无卡取现、理财、订机票、买电影票、买彩票、美食购物等各项交易。移动金融已成为现代人的一种生活方式。

#### 6. 移植策略

移植策略是指金融企业将其他非金融企业或一般企业的一些服务项目移植过来并改造为新产品的策略。例如，银行利用自身的优势将会计事务、审计事务等中介服务项目移植过来。

### （三）金融产品定价策略

#### 1. 金融产品价格的构成

从最狭义的角度来说，金融产品的价格是对一种金融产品或服务的标价。从广义的角度来看，金融产品价格是消费者在交换中所获得的产品或服务的价值。

金融产品的价格构成主要包括两大部分：利息及各种费用。各类金融企业都是以各种负债形式筹集资金，并按有关利率、收益率规定支付融资利息成本，这部分成本是金融价格的重要组成部分。金融产品的定价首先反映其成本，成本除了利息以外还有直接生产成本、销售成本、管理成本、税金等其他形式的各类费用。

因此，仅从费用进行考虑，金融产品的价格应该为：金融产品的价格=利息+直接生产成本+销售成本+管理成本+税金。

### 2. 影响金融产品价格的主要因素

（1）金融产品的经营成本。金融企业对产品定价的终极目标是：弥补成本支出，吸引足够的销售量，达到预定的利润与销售目标。因此，金融产品的经营成本是影响产品定价的一个重要因素，这些因素包括利息成本、直接生产成本、销售成本、管理成本等，这些成本因素在上一部分已经考虑到，这里不再赘述。

（2）消费者的价值判断及各种价格预期。金融企业在进行产品和服务的定价时必须要考虑消费者的价值判断和价值取向。消费者的收入水平、受教育水平、个性心理不同，导致其对金融产品所具备的偏好与产品取向不同。同时，客户的心理预期等因素，也会潜移默化地影响他们对于金融产品的选择。

（3）同类金融产品和业务的竞争状况。处于不同竞争地位的金融机构可以采用不同的价格策略。如果金融企业在金融界处于领先地位，则可以发动价格战；如果金融企业处于追随者地位，则可以采取追随策略。

（4）政府金融法规的制约和金融机构与产品的风险程度。金融企业在制定价格时要考虑相关金融法规的规定，金融企业必须在符合国家有关金融法律法规的前提下进行定价。同时，中央银行或者金融监管机构出于风险防范的考虑，会对金融机构的风险防范做出制度上的要求，比如，提高存贷款利率，提高法定存款准备金率，加强对理财产品收益率的监控，各金融机构必须以此为参照，严格执行。

### 3. 银行产品的定价策略与方法

（1）新产品定价策略。新产品定价是为受专利保护或有独特技术优势的完全创新产品的定价和仿制新产品的定价。

（2）组合产品定价策略。这是一种比较传统的定价方法，往往是出于产品整体营销策略考虑来进行定价。比如，银行在推出系列产品时，根据需求和成本的内在关联性进行整体定价。首先，确定最低价格；其次，确定产品线中某种商品的最高价格；最后，对于产品线中的其他产品也分别依据其在产品线中的角色不同而制定不同的价格，通过系列产品的总成本来获取最终利润。

（3）折扣策略。银行有时为了鼓励客户及早付清贷款或者大量购买产品和服务，会酌情降低基本价格，以刺激市场需求，比较普遍的为现金折扣，如银行为鼓励客户使用信用卡，对客户使用信用卡消费进行现金返还。还有的银行会给大量购买某种产品的优质客户提供价格优惠，以增强其购买欲望，如银行在推销开放式基金时，会以更优惠的申购费来吸引大客户。

（4）市场细分定价策略。银行通过细分市场，依据不同的客户、地区、时间、服务对同一银行产品进行不同的定价，借此优化客户群和目标市场，从而实现利润最大化和需求最大化。比如，银行通过对客户进行分类，分成优质客户、潜在优质客户、一般客户及亏损客户，对于不同类别的客户发放不同信用等级的信用卡，以此细分市场。

（5）心理定价策略。心理定价策略指的是银行根据不同客户的消费心理和消费偏好制定不同的产品价格。如一般银行偏爱用6、8等中国人喜欢的数字来对产品定价，通常会避免用数字4作为价格尾数。又如，有些银行在推广中间业务时，往往利用部分客户求廉的心理，将几种产品的价格定得低一些，以此来吸引客户。

（6）服务定价策略。某些银行的营销目标是通过定价向客户传达产品物有所值的观念。比如，银行面向大客户提供大额存单和协议存款产品，其利率要高于银行基础利率，以吸引大客户的资金。

### 4. 保险产品的定价策略与方法

保险是一种特殊的服务产品，保险产品的价格称为保险费或保险费率，保险产品定价要用到大量的数学、经济学、数理统计、人寿保险、财产保险知识。它与普通商品的定价原理和方法也有很大的区别。在这部分，我们将介绍保险费率的定价策略，财产保险以及人身保险的费率厘定方法。

保险费率是保险人按照单位保险金额向投保人收取保险费的标准，保险费率与保险费的关系如下：

保险费率＝保险费÷保险金额×100%

保险费率可以分解为毛保费率、纯费率、附加费率。其中，纯费率是对应于每个风险单位保额的可能损失额，在理论上它是所投保标的出现保险事故而发生损失的概率。附加费率是对应于每个保险单位的保额损失变动相对于正常变动的损失和单位保额的经营费用，这部分费率主要用于计算保险人的各项经营费用和预期利润，如员工工资、业务费用、管理费用、代理人佣金费用、税金、利润等。

保险公司厘定保险费率时，对纯费率和附加费率是分开计算的。财产保险和人身保险费率的计算方法是大相径庭的。财产保险的纯保费是根据历史资料，按过去多年该类保险财产的损失率来计算的。而人身保险的纯费率则是根据生命表来计算的。附加费率是根据保险标的的损失变动程度和该类业务分摊的费用在该类业务总体保费收入中所占比例来进行计算的。附加保险费率可以分为两个部分，即第一附加费率和第二附加费率。第一附加费率是以异常损失为基础的。我们知道，风险事故的发生有一定的规律可以遵循，通过观察大量历史数据的积累和概率论，我们可以在一定程度上把握风险规律。然而，一些风险事故的发生是背离正常损失的。如果实际损失超过正常损失，那么对于保险人而言，就可能发生偿付危机，比如2001年美国"9·11"恐怖袭击，2003年"SARS"的恶性传播，2005年美国的"卡特里娜"飓风，2006年的禽流感和2020年澳大利亚的森林火灾等。第一附加费率就是保险公司为了弥补这部分损失而准备的费用。第二附加费率是保险公司为弥补各项经营开支而准备的费用，通过这部分费率征收的保费来支付公司的日常开支和经营。

### 5. 证券产品的定价策略与方法

证券产品主要指股票、债券、基金等有价凭证。证券产品定价实际上是证券所代表的资产价格的确定。本书所讲的证券产品主要是指股票。股票的价格主要有以下几种：

（1）票面价格。股票的票面价格又称为面值，是公司发行股票时所标明的每股股票的票面金额。它表明每股股票在公司总资本所占比例以及该股票持有者所占的份额，许多国家把股票的票面价格定为容易计量的单位，但是股票的票面价格往往与股票的市场价格相去甚远。

（2）发行价格。股票的发行价格是指股份有限公司在发行股票时的出售价格。不同的公司在发行股票时可能会采用平价发行、溢价发行或折价发行等不同方式，这取决于股票的票面形式、公司法有关规定、公司的实际状况、市场对公司的信心和其他相关因素。确定发行价格的方法主要有市盈率法、竞价确定法、净资产倍率法及现金流量折现法。

（3）账面价值。每股普通股所代表的公司净资产，是证券分析家和其他专业人员测算出来的股票的真实价值。股票账面价值的变动受资产总额的数量、负债总额的数量以及股票指数等因素的影响。普通股每股账面价值的计算公式为：

普通股每股账面价值=（公司净资产值-优先股总面值）÷普通股总股值

微课 5

金融产品营销策略制定

（4）市场价格。股票的市场价格是股票在市场上买卖的价格，股票的市场价格与票面价格、发行价格、账面价值不一样，股票的市场价格会随着政治局势的变动、经济形势的发展、宏观经济政策的颁布、本行业及相关行业的影响、公司自身因素、投资者心理变化等因素的影响而变动。

## 二、金融产品渠道策略制定

### （一）金融产品销售渠道的类型

金融产品销售渠道是指金融产品或服务从生产领域流向消费领域的各个通道，以及在整个产品传递过程中，为满足目标市场消费者的需求，利用各种信息技术和基于信息技术发展起来的网络终端向其顾客提供的各种服务。

结合金融产品、金融机构本身的特性，可以从是否有中介商的参与，将销售渠道大致分为直接渠道和间接渠道两大类。

#### 1. 直接渠道

直接渠道是指没有中介商参与的销售渠道，主要有以下几种：

（1）分支机构。目前，全世界采用总分行制度的银行占了大多数，即金融机构在全国乃至全世界建立分支机构，构成产品的直接分销网络。

（2）面对面销售。各金融机构除了通过完善的分支机构进行分销外，还有另外一种越来越普遍的销售渠道，即通过客户经理、保险代理人、股票经纪人、理财经理等人员，直接与客户进行面对面的销售。

（3）直接邮寄销售。通过事先的调查分析向潜在客户寄送有关产品或服务的信件、传单、光盘、广告等，通过有效地锁定目标顾客，实现个性化服务，扩大产品销售市场。这种销售渠道既便利、简洁，同时又节省成本。

（4）电视直复销售。通过电视直复广告和家庭购物频道，向消费者传递金融产品信息。以保险产品为例，通过这种方式销售保险，保险公司因为不需要给代理人支付佣金，可以将保险产品的价格进一步降低，使其比营销渠道的产品更具价格上的优势。

（5）电商渠道。随着20世纪网络经济的产生与快速发展，金融产品的销售渠道出现了一种全新的形式——电子商务渠道，即以电话、电脑、网络等电子网络为媒介，为客户提供有关金融和服务的信息，通过这些多媒体渠道向客户销售金融产品或者提供金融服务。近年来，多家保险公司、银行等金融机构积极尝试电商模式，开辟了营销新渠道。比如，2013年2月由马云、马明哲、马化腾"三马"联手设立的众安在线财产保险公司，定位于"服务互联网"，不只通过互联网销售既有的保险产品，还通过产品创新，为互联网的经营者和参与者提供一系列整体解决方案，化解和管理互联网经济的各种风险，为互联网行业的顺畅、安全、高效运行提供保障和服务。

（6）信用卡网络。银行通过发行信用卡，向持卡人直接提供金融服务，由此而建立起信用卡网络，这是一种由银行向客户分销产品的销售渠道。信用卡网络还包括零售商场、酒店、超市及其他消费场所。

（7）自动柜员机。与信用卡发行相配合，银行通过设立ATM（自动柜员机）、POS机终端等设备，突破了时间、空间和服务手段的限制，是一种有别于传统销售渠道的新颖的销售服务渠道。今后，随着终端设备的不断完善，自动柜员机等设备将在很大程度上取代传统的人工服务和简易产品的销售。

（8）直播渠道。随着互联网经济的发展，通过抖音等短视频渠道直播金融产品和理财知识，金融机构通过邀请小微企业、重点服务大企业等目标客户参加线上直播等活动，将金融业务的产品特点、办理流程和优惠活动进行视频化、集成化实时输出。但是，直播销售背后暗藏风险。2020年10月28日，银保监会发布"关于防范金融直播营销有关风险的提示"，指出金融直播主体混乱，或隐藏诈骗风险，以及存在销售误导风险。

### 2. 间接渠道

金融企业除了上述依赖于金融机构本身的直接销售渠道外，还有一种与金融企业自身相分离，通过一定的中介商，间接地将其产品销售出去的销售渠道——间接渠道。

（1）银行的间接销售渠道。银行利用间接渠道进行销售的金融产品主要是信用卡。信用卡业务的最终消费对象是消费者，但是消费者在用卡过程中，必须依赖商场、超市、酒店等消费中介场所。而对于银行来说，其开办信用卡业务的主要收入来源是信用卡的年费、透支利息以及商场、超市、酒店等消费场所划拨给银行的中介手续费。2016年3月，国家发展改革委和中国人民银行发布了《关于完善银行卡刷卡手续费定价机制的通知》，规定发卡行向收单机构收取借记卡单次不高于消费金额0.35%的手续费，单笔上限为13元。

（2）保险公司的间接销售渠道。保险公司除了利用自己的下设分支机构和经营网点直接销售保险产品及附加服务外，还可以借助于中间渠道销售其产品及服务，如利用庞大的保险代理人队伍、专业的经纪人公司、多元化的兼业经营队伍进行保险产品的销售。在西方保险业较为发达的国家，主要的中间销售方式就是通过专业化的经纪人公司，面对客户提供专业、适合的保险产品和保险服务。

（3）证券、基金公司的间接销售渠道。证券、基金公司除了自己开展一级市场业务以外，在二级市场业务中，它还可以通过发展中介商来间接服务二级市场的投资者。它可以通过银行作为主承销商，借助于银行庞大的经营网点和良好的客户信用间接销售股票、基金、综合性的投资理财产品等。

### （二）银行业销售渠道的选择

#### 1. 银行业传统销售渠道

银行业分支机构一般设立柜台服务、业务部门、客户经理、自动柜员机等业务分销渠道，经营吸收公众存款、发放贷款、办理结算等基本业务和经银保监会批准的中间业务。

#### 2. 商业银行其他销售渠道

商业银行除了传统的通过分支行的模式进行销售的渠道外，还有另外两种主要的营销渠道，即通过中间商进行销售的渠道和创新的销售渠道。

（1）中间商渠道：银证通渠道、银基通渠道、银保通渠道，即通过银行与证券公司、基金公司、保险公司合作达到扩大销售、扩大盈利来源的营销目的。

（2）创新的销售渠道。

① 网络银行。网络银行既是一种通过互联网技术在网上为客户开办业务的全新银行组织形式，又是银行通过互联网为客户提供的一种安全、及时、统一的金融服务系统。与传统银行相比，网上银行突破了传统银行和客户之间的时空界限，更加便捷地为客户提供各种零售、批发、支付和清算等全方位业务服务，具有无纸化、24小时无间断连续服务等优势。网络银行的业务服务一般包括发布公共信息，提供账务信息服务和各种证券交易服务，提供网上转账和代理缴费服务，进行国际结算和网上外汇买卖等相关业务。随着互联网的迅速发展，网络银行作为一种重要的电子商务活动开始被银行业广泛应用，成为我国银行业发展的新出路。《2016中国电子银行调查报告》显示，2016年全国个人网银用户比例达到79%，网银交易规模达到536.3万亿元。网上银行服务的渠道建设与规模拓展，已成为信息时代金融服务的重要组成部分。2014年12月，中国首家互联网银行——微众银行正式获准开业。这家互联网银行是由腾讯牵头发起设立的纯互联网银行，没有实体网点，业务均在线上完成。微众银行以互联网为主要手段和工具，全网络化运营，提供具有网络特色、适合网络操作、结构相对简单的金融服务和产品，其主要采取"小存小贷"的业务模式，服务线上客户。2017年，继"腾讯系"微众银行、"阿里系"网商银行后的第三家由小米和新希望投资的互联网银行——新网银行正式成立。

② 电话银行。电话银行是指使用计算机电话集成技术，采用电话自动语音和人工服务方式为顾客提供金融服务的一种业务系统。其主要包括各类账户之间的转账、

银券通服务、代收代付、金融信息服务、各类个人账户资料的查询、存折临时挂失、密码修改、个人实盘外汇买卖等银行服务。这是一种新的销售渠道，当然，这种销售渠道有一定的业务风险。

其他新型的销售渠道主要有企业网上银行、手机银行、商业 POS 机终端、自动柜员机等。

### （三）保险业销售渠道的选择

保险业销售渠道的选择是保险公司的重要决策之一。渠道选择主要应考虑以下因素：一是产品因素，包括保险产品类别（即险种）、保险产品的服务对象和保险产品的费率等；二是市场因素，主要考虑保险消费者的服务需求，即市场需求量、市场分散程度和售后服务等；三是保险公司的自身条件，包括保险公司的类型及保险公司的规模与实力等；四是营销成本和效益的评价。根据是否有中介人的参与，销售渠道可以分为直接渠道和间接渠道。

#### 1. 直接销售

在直接销售渠道中，没有中介人身份的业务员直接与准客户接触，即在保险产品和服务的销售过程中，客户与保险公司是直接面对面的。直接销售借助电话销售、互联网与在线服务、邮件、印刷品、广播媒体等工具，使得保险产品能从公司直接传递到客户手中。

#### 2. 间接销售

间接销售渠道又称为中介制，是指保险公司通过保险代理人和保险经纪人等中介机构或个人向准客户推销保险产品的方式。保险代理人是根据保险人的委托、向保险人收取代理手续费，并在保险人代理授权范围之内代保险人办理保险业务的组织或个人。保险经纪人是基于投保人的利益，为投保人与保险人订立人身保险合同提供中介服务，并依法收取佣金的个人或单位。根据我国《保险法》的规定，保险经纪人只能是单位。鉴于我国的实情，保险业务长期使用保险代理制，即由庞大的个人代理人及兼业代理队伍完成保险产品的销售，保险经纪人的市场容量非常小。随着保险行业的科技化转型，越来越多的保险产品通过直销渠道、公司 App 等方式展开销售，保险产品的间接销售渠道功能在弱化。

### （四）股票销售渠道的选择

股票的销售方式可以分为直接发行和间接发行两种。直接发行是由发行公司自己发行和销售股票。其优势是发行费用低，弊端是发行时间长、难度大、成功率较低。

目前主要的直接发行渠道有认购证方式、上网发行方式及全部预售、比例配售方式。

股票的间接发行是发行公司委托承销机构代销或包销。

#### 1. 代销

代销是指承销机构按照双方事先签订的代销协议，代为发售股票。若在规定的时间内不能将所有的新股销售出去，则剩余部分退还给公司，因而承销机构承担风险较小，费用也较低。

### 2. 包销

包销是指包销机构和发行机构签订包销协议，并规定包销数量、发行价格、包销费用、发行时间。股票包销又分为全额包销和余额包销两种。若在规定期限内无法将既定股票全部销售，剩余部分由包销机构自行解决，因而风险较大，但包销费用也较高。由于其销售费用较高，所以目前大部分券商倾向于选择包销方式销售股票。

## 三、金融产品促销策略制定

金融产品促销是指金融企业通过适当的方式向顾客传递产品和服务的信息，以引起其注意和兴趣，激发其购买欲望，促进其购买的活动。

### （一）广告促销策略

广告是金融企业用来向顾客传递信息的最主要的促销方式，是金融企业付出一定费用，通过特定的媒体向市场传递信息以促进销售的一种手段。

#### 1. 广告的分类

金融企业在推出广告时，大致分为以下几类：

（1）通知性广告。此类广告主要用于市场的开拓阶段，目标是创建初步的需求。因此，金融企业广告促销策略的重点是激发顾客的欲望，使之愿意与金融企业打交道。通过强调企业的优势，扩大企业在行业中的影响力和知名度。通常，金融企业在使用通知性广告时，要把握以下几点：一是提供有形的线索。比如，"买了保险，您就有了保护伞"，伞是象征保护的可接触的物体，用它来帮助顾客理解保险所提供的保护。二是使用明确的信息。注意用简明精练的言辞、图像，贴切地把握金融产品内涵的丰富性和多样性。例如，香港宝生银行的广告语"灵活变通，服务大众"，八个字非常简练地说明了宝生银行的服务特性及服务对象。

（2）说服性广告。该类广告适用于产品成长期，这个时期需求的特点是选择性需求。此时，广告的主要目标是劝导顾客购买自己的产品，突出产品特色，促使顾客形成品牌偏好。金融企业在使用说服性广告时要把握好以下几点：一是对员工做广告。金融企业在做广告时要利用自己企业的职工，以达到内外互动的效果。二是强调利益，强调顾客购买使用该金融产品所得到的利益，而不应该强调技术性细节，如美国国家银行的广告语"您的美元会在这里努力地工作，也会增长得越快越多"。

（3）提醒性广告。提醒性广告适用于产品成熟期。广告目标是提示顾客购买或让目前的消费者相信自己做了正确的购买决策，如"OMEGA，my choice"，以及美国联合储蓄银行的广告词"除了你自己以外，你可以在这里储存一切"。通过很简练的广告语，给客户以安全感，凸显银行的良好信用。在使用提醒性广告时要把握以下几点：一是在产品生产过程中尽量争取并维持顾客的合作；二是解决购买后的疑虑，建立口传沟通。

### 2. 金融产品广告设计的原则

（1）真实性。广告的生命在于真实。一方面，广告的内容要真实（语言文字、画面、艺术手法得当）是《中华人民共和国广告法》的基本要求；另一方面，广告主与广告商品也必须是真实的，如果广告主根本不生产或经营广告中宣传的商品，甚至连广告主也是虚构的单位，那么广告肯定是不真实的。金融企业应依据真实性原则设计广告，这也是一种商业道德和社会责任。金融企业推出广告的真实性受到市场监督管理部门等的监督。

（2）社会性。广告是一种信息传递，在传播经济信息的同时，也传播了一定的思想意识，其必然会潜移默化地影响社会文化和社会风气。广告不仅是一种促销形式，也是一种具有鲜明思想性的社会意识形态。所以，金融产品广告的设计要贴近老百姓的需求，其有利于高尚文化思想的传播。

（3）针对性。广告的内容和形式要富有针对性，即对不同的商品、不同的目标市场要有不同的内容，采取不同的表现手法。广告的设计要针对产品的目标客户群，这也是广告效率的体现，如美国北方信托银行的广告标题是"Trust Northern，I do and should too"（请信赖北方信托，我做你所需要的），广告语切合银行本身，同时又体现了很真诚的服务意识。

（4）艺术性。广告是一门科学，也是一门艺术。广告把真实性、思想性、针对性寓于艺术性之中，要求广告设计者要构思新颖，语言生动、有趣、诙谐，图案美观大方、色彩鲜艳和谐，广告形式不断创新。例如，美国有一家银行的广告语是"Your money never gone this far"（积少成多），不但读起来朗朗上口，印象深刻，而且寓意深远，体现出较高的艺术水平。

### 3. 金融产品广告媒体的选择

广告媒体的作用在于把产品的信息有效地传递到目标市场。广告的效用不仅与广告信息有关，也与广告主所选用的广告媒体有关。事实上，要使人们对某项产品产生好感，这样的职责是由广告信息、广告信息的表现方式（广告作品）和适当的广告媒体共同承担的。同时，在广告宣传中，所运用的广告媒体不同，广告费用、广告设计、广告策略、广告效果等内容都是不同的。因此，在广告活动中要认真选择广告媒体。

拓展阅读4-1

银行借微信做营销　关注公众号吃饭打八折

目前主要的广告媒体有报纸、广播、电视、杂志、户外广告、网络（微博、微信、App 等）等载体。因为不同的广告媒体具有不同的特点，不同媒体的市场覆盖面、市场反应程度、可信度等均不同，因此，金融企业在推出广告时，要充分考虑不同媒体的信息传播效果，再做出选择。

### （二）人员推销策略

金融产品的无形性、服务和消费两者的同步性等特点，决定了金融机构必须在做广告进行产品宣传的同时，还有大量的人员与潜在客户或现有客户直接打交道。人员推销就是金融机构利用推销人员向客户直接推销产品和服务。用这种形式传递信息更为直接、具体和准确。从广义上说，凡是为销售产品或服务进行业务推广而与潜在客户或现有客户直接打交道的人员，均是推销人员。金融机构的人员推销策略主要体现在通过客户经理、理财经理或者代理人、经纪人等中介完成客户的产品需求分析和产品的营销。

金融企业可以通过多种方式进行人员推销：

### 1. 固定人员推销方式

固定人员推销方式是指不外出开展业务，在固定的经营场所直接向客户提供服务的推销方式。所谓固定人员大致有以下两类：一是机构人员。这类人员有银行一级支行和二级支行的柜面工作人员、大堂经理、理财经理等，还有证券公司、保险公司基层机构的业务员等。二是坐席人员。金融企业利用网络、电话等渠道拓展业务时，要配备与之配套的人员，回答自动系统回答不了或解决不了的问题，通过为客户提供良好的售后服务，进行关系维护，并为下一阶段的营销做好铺垫。例如，目前各银行、保险公司都设立了955××的客服电话，相关客服人员要回答和解决客户咨询的相关问题。

### 2. 流动人员推销方式

流动人员推销方式是指外出推广业务，直接与潜在客户或现有客户打交道的推销方式。所谓流动人员主要有以下几类：一是保险中介人。这是指为拓展公司业务而直接外出寻找潜在客户的人员，如保险公司的代理人。还有一种推销业务的保险中介人是保险经纪人，即针对客户的实际需求，为客户提供投保方案的专门机构。二是客户经理。一般银行、证券公司、保险公司、基金公司都有自己的客户经理。他们一般具备一定的理财知识和金融产品营销知识，通过客户开发，为客户提供全面的金融服务，为本行或本公司打开潜在市场。三是投资顾问。这类人员主要存在于各大金融机构，通过较为丰富的投资理财知识和行业经验，为客户提供较为专业的投资咨询服务，进而完善机构的服务功能。例如，自2013年以来，多家银行通过开设"金融便利店"或者"社区金融服务中心"的社区金融模式，将产品营销及服务推广到各小区，延伸了金融服务的触角，将银行服务直接切入社区终端。这种解决"最后一公里"金融服务问题的做法，是传统银行业应对互联网金融挑战的一种努力，也是推销模式的一种创新。

### （三）营业推广策略

营业推广又称为销售促进，是指金融企业为刺激一定的市场需求，引起较强的市场反应而采取的一系列短期的优惠促销措施，比如减价、免费提供配套服务等，以此来吸引和刺激客户购买或扩大购买。

营业推广的形式多种多样，针对不同的客户，大致可以分为三种类型，即面向消费者的营业推广、面向中间商的营业推广、面向本企业推销员的营业推广。面向客户的营业推广活动，其目标是鼓励续购和使用、吸引新顾客使用、争夺竞争者的顾客等；面向中间商的营业推广活动，其目标是鼓励推广新产品、大量销售产品、培养客户忠诚度以及吸引新的中间商等；面向推销员的营业推广活动，其目标是鼓励推销员积极推销金融机构的产品和服务，开拓新市场，寻找新的客户。

### （四）公共关系策略

公共关系之于金融产品营销指的是金融企业要善于开展广泛的公共关系活动，协调与企业股东、内部员工、工商企业、同业机构、社会团体、新闻传播媒介、政府机构及消费者的关系，为企业及产品树立良好的形象，最终达到扩大销售的目的。

#### 1. 金融企业与政府的公共关系

政府既是金融企业的领导者，又是金融企业的间接客户。金融企业与政府之间的这种被领导与领导的关系表现在政治、组织及其他社会管理方面。

#### 2. 金融企业内部的公共关系

金融企业内部的公共关系包括金融企业内部的员工关系和职能部门、各科室的关系。企业员工的团结和合作精神对企业的生存与发展有重要的意义。只有正确处理好各部门之间的关系，才能使各部门之间紧密联系、团结协作、步调一致。

#### 3. 金融企业与客户的关系

金融企业的客户包括个人和机构。一方面，企业要对客户开展经常性、广泛性的调查研究，深入了解客户的情况、利益和需要，把握现有的和潜在的客户；另一方面，要向客户开展普遍性的、生动的宣传鼓励工作。

#### 4. 金融企业与同业机构的公共关系

金融企业与其同业间的关系是一种既协作又竞争、既对立又统一的关系。从竞争角度看，这种关系体现在与其他金融机构在共同市场上争夺客户、争夺市场、提高市场占有率以及各种服务手段间的竞争；从协作角度看，金融机构与同业之间"本是同根生"，所以机构之间应保持良好的公共关系，避免"相煎何太急"；除业务上保持联系和合作外，领导人之间、从业人员之间应该加强沟通与联系，避免矛盾，从而有助于大家的同生共长。

#### 5. 金融企业与新闻媒体的公共关系

新闻媒体传播面广，影响力大，是金融企业与外界沟通的一个重要渠道。因此，金融企业应与记者、编辑、新闻媒体经常接触，保持联系，争取他们的理解和支持，保持信息渠道的畅通，进一步争取社会各界的理解和支持，向社会提供正面新闻报道。

### （五）促销组合策略

促销组合策略研究的是上述四类促销手段的选择及在组合中侧重使用哪种促销手段，往往又称为整合营销策略。促销组合策略一般有以下三种倾向：

#### 1. 推式策略

推式策略是指利用推销人员与中间商促销，将产品推入渠道的策略。这一策略需要利用大量的推销人员推销产品，它适用于生产者和中间商对产品前景看法一致的产品。推式策略风险小，推销周期短，资金回收快，但其前提条件是需有中间商的共识和配合（如图4-1所示）。

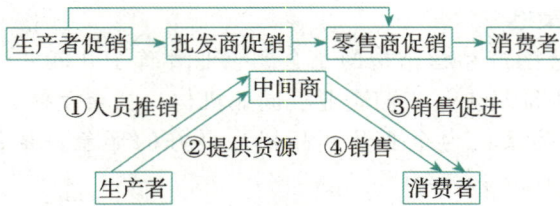

图4-1　推式策略

推式策略常用的方式有：金融企业派出业务人员、客户经理与客户进行面对面的金融产品推销，提供各种售前、售中、售后服务促销等。

### 2. 拉式策略

拉式策略是企业针对最终消费者展开广告攻势，把产品信息介绍给目标市场的消费者，使人产生强烈的购买欲望，形成急切的市场需求，然后"拉引"中间商纷纷要求经销这种产品（如图4-2所示）。

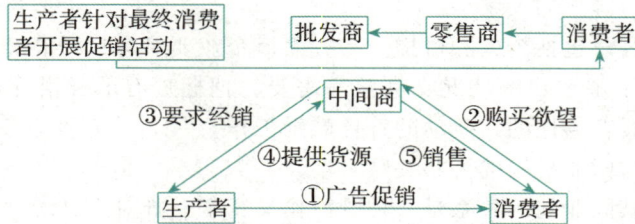

图4-2　拉式策略

在营销过程中，由于中间商与生产者对某些新产品的市场前景常有不同的看法，因此，很多新产品上市时，中间商往往因过高估计市场风险而不愿经销。在这种情况下，生产者只能先向消费者直接推销，然后拉引中间商经销。拉式策略常用的方式有：价格促销、广告、展览促销、代销、试销等。

### 3. 推拉结合策略

在通常情况下，金融企业也可以把上述两种策略结合起来运用，在向中间商进行大力促销的同时，通过广告刺激市场需求，其程序如图4-3所示。

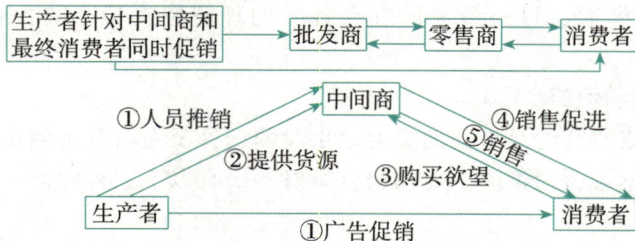

图4-3　推拉结合策略

在"推式"促销的同时进行"拉式"促销，用双向的促销努力把商品推向市场，这比单独地利用推式策略或拉式策略更为有效。许多金融企业在采用组合营销策略时，都会把各种促销手段整合起来应用。

# 案例分析

**案例一：**

**A银行中秋和国庆营销方案**

## 一、活动主题："金秋营销"

本次活动以"金秋营销"为主题，旨在向中高端客户和大众客户表达银行与之分享耕耘硕果、共创美好未来的真诚愿望，传播个人银行业务以客户为中心、致力于实现银客"双赢"的经营理念。各行可在此基础上，根据本行的活动特色，提炼活动主要"卖点"作为副主题。

## 二、活动时间

202×年9月26日—10月31日。

## 三、活动目的

以中秋佳节、国庆节为引爆点，以个人中高端客户和持卡人为重点目标群体，以巩固和发展客户、促进储蓄卡使用、提高速汇通手续费等中间业务收入为主攻目标，重点拓展购物、旅游、餐饮、娱乐市场及其相关市场，同时扩大产品覆盖人群，促进客户多频次、多品种使用，带动个人银行业务全面发展。同时通过"金秋营销"宣传活动的开展，确立银行品牌的社会形象，增强客户对银行个人金融三级服务（VIP服务、社区服务、自助服务）的认知和感受，提高电子渠道的分销效率，切实提升经营业绩。

## 四、活动内容

活动主要包括以下内容：

### （一）"金秋营销——产品欢乐送"优惠促销赠礼活动

为鼓励持卡人刷卡消费和无纸化支付，促进银行卡和自助设备各项业务量的迅速增长，同时保持和提升速汇通业务的竞争优势，促进汇款业务持续快速发展，我行特开展以下优惠促销赠礼活动：

1."金秋营销——自助服务送好礼"

（1）活动期间持我行储蓄卡在全省范围内的自助设备上缴纳2次费用的客户，可持缴费凭证及存取款凭证，到所在地的营业网点兑换价值200元的礼品一份，先到先得，送完为止。凭证必须是同一储蓄卡的缴费凭证，礼品兑换后，我行将收回缴费凭证。

（2）凡在活动期间办理签署代缴费协议的客户，可获得价值200元的礼品一份。签约即送，一户一份，先到先得，送完为止。

活动礼品由各行自行购置。

2."金秋营销——卡庆双节"

（1）活动期间申请卡免收当年年费。

（2）刷卡消费达到一定标准，可凭消费的 POS 单据和银行卡到我行当地指定地点领取相应标准的礼品，领完为止。

刷卡消费达 1 000 元（含）以上，赠送价值 100 元的礼品；

刷卡消费达 5 000 元（含）以上，赠送价值 150 元的礼品；

刷卡消费达 10 000 元（含）以上，赠送价值 200 元的礼品；

刷卡消费达 20 000 元（含）以上，赠送价值 300 元的礼品。

礼品应充分迎合客户节日期间消遣购物的心理，刷卡消费 5 000 元以下的建议为动物园门票、公园门票、商场周边麦当劳等受欢迎的快餐机构套餐票等，具体由各行自行确定。

各行应根据当地实际情况，积极筛选 3~4 个大型商场、高档宾馆、高档饭店等消费交易量大的特约商户，对当天消费达到标准的客户采取现场赠礼的方式，提升活动的轰动效应。

由于活动时间为一个月，各行应合理安排礼品投放节奏，确定每天各档次礼品投放数量，当天礼品送完即止；同时，各行应积极做好异地卡客户消费赠礼工作。

3.“金秋营销——速汇通优惠大放送”

活动期间，速汇通汇款手续费优惠 20%。

## （二）“金秋营销——产品欢乐送”网点个人产品展示及优质服务活动

以营业网点为单位开展“金秋营销——产品欢乐送”优质服务及个人产品的展示活动。活动主要内容有：

（1）营业网点统一悬挂宣传横幅，张贴和摆放省分行下发的营销活动海报以及活动宣传折页（近期下发），以新颖、丰富的视觉感染力吸引客户关注。

（2）网点柜员统一佩戴工作胸牌，增加员工亲和力，突出我行员工热情、亲切的服务形象。

（3）活动期间，网点须设专门的宣传咨询台并配备导储员，加强动态推介，引导客户使用我行提供的自助渠道办理普通存取款和缴费业务，积极做好相关兑奖工作。

（4）积极开展网点优质服务工作，提高速汇通等业务的柜台服务质量，加强柜台人员与客户的交流，切实提升网点服务形象。

（5）切实做好对客户的绿色通道服务，严格按照有关要求向客户提供优先优惠服务，为客户营造良好的节日服务环境。

## （三）“金秋营销——产品欢乐送”社区活动

（1）扩大社区营销渗透面，按计划稳步推进社区营销工作。抓住中秋节和国庆节的有利时机开展“金秋营销——产品欢乐送”社区营销活动，稳步推进第二阶段的社区营销工作。通过提升社区金融服务网点的服务，开展户外展示、社区金融课堂、营销小分队社区宣传等活动，全方位树立我行的社区服务形象，加强社区金融服务网点与目标社区的各项联系，维护网点与社区客户的感情，稳步推进社区营销工作。

（2）结合活动促销内容，确定社区目标客户，积极拓展相关业务量，切实提升社区营销经营业绩。

①积极拓展速汇通业务。9月、10月为学生入学或新生报到高峰期，各行可以开展凭学生证或录取通知书享受汇款优惠的营销活动，吸引学生客户群体，拓展教育社区市场业务；对城市中汇款频率较高的人群，如商业社区经商人员、外出务工群体等，积极开展社区营销活动，提高营销活动的有效性；对潜在的汇款大户及有异地代发工资需求的全国性、跨区域企业，各行可以通过公私联动进行一对一营销，争取异地代发工资等批量汇款业务。

②切实促进个人储蓄存款业务。9月、10月个人存款的目标社区应确定为校园社区和批发市场等商业社区，切实抓住学生缴纳学费以及商业交流频繁的季节特点，大力吸收储蓄存款。抓住国庆节期间股市休市的商机，重点营销"个人通知存款"，抓住新生入学的时机，重点营销"教育储蓄存款"，营销宣传中要注意突出我行个人通知存款、教育储蓄存款的创新优势。在活动期间，各行要做好安排，要安排专人值班，妥善处理客户投诉并满足客户的特殊需求。

③有效发展个人汽车贷款业务以及各项个人消费信贷业务。活动期间，各行应在汽车经销市场、家电批发市场、住房装修市场等商业社区加强对汽车消费信贷以及我行各项个人消费信贷业务的宣传和营销，加强对中高端客户的营销力度，推进与集团客户的购车服务合作；同时，加强与人保财险公司以及汽车经销商的沟通合作，加大对集团客户资源的拓展力度，促进个人汽车贷款业务稳步增长。

在活动期间，各行要加快业务受理的效率和审批速度，在规范操作的基础上力求为客户提供便捷高效的服务。

### （四）"金秋营销——产品欢乐送""乐当家"理财服务活动

以本次活动为切入点，通过建立客户回访制度、了解客户节日需求，充分利用合作单位的服务功能向客户提供全方位贵宾增值服务；同时，抓住高端客户"十一"期间有闲暇考虑个人或家庭的财务规划问题的有利时机，向高端客户推介个人理财业务，进一步提高"乐当家"理财服务的吸引力。其主要内容有：

（1）在活动期间，各行采用信函方式或人工送达方式向客户发送省分行统一制作的节日贺卡，并同时准备一定金额的礼品。礼品袋由省分行统一制作下发，礼品由各行自备。

（2）联合本地餐饮、娱乐等行业的高端合作机构在活动期间向持有我行银行卡的客户提供打折优惠；联合机场、车站等交通部门向我行客户提供贵宾服务。

（3）在国庆节期间，客户外出较多，各行要确保理财中心、理财专柜和客户专窗正常营业；同时组织营业网点、个贷中心等经营机构切实落实客户绿色通道服务和各项优先优惠服务，为客户营造良好的节日服务环境；另外，要紧密协作，严格执行"漫游服务"标准，确保总行VIP客户在全国范围内能够得到专门服务，兑现"乐当家"的品牌承诺。

## 五、活动目标

通过本次系列活动，全行个人银行业务力争在10月份实现以下目标：

（1）新增客户超过历史同期最高水平，并使客户结构得到改善，质量得到进一步提高。

（2）银行卡社会知名度和使用率得到进一步提高，当月刷卡消费交易额比去年同期和今年9月份都有较大幅度增长，同业占比在9月份基础上有所上升。

（3）速汇通竞争优势得到巩固和提高，促进业务持续快速发展，新增手续费收入创历史同期最高水平。

（4）自助设备存取款及其他代理业务交易量比9月份增长10%。

（5）圆满完成各项业务指标。

## 案例二：

### 众安在线突破保险营销模式

#### 一、简介

2013年2月18日，由阿里巴巴的马云、中国平安的马明哲、腾讯的马化腾联手设立的众安在线财产保险公司（以下简称"众安在线"）已经取得了保监会（现为银保监会）的批文，进入正式筹建期。

众安在线注册资本为人民币10亿元，注册地为上海。

这是中国平安乃至整个保险业在互联网金融创新上的一次"破冰"。

从2012年4月递交筹备申请算起，众安在线拿到筹建牌照用了不到一年的时间。从较快于同业的审批周期上可见，对于互联网保险创新，保监会表现出开明、开放的监管思路。

众安在线之所以备受各方关注，主要原因有两点：一是夺人眼球的股东背景，马云、马明哲、马化腾，均是叱咤于中国商界的风云人物；二是头顶"创新"光环，经营模式、产品研发都是"前无古人"。

#### 二、模式

令业界瞩目的是，这家新公司突破了国内保险业现有的营销模式。根据众安在线的内部规划，除注册地在上海外，该公司不设任何分支机构，完全通过互联网进行销售和理赔。而在产品研发上，亦将避开传统车险业务，而专攻责任险、保证险这两大非车险专业险种。

"股东希望新公司有所创新，不仅体现在销售渠道，还要延伸到产品研发，"知情人士称，"比如市场潜力较大、专业程度较高的各类责任险，以及履约保证、信用保证等保证保险。"

据了解，目前国内专注于这些专业险种的保险公司并不多，虽然很难如车险般做大规模，但这些非车险产品的含金量（利润、价值）很高。

#### 三、股东

对于股权架构，牵头方为阿里巴巴，其持股比例为19.9%，是最大单一股东；中国平安、腾讯均以15%并列为第二大股东。除这三家主要股东之外，另有六家中小股东"浮出水面"，分别为：携程、优孚控股、日讯网络科技、日讯互联网、加德信投资、远强投资，主要为网络科技或投资公司。

对于股东角色的分配，业内人士分析认为，阿里巴巴是中国最大的电商平台，旗下拥有大量企业及个人客户，不但可以成为财产保险的购买者，其信用水平和交易记录亦可成为众安在线研发新产品的载体；而中国平安擅长保险产品研发、精算、理赔，旗下庞大的销售及理赔团队，可成为众安在线的强大保障；腾讯则拥有广泛的个人用户基础、媒体资源和营销渠道，为未来众安在线的发展和推广铺平了道路；其余中小股东在网络科技上也具有一定的资源及人才优势。

### 四、管理层

众安在线拟任董事长是一位名为"欧亚平"的神秘富商，系众安在线其中一家中小股东的投资方代表。知情人士透露，欧亚平出任董事长一职，乃"三马"联合举荐。

欧亚平为人低调，在媒体上鲜有曝光，曾荣登胡润百富榜，被国内投资界视为胆量十足、投资眼光独到、充满传奇色彩的商人。公开资料显示，他出生于湖南长沙，曾经在南京做过大学教师，在家乡做过外贸经理。他的第一桶金来自20世纪90年代初香港的石油贸易，之后在深圳投资开发房地产并做金融投资，曾经是招商银行的董事。他持有百仕达控股、威华达控股、港华燃气等多家香港上市公司股权，事业渐渐转向内地资本市场。

除欧亚平之外，众安在线股东方还从业内挖角了一名职业经理人出任总经理一职。知情人士透露，拟任总经理尹海，曾任华泰财险营销总监。一位业内人士告诉记者，令华泰财险近年来品牌知晓度大大提升的"退货运费险"（携手淘宝推出）便是由此人牵头负责。

总之，众安在线全线上的交易模式避免了传统保险推销员强行推销和电话骚扰的弊病。互联网保险是一种公开、透明的销售方式，主要靠产品优势去吸引人们主动了解保险，从卖保险转变为让客户自助买保险。此外，从产品设计角度来说，众安在线针对网络交易安全、网络服务等方面进行产品创新，为互联网用户提供解决方案，在经营模式及业务流程上有着深层次的创新，具有尊重客户体验、强调交互式营销、主张平台开放等新特点。与传统保险相比，线上保险能最大程度地满足不同客户的个性化需求，根据客户需求设计出真正让客户满意的产品和服务，完全是"以客户为中心"的。互联网保险不是简单地将传统保险产品移植到互联网上，而是根据上网保险人群的需求以及在线的特点设计产品，为客户的生活提供全面保障。

资料来源：作者根据相关资料整理所得。

### 案例三：

#### 招商证券基于大数据开展精准营销

2019年年底，招商证券就携手深圳市加推科技有限公司（以下简称"加推"），启动了全面数字化营销的步伐。

基于大数据技术和用户行为分析，加推帮助招商证券搭建了一个覆盖用户全生命周期的客户行为分析工具——AI雷达：针对客户行为特征，对客户进行实时的需求洞察，以大数据为底层基础，实现客户感知与需求分析，实现科学跟进。

举个例子，以前客户多次浏览产品详情页，但最终没有下单，这部分客户可能就自主流失了，而现在基于特征行为识别，可以实时发现这些可召回客户，因为客户在"投顾理财室"访问的内容、查看的进度、产品的意向度、观看视频的时长，以及客户对哪些页面更感兴趣，系统都可以洞察。

这样，投顾经纪人就可以制定对应的跟进策略，下一步推荐什么样的产品，从而实现产品服务定制化、定价个性化及营销推介精准化，提高对营销决策的前瞻性、预见性和创造性，实现个性化的客户经营。

通过加推的中台业务架构，我们可以直观地看到客户的活跃分析、小程序使用分析等重要营销服务数据参数，从而为用户附上标签，有效地为投资顾问赋能，从而应用到最后的营销决策中。客户浏览界面和财富顾问界面如图4-4和图4-5所示。

图4-4　前端：客户浏览界面

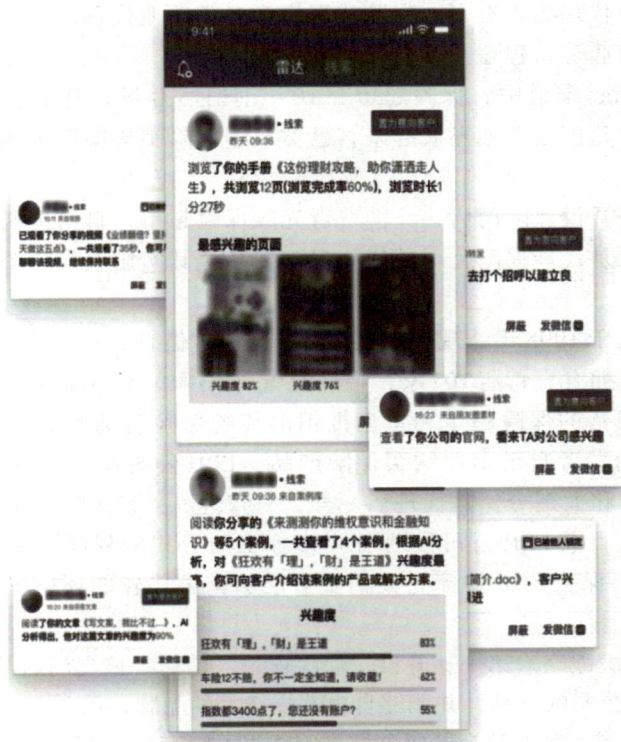

**图4-5　后台：财富顾问界面**

　　用户在招商证券小程序当中的浏览记录会留下浏览痕迹，被AI雷达记录，而在后台的财富顾问的端口就会看到用户所浏览的信息，包括阅读专业研报、理财产品、股市动态、服务人员相关信息等文章的完成度以及浏览时长，会生成相关的数据，浏览程度越深、时长越久，则越有可能成为意向客户，从而为业务开发打下坚实的基础。

　　招商证券通过与加推强强联手，首次在行业中推出私域社交营销服务链系统——招商证券财富+，为一线投资顾问经理/经纪人、营业部、管理层量身打造的线上营销和管理工具，为投资顾问经纪人提供内容整合、在线营销、效果追踪分析等工具，通过社交圈子的分享互动，将优质内容进行输出，获取客户，进行差异化营销，从而建设以客户为核心的高透明、高互动、低门槛的"社交化"财富营销服务体系。

　　资料来源：佚名.加推签订招商证券，赋能5 000+投顾经纪人加速推广，构建私域［EB/OL］.［2022-10-15］.https：//www.36dianping.com/case/13501.

**案例四：**

### 日本独特的营销模式：保险超市

　　在日本有各种各样的保险代理销售渠道，其中有一道独特的风景线——保险超市。

　　众所周知，保险是靠各种渠道销售的。在日本，人寿保险的主要销售渠道是保险营销员，其中一部分是通过保险代理店进行销售。而财产保险的销售渠道则比较多样化，有的业务是通过营销员销售，有的则通过保险公司直接销售，还有的是通过保险代理店销售。保险代理店也有专业保险代理店和各类兼业代理店，涉及银行、汽车相关行业及不动产门店等，覆盖了各行各业。

在众多保险销售渠道中，保险超市在10年前悄然登场，开辟了新的保险销售模式。近几年，保险超市迅速地发展起来，已然成了保险销售渠道中的黑马，牢固地占据着一席之地。

保险超市就是开设保险门店，让消费者光顾保险超市，自由选购自己所需要的保险。保险超市主要是代理保险公司销售的保险产品，其实质上是一个规模巨大的保险代理公司。

LPH公司成立于1995年，现在注册资本金为6.2亿日元，相当于4 800万元人民币。目前，该公司拥有直营店107家，特许经营店66家，合计173家门店。

LPH公司所经营的保险超市和主动推销的传统保险营销模式相反，采取反向思维，开设门店让消费者自己上门购买保险产品。LPH公司在2000年设立了第一家保险超市门店，当时和大部分保险代理店一样，只代理3~4家保险公司的产品。经过10多年的苦心经营，目前LPH公司代理了40多家保险公司的保险产品，其中，人寿保险公司26家，财产保险公司19家，使消费者能够在可比较的环境里自由选择自己所需要的产品。

LPH实行多品牌战略。第一，开设"保险窗口"门店。该类门店共有118家，能为客户提供多家保险公司的产品，并能够自由选择产品的品牌。第二，开设"大家的保险广场"门店，共40家。其专门为方便主妇来店购买保险而设，门店中有较齐全的安排婴幼儿的区域等设施。第三，开设提供专业的保险咨询服务的"保险专业店"23家。

保险超市作为新生事物，打破了传统的保险营销模式。LPH为了使其能够迅速地发展，让国民充分了解保险超市成为重要任务。LPH非常注重保险超市的宣传，一开始在区域性的杂志上刊登广告；后来在全国性报纸上刊登整版的广告，以及利用电视做广告；现在，甚至不惜重金在日本国民最喜欢的运动——棒球球场上挂上大广告牌。通过一系列宣传，国民对保险超市的认知度明显提高。LPH一份网上调查显示，有10%的国民对保险超市非常了解，30%的国民表示听说过保险超市。预计在不远的将来，保险超市会迅速发展壮大。

保险超市省去了传统的保险营销员为了开发潜在客户而奔波的劳力，把保险销售从硬性推广转变为让客户自由选择。传统的营销模式缺点就是把八成的精力用在开发客户上，而不是用在为客户服务上。保险超市的业务员要把大部分精力放在研究客户的基本情况，推荐适合客户需求的产品上。这就是保险超市成功的秘诀。公司正是充分利用这种优势，以提高服务质量为主对营销员展开教育和培训。

保险超市还引进了连锁特约经营模式，使门店数量迅速发展。LPH会派遣精明能干的员工，对连锁特约经营店进行培训和业务指导，派遣员工的业绩也全部归连锁特约经营店的业绩，使连锁特约经营店的业绩迅速提升，提高他们从业的信心。

资料来源：佚名．日本独特的营销模式：保险超市［EB/OL］．（2011-04-14）［2020-04-16］．http：//www.langya.cn/lyzk/caijing/bx/201104/t20110414_47137.html.

# 视野拓展

## 一、银行卡竞争"绑式营销"制胜

美国信用卡调查机构发现，一般人的钱包里最多有4张信用卡。发卡银行只有为消费者提供更多的便利和服务，满足他们各种特殊的需求，才能"入围"这4张卡，抢占消费者的"钱包份额"。2005年2月，中国石油与工商银行共同推出国内第一张可在加油站使用的信用卡——"牡丹中油联名卡"。"牡丹中油联名卡"的用户能够在全国1.7万多个中石油加油站享受刷卡加油的特别优惠。

最近几年来，银行卡行业的竞争已经从单纯的发卡行与发卡行之间的单一竞争，转向联盟与联盟之间的经济体竞争。如何通过跨行业的结盟，为消费者提供更合适的选择和更便利的服务，已成为银行卡营销的趋势和制胜关键。

### （一）异业联盟的整合营销管理

金融咨询专家曹文介绍说："在银行卡产业，现在国内银行卡异业联盟大多还是银行主导，但是在国外已经有很多非银行机构依托其原有客户群体参与到发卡业务中来，使得银行卡品牌间的竞争更加激烈。随着国内银行卡产业的快速发展，将会有更多的参与主体不断涌入现在国内的银行卡产业竞争中来。"

美国的老牌百货公司西尔斯于1985年成立了发现卡金融服务公司并进军银行卡产业，在不到20年的时间里创立了美国第四大信用卡品牌——发现卡；以福特汽车为代表的制造业和通信业巨头也纷纷进入信用卡市场；韩国LG集团和三星集团设立的信用卡公司在短短几年内就分别成为韩国第二和第三大的信用卡公司。

随着银行卡异业联盟的合作范围不断扩大和深度不断增加，银行卡的关系营销管理，以及异业联盟的品牌管理成为金融营销中非常重要的一个话题。

银行卡关系营销管理，包括银行与顾客、合作伙伴与顾客、银行与合作伙伴之间的双向信息交流和共享渠道管理，是关系双方以互利互惠为目标的营销活动。银行卡关系营销管理应该把营销活动看成一个银行与消费者、供应商、分销商、竞争者、政府机构及其他公众发生互动作用的过程，并利用控制反馈的手段不断完善产品和服务的管理系统。

"除了进行关系管理以外，银行卡的异业联盟必然涉及发卡行和银行卡自身的品牌管理，在品牌管理上，银行服务品牌管理观念的关键是从企业视角转换到顾客视角。"南开大学商学院白长虹教授说。

银行卡异业联盟涉及品牌的联合，品牌联合将赋予品牌更丰富、更有价值的内涵，同时，由于品牌联合比单一品牌更为灵活多样，也有利于企业根据顾客对品牌价值的诉求进行选择。

世界著名营销专家Akshay曾经说过："品牌单独出现没有说服力时，联合品牌可以更好地标明商品的品质，很多企业运用品牌联合的方式来巩固和提升自己的品牌地位。"但是对于银行卡的品牌联合，我们应该更注意发卡行的母品牌对于银行卡子品牌的覆盖和"背书"作用。

虽然近几年来，各大商业银行在市场细分方面取得了长足进步，但缺乏对目标客户深入的综合性分析。这使其无法充分把握客户需求的发展趋势，一些细分产品的吸引力无法长期保持。与此同时，银行卡市场营销拘泥于传统手段，产品同质化，市场推广也同质化，创新不足，跟风有余，没有很好地借助异业联盟树立良好的品牌形象，巩固和提升银行和银行卡的品牌影响力。

### （二）异业联盟之"伞状忠诚计划"

托尼·哈特在机场候机的时候在网上购物，当他的目光停留在亚马逊网站的一本书上时，忽然意识到如果他从邦诺网上书店购买这本书的话，就可以在自己的"黄金点数"忠诚计划中获得点数累计。哈特马上换掉了他的零售商，随着鼠标轻轻一点，这个点数累计已经被加到他的"黄金点数"的账单中。

### （三）"伞状忠诚计划"取代"特定品牌忠诚计划"

"黄金点数"的联盟商户卡尔森集团已经用它取代了从前运作的三个不同的品牌忠诚项目。这仅仅是"伞状忠诚计划"取代"特定品牌忠诚计划"的一个例子。银行、酒店连锁集团、赌场、书店和航空集团等都已经开始从单一品牌经营转入到联盟多个品牌的广阔合作，以此来迎合忙碌的消费者并增加公司自身产品的销售。

卡尔森、美国最大的服饰专卖零售连锁店之一的GAP、纽约Macy's百货和赌博娱乐旅店经营商MGM Mirage最近都将以前特定品牌忠诚的成果捆绑到伞状项目中。其中，花旗银行才推出6个月的"谢谢你奖励项目"已经签署了200家零售商和品牌联盟伙伴，成为信用卡异业结盟的又一个飞跃。

UPromise公司和Baby Mint公司将不同的品牌在一个忠诚框架下经营。UPromise公司推出一种衍生自"消费者忠诚计划"（customer loyalty program）的以购物退款储存学费的计划，每次在指定零售商处购物时，可以获得固定百分比的退款，这些退款全部转到大学学费储蓄账户中。UPromise公司迄今已签有400多万会员家庭，他们在指定零售商处购车，甚至买炸薯片，都享有可转作学费的退款。与之合作的是拥有100万名会员的Baby Mint等连锁零售商。如果你是Baby Mint的会员，从会员商店购买100美元的商品，可获6%的退款，也就是有6美元存入大学学费储存计划。使用Baby Mint的万事达卡，你的退款就可增加到7美元。如果你参加Baby Mint的学费奖励计划（tuition rewards），在与其签约的学校就读，就可获得该公司的相对金额学费补助。换句话说，你买100美元商品的真正退款可以达到14美元。

合作的"伞状忠诚计划"给了消费者更多的选择性和便利。"伞状忠诚计划"对顾客的回报活动属于频繁市场营销计划，这是一种通过建立长期的相互作用、增加价值的关系，从最好的顾客那里确定、维持并获得更多市场的努力。通常，这些忠诚回报活动被设计成企业接近顾客购买行为的有效办法，从而也为现有顾客提供个性化服务创造了机会。

### （四）"伞状忠诚计划"更加有利于中小企业营销

忠诚回报的速度对于"伞状忠诚计划"而言是非常重要的，因为消费者们如果等很久才能得到奖励，这将减少他们的兴趣。顾客积累的点数越多，就能赢得越多的奖励或回报；奖励的周转率越快，消费者的使用也会越多。奖励活动通常演变成价格折扣或返还的一种替代形式。

这些活动向顾客提供奖励或回报，有的与购买的产品或服务相关，有的并不一定直接相关。一些顾客往往认为其他服务形式的提供比金钱回报更有价值。例如，特殊赞赏和特殊对待活动给予顾客"铂金"登机待遇（可提前登机，检票时直呼顾客姓名），顾客认为这比类似奖励飞行里程券和升级至头等舱等回报形式要有价值。

一个有效的"伞状忠诚计划"应该能够使银行认识到顾客忠诚度是通过始终如一地向顾客提供高价值服务赢得的。花旗银行的"谢谢你奖励项目"的合作品牌甚至包括了CD唱片这样的小商品，副总裁比尔·伯顿说："这种'加速器作用'能够让消费者更加乐意参加我们的计划，让他们更加忠诚。"

不仅如此，很多营销专家认为，伞状忠诚项目能够为企业节约广告费用，对一些小的品牌特别实惠。因为品牌吸引一个新的消费者的成本是保持一个已有消费者的成本的4~6倍。而在保持现有客户的前提下，让客户选择同一结盟伙伴的其他产品和服务，从对消费者的争取和征服转化为对消费者需求的全方面满足，是实现持续利润增长最有效的方法。

这种联盟关系表明了跨行业为消费者提供整合资源服务的时代已经到来，意味着在未来的行业竞争中，将比对手获得更多的品牌影响力，更有效地获得优质客户的渠道，以及更细分的产品系列。创造和维持一个有价值的点数联盟，正在成为企业竞争的战略趋势。

资料来源：佚名．银行卡竞争"绑式营销"制胜［EB/OL］．［2020-04-10］．http：//www.yoao.com/thread-242763-1-1.html.经改编。

## 二、最应关注的十个金融重点热点问题

### 1. 货币政策

我国货币政策应取"二常二特一不取"，即"稳健""适度从紧"为常态，"从紧""适度宽松"为特态，不可取"宽松货币政策"；我国经济呈波浪式变动，出现波峰趋势前取"适度从紧"，出现波谷趋势前取"稳健"。

### 2. 金融风险

金融风险可概括为八个字：存在、集中、不准、变化。金融风险永远存在（经济越发展越存在），目前主要集中在房地产、融资平台、影子银行、非法金融方面；风险没有绝对准数，大数参考而已；风险程度是动态变化的，同经济、财政形势紧密联系在一起，呈"潮水现象"，经济涨潮，不良亦"良"；经济退潮，"良"也不良。

### 3. 外汇储备

3万多亿美元外汇储备是最大家底，也是最大风险，需要从战略上考虑这个问题，建设消化外汇储备风险的"一五"工程，即按照经验和测算，我国保持1万亿美

元左右外汇储备较合适（外债+3个月进口+外资分红等），其余5路分流：补充国有资本，购买战略资源，扩大境外投资，发行外国债券，鼓励民间持汇。

### 4. 股市

对股市最应关注两点：一是股市不正常（成了经济的逆向晴雨表）；二是本质上缺乏市场信心。要把"保护投资人利益"作为资本市场建设的基本原则。

### 5. 人民币国际化

我国应创造条件逐步实现两个"三步走"，即一是货币职能上：结算货币、投资货币、储备货币；二是地域上：周边化、区域化、国际化。

### 6. 金融资源配置

金融资源配置存在"四大不平衡"：大、中、小金融机构不平衡，东、中、西部金融不平衡，城乡金融不平衡，直接、间接金融不平衡。相应地，要实施"四个倾斜"，其中农村金融的最大问题是政策性和市场性的矛盾，造成商业性金融机构缺乏积极性。为此，要建立"市场与政府扶持相结合的农村金融资源配置体系"，财政通过贴息贴本方式对商业性金融机构予以补贴。

### 7. 金融改革

金融改革是永恒的主题，我国金融改革30年间一直存在三个博弈，即中央金融安全性和地方金融发展冲动性博弈，整体金融安全性和个体金融冲动性博弈，国家金融安全性和国际金融冲击性博弈。金融改革总体上要把握三个"度"，即国际接轨与国情之"度"，市场与政府之"度"，创新与监管之"度"。

### 8. 利率市场化

我国已经实现利率准市场化，从四个层面看：一是外币存贷款利率已经完全市场化；二是同业拆借利率，银行间市场利率，国债、政策性金融债和企业债利率已经完全市场化；三是人民币贷款利率上限除信用社外已放开；四是人民币存款利率下限已放开，目前仍设置上限主要是防止乱拉存款。在利率市场化问题上应按"不疾不徐"的原则推进，特别是如果过快放开存款利率上限将引起"存款大战"。

### 9. 民营资本准入

民营资本有三个"准入"：一是"资本准入"，我国几乎所有上市银行都有民营资本（大体为50%左右）；二是"机构准入"，民生银行、一些城商行、农商行、信用社、非银行金融机构，性质上已是民营金融机构；三是"高管准入"，民营企业家根据资本比重可以当董事，但对金融这样专业性极强的行业，行长等高管还是应由职业经理人担任。

### 10. 监管体制

没有绝对好的金融监管体制，关键是符合国情、管用。过去由中国人民银行一家监管，优点是"全覆盖、效率高"（有问题内部协调即可），问题是力不从心。"一行三会"体制，优点是专业性强、力度大；缺点：一是出现"真空"（几不管地带），二是效率低（需国务院协调）。监管体制建设一定要同金融企业内控机制建设有机结合。

资料来源：佚名. 最应关注的十个金融重点热点问题［N］. 金融时报，2013-05-28.经改编。

### 三、苏宁银行加推数字化科技转型

党的二十大报告指出，"加快发展数字经济，促进数字经济和实体经济深度融合"。数字金融是数字经济发展的核心，江苏苏宁银行坚持"科技驱动的O2O银行"定位不动摇，持续提升"专业化、精细化、特色化、新颖化"发展能力，"科技基因"提升金融服务的便捷度和可得性，加"数"前行，更好地服务实体经济。

#### （一）坚持"数字领航"不动摇

江苏苏宁银行高级管理层设立了产品创新管理委员会、信息科技创新管理委员会、数据管理委员会，分别牵头统筹管理产品、科技、数据三大战略资源，明确目标，长期投入，持续推进数字银行建设。

在组织和人员方面，江苏苏宁银行持续加大创新和投入力度，为数字银行建设提供有力支撑。总行专门设立数据资源部，统筹管理和经营数据资产，加强跨部门、跨职能工作协调创新；聘请知名高校科技专家做独立董事，聘请英国皇家工程院院士担任首席科学家，从卡耐基梅隆大学、清华大学等国内外顶尖学府引进数字专才；自主开发"数字金融大讲堂"系列课程，加强金融、科技、数据复合型人才培训，培训员工数万人次。目前，该行数字风控人才占全行人员比例近20%，为全省银行业最高。

#### （二）激发"资产+技术"双驱动

江苏苏宁银行依靠数据资产和数字技术双轮驱动，狠抓数据能力建设、基础科技能力建设，不断提升业务数字化、管理数字化水平，使金融服务更加简单、更有竞争力。

推进业务数字化，提升金融服务质效。消费金融、微商金融、产业链金融、科创金融、财富管理、场景支付六大核心业务线全部实现数字化升级，99%的客户来自线上，99%的业务在线办理。基于数字技术赋能，该行以500多名员工服务了超过5 400万用户。

践行普惠金融，围绕小微风控开展重点攻关。集中科技、人才资源，先后自主研发一系列科技系统，再造小微获客运营、风险审批、用信放款、贷后预警全流程，不断提升小微金融服务质效。目前，已累计服务普惠小微企业客户超过120万户，为小微客户提供资金支持超1 000亿元，普惠型小微贷款余额占各项贷款余额比重超过40%，远高于全国银行业14%左右的平均水平，其中信用贷款占比更是达到90%，小微企业户均贷款9万元，真正做到了聚焦普惠、小而分散。

聚力开放协同，促进金融服务与生产生活场景深度融合。基于自主开发的金融开放平台，开发800多个API（应用程序接口），与洁柔、海尔、途虎、美团、中和农信等115个经济场景平台建立了合作，覆盖家电、农业、物流、餐饮、批发零售等行业。

推进管理数字化，提升经营管理效率。以数字技术提升内部管理数字化水平，不断提升全行经营管理效率，成本收入比实现逐年下降，去年达到22.48%，远低于银行业平均水平。

以数字化提升工作效率。推出"升级通"管理平台，内置客户关系管理、营销管理、移动展业、移动办公、业务培训等功能模块，优化300多项管理流程，实现内部管理高度数字化，提升了全行整体经营效率。

以数字化优化客户体验。在全省银行机构中首家采用6位纯数字简密，使得用户开户、登录和转账时密码好记、好用。基于OCR识别、人脸认证等技术，实现个人用户1分钟开户，企业开户最快12分钟完成。

### （三）依托"研发立行"筑底座

成立之初，江苏苏宁银行即提出研发立行，以领先的金融科技弥补小银行的发展劣势，夯实长远发展的科技"底座"。

持续在大数据、人工智能、金融云、区块链、物联网等前沿领域布局，苏宁银行累计申请各类专利164件、授权专利57件，累计投入研发费用6.4亿元，研发占比达5.74%，研发人员占比52%，成为省内首家通过国家高新技术企业认定的商业银行、首个通过DCMM三级认定的金融机构。

打造全行统一数据底座，利用分布式技术、流计算技术提升数据处理能力，构建涵盖数据采集、加工、存储、流转、应用和数据资产管理在内的数据能力体系，将数据源头"清源"治理与数据湖"净化"治理有机结合，扎实推进数据质量提升，建设数据集市和客户标签画像体系，实现变量与算法模型的全生命周期管理，变数据资源为数据资产，有力支撑了业务发展。

打造差异化竞争优势、更好践行普惠金融使命，江苏苏宁银行将不断提升金融科技应用水平，持续推动业务模式和管理方式的数字化变革，助力经济社会数字化、智能化转型，持续打造"长三角核心区普惠客群最多、Fintech应用最多、具有领先优势的专精特新数字银行"特色品牌。

资料来源：佚名.江苏苏宁银行扎实推进数字银行建设［EB/OL］.［2023-02-16］.https：//www.163.com/dy/article/HTN6CCF50538CS8W.html.经改编。

### 四、保险智能营销：众安科技智能营销体系首发SCRM新产品

众安科技打造的以智能营销平台为核心的业务增长系列，于2022年迎来了营销家族新成员——企业SCRM X-Connect，在"数据+智能+场景"的营销生态下，将用户精细化运营打通到了企微场景，探索私域流量运营在企微场景下的应用，让营销链路从公域到私域，形成更加完整的营销闭环。

SCRM，又称"社会化客户关系管理"，是一种业务模式的新变革。企业基于该体系可以建立与客户之间的数字连接，进而基于数据为客户提供个性化的一对一服务，包括营销、销售和服务。此外，SCRM系统还可以对用户的数据进行多维度的分析，进一步了解用户购买习惯，从而逐步影响并引导客户的行为，将线上线下打通，带动销售，它是一整套从流量获取、用户互动、用户管理到最终销售转化的完整体系。而企微私域运营在对接微信强大生态优势下，可以使SCRM系统的优势发挥得淋漓尽致。

如果把众安科技的私域运营体系比作一个"流量银行"，那么企微场景的定位，就是这个银行的"大管家"，可以有效吸纳全域流量，不浪费、不流失，存入"流量银行"增值。

全新发布的企业SCRM X-Connect，包含了四大功能模块：一是客户沉淀：高效进行线上获客，合规引流，支持不同渠道/活码个性化欢迎语，并匹配客户昵称等变量，给新客户尊享体验感；二是客户服务：快速响应回复客户的咨询，确保所有客户咨询在90秒内响应回复，智能客服+人工客服相结合，智能知识库和全面的语音质检保障良好的服务体验；三是客户长效运营：通过全面保障规划、全周期服务和数据驱动快速迭代3个方面来完成用户的长效经营，根据用户画像分层设计不同的运营策略，实现深度转化；四是销售转化与管理：提供客户画像、产品中心、快捷回复、话术和营销素材等核心功能。目前运营累计触达用户超100万人，实践效果达到7日用户活跃率80%、中高意向人群转化率62%。

2022年，众安科技智能营销家族：X-Man智能营销平台、X-Magnet广告运营平台已经沉淀有2 000多个用户标签，帮助累计触达1亿多用户，平均效率提升80%，已服务包括友邦人寿、中宏保险、汇丰人寿、农银人寿等超10家客户，为其打造一站式数字化保险营销平台。随着新成员企业SCRM X-Connect的发布，众安科技智能营销体系将面向更多行业，打造数字化、线上化、智能化的智能营销全流程闭环。

众安科技以科技为引领，以创新为使命，在智能化营销领域走在国际领先位置。

资料来源：佚名.众安科技智能营销体系首发SCRM新产品，探索私域运营在企微场景的应用［EB/OL］．［2022-02-05］.https://baijiahao.baidu.com/s？id=1731982300776523715&wfr=spider&for=pc.

# 实践训练

## 一、实训内容

项目一：运用正确的营销策略，以小组为单位制定所选金融产品的营销策划书。要求：

1. 营销策划方案内容完整、清晰，促销成本可控。

2. 营销渠道的选择要具体、可操作，并分析渠道选择的原因。

项目二：2023年春节临近，某家互联网银行ABC银行打算通过其App作为一个聚合金融、消费、生活缴费等功能的平台，推出一系列营销活动，吸引更多客户关注和使用ABC银行App。

请你为本次活动策划一个主题，并设计完整营销活动方案，可选择ABC银行App中的信用卡还款、金融理财、消费信贷等金融模块，也可结合生活缴费、生鲜超市、数码商城等生活场景模块进行设计。此外，ABC银行拥有活跃度颇高的微信公众号、微博蓝V、抖音等社交媒体账号，可在本次活动中提供交互联动。

## 二、实训目标

通过实践活动，使学生掌握金融产品主要营销策略，并能根据不同金融产品的特点进行营销策划。

## 三、实训考核

根据所提供的营销策划书的质量给予评分。

# 项目二 金融产品营销实训

# 任务五

# 金融产品模拟营销

## 学习目标

知识目标：1.了解并掌握金融产品营销技巧。

2.掌握多种金融产品营销话术内容。

3.掌握金融产品营销角色模拟要领。

4.掌握金融产品营销晨会组织要领。

5.掌握金融产品营销通关考试要领。

技能目标：1.能熟练运用金融产品营销话术。

2.能根据金融产品营销需要进行角色模拟。

3.能设计营销晨会的主题，并较好地组织营销晨会。

4.能根据所学营销知识和营销技巧顺利通过营销通关考试。

## 知识要点

### 一、金融产品营销技巧

#### （一）客户开拓的步骤

金融产品是一种特殊的商品，金融产品的无形性和不可分割性使得其营销比普通商品更难。以保险产品为例，没有人会在任何一家商店的货架上或柜台里找到它。很多人都在尽量躲避这些可能令他们联想到生、老、病、死的东西，虽然他们也知道其实自己需要这样的商品，但往往敬而远之。金融产品营销人员所面临的真正挑战是怎样从茫茫人海中寻找出大量潜在的客户，并且要持续不断地去开拓和保持自己的准客户。

#### 1.了解准客户的轮廓

客户名单不能等同于准客户，销售的成功与否取决于销售人员拜访客户的质量和拜访客户的数量。准客户主要有以下特征：

（1）有支付能力。准客户必须是有能力消费金融产品的人。

（2）有产品需求。需求是每个客户都具备的特征，在金融产品营销中要把客户的潜在需求充分地挖掘出来。

（3）有资格购买。例如，保险产品的购买者必须对被保险人具有保险利益，银行信用卡的客户必须有良好的资信和还款能力。

（4）便于接近。寻找准客户工作最重要的工作之一就是寻找机会在适当的条件下谈论业务，因此准客户最好是方便接近的客户。

### 2. 收集名单

客户订单是否接连不断，关系着金融企业营运的成败。同样，金融产品销售人员能否有绵延不绝的准客户来源，严重影响其个人业绩。通常，开发准客户有四个大方向：

（1）现有客户档案。现有客户可以说是发展其他准客户购买金融产品的最佳渠道。从现有客户着手，并请现有客户推荐亲朋好友，作为开发准客户的来源，这种转介绍的方法是金融产品营销中常用的方法之一。

（2）工商名录。工商名录是系统的资讯来源之一，对金融产品销售人员开发企业准客户非常合适，对银行和证券公司而言可以开发企业大客户，对保险公司而言通过工商名录往往可以找到不少需要投保的企业主。工商名录中的中小企业，也是个值得开发且远景看好的市场，可以从中充分挖掘准客户。对于近几年才崛起的新兴行业，由于具有不容忽视的雄厚发展潜力，可作为金融企业的开发重点。

（3）报纸、杂志。一是曾被报纸、杂志作为宣传广告的公司或个人；二是报纸、杂志曾报道过的杰出风云人物，他们不仅值得金融企业去开发，也非常适合做"影响力中心"客户；三是报纸、杂志专访过的人物，由于有基本资料可供参考，不妨在仔细研究后，将他们列入准客户档案中，并加以开发。

（4）人际关系网。通常，最容易接近的人来自销售人员的自然市场。自然市场是一群了解你、可以接受你并愿意给你机会的人，即家人和朋友。

### 3. 筛选名单

名单收集好之后，要按准客户的轮廓和要求筛选出可能购买的客户记录在准客户卡上，并罗列出将要约访的名单，做好约访计划。一般来说，客户可分为有明显的购买意图并且有购买能力、有一定程度的购买可能、对是否会购买尚有疑问三类。挑选出重点推销对象，会使销售活动效果明显增强。总的来说，推销重点应放在前两类上。

### 4. 维护更新准客户卡

准客户资料卡要不断地增加和经常更新，不断扩大准客户的数量和提高准客户的质量才能适应不断变化的金融市场需求。

## （二）客户开拓的方法

开拓准客户的方法多种多样，效果也不尽相同，而且每个成功的金融产品销售人员都有适合自己的一套专门的技巧。以下介绍几种常用的方法：

### 1. 缘故关系法

缘故关系法是指将金融产品直接推荐给亲戚好友，经常接触的人或早已熟识的人都在缘故范围内，比如邻居、同事、老师、同学等。运用缘故法的优点是能够相互信任，容易掌握有关信息，比较容易受到帮助，但也要注意避免令对方有人情压力，甚至得罪亲友。

### 2. 转介绍法

转介绍法即请求缘故关系或现有的客户作转介绍，推荐他们的熟人做准客户。这种方法被证明是一般销售人员最常用的也是最有效的方法。转介绍法的优点是便于收集资料和得到与准客户见面的机会，并在面谈中相对减少拒绝，但关键是要提到介绍人的名字，甚至要有推荐电话、推荐信或推荐名片。

微课 6

客户开拓的方法

### 3. 陌生拜访法

陌生拜访法就是直接寻找素不相识的人作面谈，可以是随机的、顺路的拜访，也可以是选择自己有兴趣的单位或个人作拜访。陌生拜访的优点是能快速提升自己的业务技巧，更能有效锻炼自己的销售心态，尤其是强化处理拒绝问题的能力；缺点是销售人员可能会遭到很多拒绝，而且它的成交率相对较低，使销售人员容易产生挫折感。所以，在采用这种方法时，销售人员不应抱有太高期望，而应把它当作对自己能力的测试，反而可能有意外收获。

### 4. 目标市场法

目标市场法是在某一特定行业、某个特定单位、某片特定社区或某处特定街道以及具有共同属性的某些特定人群中展业。目标市场法的优点是数量大、集中而且有共性，节省时间，客户有安全感，便于相互介绍，但是在开创初期的较短时间内，效果可能不太显著。这种方法在银行、证券和保险的营销中都运用得较多。

### 5. 职团开拓法

职团开拓法即选择一家少则数十人、多则数百人，而且人员相对稳定的企事业单位作展业基地，并定人、定点、定时进行服务和销售活动，进行职团开拓。职团开拓的优点是比较容易进行多方面、多层次的销售行为，有较强的参与力和购买力，产生良好的连锁效应。需要注意的是，职团一旦选定就必须花时间，派专人长期驻守，不能心猿意马。一般每个开拓好的职团都有固定的营销服务人员进行长期的服务和营销，如银行的企业业务部和保险公司的团险业务部都是专门进行职团开拓的。

### 6. DM 信函开拓法

制作经过特别创作设计的、具有吸引力与感染力的宣传资料，大量寄发给潜在客户，或者为一些特定的准客户亲笔书写促销信函，这种在国外被称为 DM 的方法一直被广泛使用。DM 信函开拓法的优点是通过书信，金融产品的销售人员可以联系上许多不认识的人，它是一个很好的见面借口和传递信息与感情的纽带。但是要有心理准备，因为它的工作量很大，而且回报率不容乐观。DM 要求对寄发的每一封信都作追踪，而不仅仅以回信者为限，如光大银行就利用 DM 信函法开发信用卡客户。它给每一个有光大银行借记卡的客户发送 DM 信函，介绍信用卡的优点和促销措施，有意向的客户可以将自己的资料填写完整邮寄给公司卡部，经审核符合要求的客户将获得光大银行相应级别的信用卡。很多基金公司也定期向客户邮寄理财手册，推荐投资方案，客户觉得合适的话可以进行相应的投资。

### （三）客户约访的方法

在进行金融产品的销售活动时，通常需要先与客户取得"面谈约见"的机会，然后按照约定的时间去访问，同时再做好下次面谈的约见工作。

约见客户的方式主要包括电话约见、信函约见、访问约见等方式。

### （四）接触客户的方法

#### 1. 接触前的准备

（1）物质准备

所谓物质准备包括客户资料的准备和展业工具的准备，这些准备可以让我们在客户面前树立专业的形象，赢得客户的信任。物质准备主要包括以下几个方面：

一是客户资料的准备。客户资料的准备包括两方面，即客户资料的收集与分析。

客户资料的收集应多角度、多途径地进行，尽可能全面地收集所有相关的资料。资料收集得越多，客户的形象越清晰，面谈的切入点就越明确。我们可借助亲戚、朋友来收集所需要的客户资料。客户资料的收集应包括以下内容：自然状况（包括姓名、性别、年龄、职业、学历等）、健康状况、家庭状况、经济状况、个人嗜好、最近的活动，如看过的一场电影，读过的一本书，参加的某个聚会等。

为了详细把握客户的情况，我们必须对收集来的资料进行归类、分析，从大量的事实资料中寻找可以显示客户某些共性的问题，以此为突破口，并由此得出一个结论或一个判断。例如，他或他的家人怎么样？需求是什么？最感兴趣的话题是什么？我与他有哪些共同点？

比如，共同点可从以下资料分析中得出判断：从他的工作状况中找到行业术语；从他最近看过的电影或小说中找到热点话题；从客户个人嗜好中找到交谈的切入点。

二是展业工具的准备。展业工具是销售人员进行展业时需要用到的营销工具。展业工具具有强化说明、促成签约的功能，是销售人员在展业过程中必不可少的武器。展业工具包括展示资料、签单工具和小礼品等。

展示资料是展业必备的工具，在接触过程中，客户会对公司、商品服务，甚至销售人员个人存在许多疑问，必要的资料展示在解决这方面问题上会起到事半功倍的作用。因此，要求营销人员在展业活动中必须准备一个漂亮的展示夹，并将以下资料放入其中：公司简介、商品介绍、个人资料、理赔案例、宣传单、各种简报、数据、推销图片等。

由于促成时机可出现在从接触开始的推销流程中的各个环节，因此在每次拜访前必须准备好签单工具。

在推销过程中，小礼品是拉近客户关系不可缺少的行销利器。比如，我们所要拜访的客户家里正好有个小孩，我们便可以买个气球送给他。别小看这只小小的气球，它虽然不值几个钱，但却一下子拉近了你与客户之间的距离，而且不会给客户造成心理负担。这样一个令孩子高兴的气球，也是你成功推销的开始。

（2）行动准备

行动准备是为实施有效接触而进行的行动规划与设计，它具有一定的程序，主要包括拜访时间的安排、拜访场所的选择、拜访礼仪的确定。拜访时间和拜访场所的安排应依据客户的习惯、生活规律和职业等来确定，注意不要和客户的工作、生活发生冲突，以免引起客户的反感。拜访礼仪包括拜访时的着装、言谈举止等，主要依据客户的职业和拜访场所而定。不同的职业和地位有不同的着装要求。拜访大公司的领导、有地位的客户时，着装一定要严肃，最好穿职业装，尊重他的时间、头衔和身份，要赞美他事业有成，切勿自吹自擂。如果拜访的是中产阶级、知识分子，应像对待上层人物一样对待他，并且行为举止要与他相同，使他对你产生信任感。如果拜访的是工厂里的员工，则穿着应随便一些，其原则是不要造成太大反差。

（3）心态准备

销售人员在拜访客户之前，由于害怕被客户拒绝，都有不想面对客户的感觉，因此调整好心态是十分必要的。可以用以下几点来鼓励自己，使自己充满必胜的信心：保险是帮助人的，保险销售是帮助别人解决问题；任何人我都要去帮忙；我既然从事这一行业，那么我就应终身投入、长期经营；我既然选择了保险这一行业，那么我就要有传教的精神；不论此次拜访能否成功，我都会以平常心来对待。

### 2. 接触客户的步骤

通常接触客户的步骤如下：

（1）称呼对方的名字：叫出对方的姓名及职称，每个人都喜欢自己的名字从别人的口中说出。

（2）自我介绍：清晰地说出自己的名字和企业名称。

（3）感谢对方的接见：诚恳地感谢对方能抽出时间接见自己。

（4）寒暄：根据事前对客户的准备资料，表达对客户的赞美，或能配合客户的状况，选一些对方容易谈论及感兴趣的话题。

（5）表达拜访的理由：以自信的态度，清晰地表达出拜访的理由，让客户感觉销售人员是专业的和可信赖的。

（6）赞美及询问：每一个人都希望被赞美，在赞美后，继续询问，引导客户的注意、兴趣及需求。

华裔寿险行销典范林国庆认为："一个优秀的销售人员，就像一个出色的节目主持人一样，他不仅能引导受访者进入主题，还能营造轻松和谐的气氛，在适当的时机点头微笑，用肢体语言做良好的搭配，鼓励受访者说话，良性互动方能控制局面，让节目顺利进行。"由此可见，在接触的过程中，不可过于表现自我、出尽风头，而应进行良好的、有效的沟通。

### 3.常见的接触客户的方法

（1）开门见山法，即直接、简单地引入金融产品。

（2）请教法。例如，对方有某一方面的专长，以向其讨教的方式接触。例如：客户酷爱养鸟，为养好鸟，不惜花费大量金钱，冬天为鸟生暖气，以保持室内温度。进入对方家中，可以先以养鸟为题向对方讨教如何饲养，包括喂食、照料、交配等方面的问题，引起对方的话题和兴趣。又如：某客户是经济学教授，可以向他请教财经方面的知识，获得对方的好感。你可以请教类似这样的问题，比如："我想请教您一下，经济杠杆是如何在金融领域发挥作用的？在今后几年，您认为银行利率会调高还是会降低？"

（3）故作神秘法。这种方法可借题发挥，以故事导入。例如：您知道我市居民的财产性收入是多少吗？您知道丈夫的寿命通常比妻子短多少吗？您知道本次牛市上证指数可以上升到多少点吗？还可利用生活中的小常识引入金融产品，如美容、健身、养生之道。使用这种方法需要自己有丰富的知识，不能信口开河，而是要有深度和广度。

（4）看望法。这种方法适用于缘故关系，旨在制造一种和谐的气氛。可采取给客户送礼或看望小孩的方法询问对方的工作怎样、生活怎样、投资回报率如何，可以适时引入金融产品。

（5）介绍法。通过某一位朋友介绍给销售人员一个客户，由于大家关系较好，能很快消除陌生感。

（6）推广新产品法。将公司的新产品作为与老客户交谈的话题，创造合适的接触机会。

（7）主动帮助法。客户就在身边，没有人拒绝帮助，销售人员应该主动帮助周围的人，适时也可导入相应的金融产品，在帮助客户的过程中要诚心诚意。

（8）休闲活动接触法。经常参加各种聚会，可以在聚会中结交到朋友，从而使其成为潜在客户。

（9）调查问卷法。以调查社会大众对某项金融产品的认识、对金融产品的需求为题，征询社会大众对这些问题的看法，从而引起话题。

### （五）客户促成技巧

促成就是销售人员帮助和鼓励客户做出购买决定，并协助其完成购买手续的行为及过程。直截了当地说就是"缔结契约"，也就是让客户表示"我买了"。只有销售人员完成促成动作，才能达到金融产品营销的目的。

### 1.促成的动作

准确把握时机，灵活运用方法，同时需要配以有效的动作加以促成。促成的动作与话术是同步的。

（1）适时取出金融产品合同书。金融产品合同书可以与建议书或其他展示资料同时取出。讲解时，先放在建议书的下面或准客户手边。当讲解到位时，即促成时机来临时，顺势促成签约的动作，这样不会让客户感到突然。

（2）请客户出示身份证。

（3）自己先签名，并引导客户签名。在言语之间将签字笔很自然地递到客户手中，也可在讲解条款或建议书时递给客户。

### 2. 促成的注意事项

把握细节有助于顺利促成，在金融产品营销中，细节决定成败。

（1）坐的位置。最好坐在准客户的右侧，并尽可能在同一边，以免因面对面而产生距离感。同时应说明，不要遮挡准客户的视线，业务员与客户的位置排列如图5-1所示。

**图5-1　业务员与客户的位置排列**

（2）事先准备好客户要填写的一切资料。事先充分准备，避免失去促成时机。切记"机不可失，时不再来"。

（3）让客户有参与感。在促成过程中，准客户是演员，销售人员是导演，要让准客户有较强的参与感，不要抢占主角的位置，尽可能辅导客户自己填写相关单据，准备一些轻松的话题，不可冷落客户。

（4）注意仪表，谈吐举止大方。签单前后要保持一致，不能喜形于色。

（5）使用辅助工具，引导需求。

（6）签单过程中，不要自制问题。

### 3. 促成后的工作

金融产品的累加性使得获得金融产品的客户可以享受多种多样的金融服务，因此，金融产品促成并不是交易的结束，销售人员千万不要让客户感觉出促成后的服务态度开始冷淡。

促成后也别忘了让客户转介绍。客户介绍客户是客户开拓的方法之一，是专业化金融产品推销循环的一个流程。促成签单后，紧接着又是客户开拓，所以，我们把客户介绍客户称为促成的延伸。

### （六）客户异议及其处理步骤

客户异议是推销过程中客户针对推销人员及其在推销中的各种活动所做出的一种反应，是客户对产品、销售人员、销售方式和交易条件发出的怀疑、抱怨，提出的否定或反对意见。

比如，面对销售人员的推销，客户常常会说："对不起，我很忙。""对不起，我已经有长期的供应商了。""你们的产品不符合我们的需要。""价格太贵了。""质量能保证吗？"等等，这些都是客户异议。

### 1. 客户异议的处理步骤

（1）缓冲。销售人员首先应当理解和尊重客户的观点，融入客户的世界，同时要让客户知道自己的观点，并愿意为他提供帮助。在这个过程中，销售人员要记住永远不要同客户争辩，一旦争辩将事与愿违，往往达不到任何效果。

（2）询问。在经过缓冲之后，销售人员应当让客户知道你愿意并乐于为他提供帮助，这时可设法提出一个很小的要求，将自己与客户之间的谈话继续进行下去非常重要。例如："我可以问一下这件事是什么时候发生的吗？"接下来再具体询问客户异议的来龙去脉。

（3）认真倾听且做好记录。通过询问和倾听，了解客户异议的具体内容，以及异议产生的根本原因，并做好记录。记录要注意贯彻五个原则（4W1H）：何时（When）、何事（What）、在哪儿发生（Where）、与何人有关（Who）、客户希望如何解决（How）。

（4）说服。在充分了解的基础上，针对客户异议的根本原因或者主导需求进行说服工作。对客户的异议能现场解决的就现场解决，现场解决的问题越多，销售人员的威信就越高。对于实在不能在现场解决的异议，一定要给客户一个大概的回访时间和解决的答复。

（5）反馈并回访。对一些现场无法解决的异议，销售人员要设法先使现场气氛融洽，及时做好记录向公司反馈情况，并将公司的处理结果在规定时间内通过回访或电话告知客户，赢得客户的信任。

### 2. 客户异议的处理方法

（1）转折处理法。这种方法是营销工作的常用方法，销售人员根据有关事实和理由来间接否定顾客的意见。应用这种方法首先要承认顾客的看法有一定道理，也就是向顾客做出一定让步再讲出自己的看法，一旦使用不当可能会使顾客提出更多的意见。在使用过程中要尽量少地使用"但是"一词，而实际谈话中却包含着"但是"的意思，这样效果会更好。只要你灵活掌握了这种方法，就会保持良好的洽谈气氛，为自己的谈话留有余地。比如顾客提出你推销的服装颜色过时了，你可以这样回答："小姐，您的记忆力的确很好，这种颜色几年前已经流行过了。我想您是知道的，服装的潮流是轮回的，如今又有了这种颜色回潮的迹象。"这样你就轻松地反驳了顾客的意见。当然，你再列举几个类似的例子，效果一定会更好。

（2）转化处理法。这种方法是利用顾客的反对意见本身来处理。我们认为顾客的反对意见有双重属性，它是交易的障碍，同时又是很好的交易机会。销售人员要是能利用其积极因素去抵消其消极因素，未尝不是一件好事。比如你推销的产品是办公自动化用品，当你敲开顾客办公室的门时，他对你说："对不起，我很忙，没有时间和你谈话。"这时你不妨说："正因为你忙，你一定想过要设法节省时间吧，我们的产品一定会帮助你节省时间，为你提供闲暇。"这样一来，顾客就会对你的产品留意并产生兴趣。我们可以看出，这种方法是直接利用顾客的反对意见，转化反对意见。那么，你一定要注意在应用这种技巧时应讲究礼仪，绝对不能伤害顾客的感情，一般不适用于与成交有关的或敏感性强的反对意见。

（3）以优补劣法。如果顾客的反对意见的确说中了你的产品或你的公司所提供的服务中的缺陷，你千万不可以回避或直接否定，明智的方法是肯定有关缺点，然后淡化处理，利用产品的优点来补偿甚至抵消这些缺点。这样有利于使顾客的心理达到一定程度的平衡，有利于使顾客做出购买决策。比如你推销的产品质量有些问题，而顾客恰恰提出："这东西质量不好。"你可以从容地告诉他："这种产品的质量的确有问题，所以我公司削价处理，价格优惠很多，而且公司会确保这种产品的质量不会影响到使用效果。"这样一来既打消了顾客的疑虑，又以价格优势激励顾客购买。

（4）委婉处理法。销售人员在没有考虑好如何答复顾客的反对意见时不妨先用委婉的语气，把对方的反对意见重复一遍，或用自己的话复述一遍，这样可以削弱对方的气势，有时转换一种说法会使问题容易回答得多。注意你只能减弱而不能改变顾客的看法，否则顾客会认为你歪曲他的意思而对你产生不满，你可以复述之后问一下："您认为这种说法确切吗？"然后再说下文，以求得顾客的认可。比如顾客抱怨"价格比去年高多了，怎么涨幅这么大！"销售人员可以这样说："是啊，价格比起去年确实高一些。"然后再等顾客的下文。

（5）合并意见法。这种方法是将顾客的几种意见汇总成一种意见，或者把顾客的反对意见集中在一个时间讨论，总之是要削弱反对意见对顾客所产生的影响。注意不要在一个反对意见上纠缠不清，因为人们的思维有连带性，往往会由一个意见派生出许多反对意见，要在回答了顾客的反对意见后马上把话题转移开。

（6）反驳处理法。从理论上讲，这种方法应该尽量避免使用。直接反驳对方容易使气氛僵化而不友好，使顾客产生敌对心理，不利于顾客接纳销售人员的意见。但如果顾客的反对意见是产生于对产品的误解或你手头上的资料能帮助你说明问题，你不妨直言不讳，但要注意态度一定要友好而温和，最好是引经据典，这样才最有说服力，同时又可以让顾客感到你的信心，从而也就增强了他对产品的信心。比如，顾客提出你的售价比别人高，如果你的公司实行了推销标准化，产品的价格有统一标准，你就可以拿出目录表，坦白地指出对方的错误之处。

（7）冷处理法。对于顾客的一些不影响成交的反对意见，销售人员最好不要反驳，采用不理睬的方法是最佳的。千万不能顾客一有反对意见你就反驳或以其他方法处理，那样就会给顾客造成你总在挑他毛病的印象。当顾客对你抱怨，你的公司或你的同行，一些无关成交的问题，你都不要予以理睬，转而谈你要说的问题。比如顾客说："啊，你原来是××公司的推销员，你们公司周围的环境可真差，交通也不方便呀！"尽管事实并非如此，你也不要争辩，你可以说："先生，请您看看产品……"国外的推销专家认为，在实际推销过程中，80%的反对意见都应该冷处理。

正确适时地运用以上的方法，可以助你推销成功，前提是要正确地分析顾客反对意见的性质与来源，灵活巧妙地将顾客的反对意见化解，使摇头的顾客点头。

### （七）售后服务的方法

#### 1. 维系客户的方法

（1）上门拜访客户。客户生病在医院，或重要的节假日、客户生日的时候，销售人员可以根据需要对客户进行拜访，解答客户的疑问，带去对客户的祝愿。

（2）书信问候。如果客户较多，在节假日客户服务较集中的时候，一张卡片、一封短函，也足以表达对客户关怀的心意了。

（3）电话或传真。销售人员可以充分利用现代化通信设备，提高售后服务的速度。

（4）馈赠礼品。为客户量身定做的礼品如公司的报纸杂志、理财手册、健康手册、新产品介绍彩页等都是很好的赠品，它会使客户越来越关注并了解公司的发展，并与销售人员一同成长。此外，还可以赠送鲜花、客户喜爱的活动项目的入场券、公司特制的钥匙扣或雨伞、助人成功的书籍以及享受折扣的优惠卡等。馈赠礼品的真正目的是让客户知道销售人员对他们的重视。

（5）运用客户提示卡。对工作繁忙的客户来说，一些对他很重要的日子可能他自己都忽略了，销售人员可以从旁提醒，客户将会万分感激。通过客户提示卡提供最新金融产品的信息，让客户与亲朋好友分享；关心客户经营，提供行业信息；关心客户的财务状况，提供理财咨询；关心客户健康，提供医疗保健信息。

（6）组织客户俱乐部。通过组织客户俱乐部，定期组织客户聚餐、游戏；搭建客户之间的共享平台，帮助客户解决问题，同时也可以借机宣传公司形象和新产品。

总之，售后服务的方法林林总总、多种多样，销售人员只要用心琢磨，终会寻找到适合自己的方法。

#### 2. 处理客户投诉的方法

客户投诉显示了企业的弱点所在，除了要随时解决问题外，更不应让同样的错误再度发生。通常，我们将客户投诉处理过程分为六个步骤：

（1）听对方抱怨。首先不可以和客户争论，以诚心诚意的态度来倾听客户的抱怨。当然，不只是用耳朵听，为了处理上的方便，在听的时候别忘了一定要记录下来。依情况而定，变更"人、地、时"来听的方法可使抱怨者恢复平静，不会使抱怨扩大，这种方法称为"三变法"。首先是变更应对的人，必要时请出销售人员的主管、经理或其他领导，要让客户感受到销售人员的诚意。其次就是变更场所，尤其对于感情用事的客户而言，变更场所较能让客户恢复平静。最后应注意不要马上回答，要以"时间"换取冲突冷却的机会。销售人员可告诉客户："我回去后好好地把原因和内容调查清楚后，一定会以负责的态度处理的。"使用这种方法要获得一定的冷却期，尤其客户所抱怨的是一个难题时，应尽量使用这种方法。

（2）分析原因。聆听客户的抱怨后，必须冷静地分析事情发生的原因与重点。经验不丰富的销售人员往往似懂非懂地贸然断定，甚至说些不必要的话而使事情更加严重。销售过程中所发生的被拒绝和反驳的原因是千差万别的，而抱怨的原因也是同理的，必须加以分析。其原因可认为有以下三点：销售人员的说明不够，没履行约定，态度不诚实等。尤其是不履行约定和态度不诚实所引起的投诉，很容易扭曲公司形象，使公司也受到连累。由于客户本身的疏忽和误解而引发投诉，以及由于金融产品本身的缺点而引起投诉，这种情形虽然责任不在销售人员，但也不能因此视而不见。

（3）找出解决方案。客户的投诉内容不外乎"刚买不久收益就这么差"或"仔细一看发现有很多除外责任"等。这时，销售人员要先冷静地判断这件事自己是否能处理或者必须由公司斡旋才能解决。如果是自己职权之外才能处理的，应马上转移到其他部门处理。此时，销售人员仍然必须负起责任，直到有关部门接手处理并找出解决方案。

（4）把解决方案传达给客户。解决方案应马上让客户知道，当然在他理解前需费一番工夫加以说明和说服。

（5）处理。客户同意解决方式后应尽快处理。处理得太慢，不仅没效果，有时还会使问题恶化。

（6）检讨结果。为了避免同样的事情再度发生，销售人员必须分析原因、检讨处理结果、吸取教训，使未来同性质的客户投诉减至最少。

有关研究报告表明，一次负面的事件需要十二次正面的事件才能弥补。"当场承认自己的错误需具有相当的勇气和品性，给人一个好感胜过一千个理由。"即使是因客户本身错误而发生的不满，在开始时一定也要向客户道歉，不可立即反驳，否则只会增加更多的麻烦。这是在应对客户投诉时的一个重要法则。但是，一味地赔罪也是不当的，一副低声下气的样子反而会让客户误以为销售人员在承认错误，最好在处理时边道歉边用应对法使客户息怒。

## 二、金融产品营销话术

### （一）客户约访的话术

在进行金融产品的销售活动时，通常需要先与客户取得"面谈约见"的机会，然后按照约定的时间去访问，同时再做好下次面谈的约见工作。约见客户的方式主要有以下几种：

#### 1.电话约见法

如果是初次电话中约见，在有介绍人介绍的情况下，需要简短地告知对方介绍者的姓名、自己所属的公司与姓名、打电话的事由，然后请求与他面谈。务必在短时间内给对方以良好的印象，因此，不妨先这样说："这个金融产品对您是极有用的""贵公司陈小姐购买之后很满意，希望我们能够推荐给她公司的同事们"等，接着再说："想拜访您一次，当面来说明，可不可以打扰您 10 分钟的时间？只要 10 分钟就够了。"要强调不会占用对方太多时间。然后把这些约见时间写在预定表上，继续再打电话给别人，将第二天的预定、约定填满之后，便可开始访问活动了。

▶▶▶

**示例 5-1                        电话约见法示例**

您好！请问是×××（先生/女士/小姐）吗？请问您现在讲话方便吗？

我多久之后打电话给您比较方便？好的，我过××分钟打电话给您。

是这样的，我们这里是×××人寿筹备组，我们从××××收到您递过来的资料，所以想跟您约一个合适的时间见面，大家互相了解一下，不知道您明天下午是××点还是××点比较方便。

是这样的，我们这次见面主要是想让您了解一下我们公司，同时我们也想了解一下您过去的工作经历和您未来期望的发展，然后再来确定您将来的工作内容。

我们明天下午总共安排了××人，我们为每个人准备了半小时的时间进行沟通，这里我们帮您预约在了下午××点，请您务必准时。

我们公司的地址是×××××××××。您过来以后我们会有前台人员接待您。

如果需要的话，我会将我们的地址发送到您的手机上。

好，×××（先生/女士/小姐），谢谢您，我们明天下午××点见。再见！

**2. 信函约见法**

信函是比电话更为有效的媒体。虽然时代的进步出现了许多新的媒体，但多数人始终认为信函比电话显得更尊重他人一些。因此，使用信函来约会访问，所受的拒绝比电话要少。另外，运用信函约会还可将广告、商品目录、广告小册子等一起寄上，以增加客户的关心。也有些行业甚至仅使用广告信件来做生意。这种方法有效与否，在于使用方法是否得当。当今，信函广告泛滥，如果不精心研究，很可能被客户随手丢掉。

通常情况下，信函的内容包括问候、寄信的宗旨、拟拜访的时间，同时附上广告小册子。一般信件的写法是"……届时如有不便，请在信封所附明信片上，指定适当的时间……"，并且在明信片上，先写上"××月××日，上/下午××时"。只要请访问对象在明信片上填上指定日期、时间并寄回即可，已证明该方法可获得很好的效果。

▶▶▶

**示例 5-2**　　　　　　　　　　**信函约见法示例**

王先生：

　　您好！

　　我是 Z 银行的李杰，和您的同学周华是好朋友。从他那里得知，您在事业上取得了非凡的成就，恭喜您！

　　我非常希望有机会向您讨教成功之道，同时也让我能有机会给您推荐一份新的理财计划。许多与您一样成功的人士都很认同，相信对您一定会有帮助。我将在近日内拜访您，恳请接见。

　　顺祝万事如意！

　　　　　　　　　　　　　　　　　　　　　　　　　　李杰　呈上

　　　　　　　　　　　　　　　　　　　　　　　　　2022 年 2 月 25 日

　　使用信函约见必须事先仔细研究与选择。如果对方的职业或居所不适宜收信，那么使用信函约见的方法自然会失败。如果不进行仔细分辨，收信人对该商品是否会注意，收信人的职位是总经理还是销售人员，寄达的地方是办公室还是私人住宅等，而盲目将信函寄出的话，难免会被客户当成垃圾处理掉。

### 3. 访问约见法

　　一般情况下，在试探访问中，能够与具有决定权者直接面谈的机会较少，因此，应在初次访问时争取与具有决定权者预约面谈。所以在试探访问时，应该向接见的人这样说："那么能不能让我向贵公司总经理当面说明一下？时间大约 10 分钟就可以了。您认为哪一天比较妥当？"这样的话遭到回绝的可能性会下降。

　　上述三种约见方法，各有长短，应视具体情况选择采用。比如，对有介绍人的就采用电话约见法，没有什么关系的就用信函约见法。

### （二）促成的话术

　　促成（包括促成试探）的话术有好几种，其中也有无法冠上名称者，下面简单介绍几种在营销中较常用的话术。

### 1. 激将法

　　激将法是指适时地利用激励话术，促使准客户下决心购买。例如："您的朋友王先生都买了我公司的意外保险，以您目前的能力，相信不会有什么问题吧。而且，像您这么顾家的人，相信也不会为一笔小钱而放弃对家庭的责任吧。"使用本方法时应注意所引用的故事或推销用语是否足以促使客户下决心购买。

### 2. 默认法（推定承诺法）

　　默认法是指假定准客户已经认同购买了，直接让其签单。例如，拿出理财产品合同书，询问准客户出生年月、住址、名字的写法等。询问准客户时，最好从简单的、容易回答的问题开始，准客户不打断，并回答问题，推销就算成功了。万一客户说

"我还没决定要买"，就重新再做说服。

### 3. 二择一法

二择一法是指给予客户两种选择由其自选，只要客户答出其中一种，便可达到促成的目的。例如："您看您是开股票账户还是开基金账户？"这一方法在促成过程中被广泛使用。运用此法，常使准客户在不知不觉中就成为现实的客户了。

### 4. 风险分析法（举例法、威胁法）

风险分析法主要运用于保险产品的营销中，即运用保险故事、生活中的实例或有关的新闻报道，让客户体会到不买保险的风险和损失。

### 5. 利益说明法

利益说明法强调金融产品的利益和获得的优惠。比如："××先生（准客户），以您的资信可以在我公司获得高达3万元的透支额度，而且免息期最长可以达到56天，现在办理信用卡还有小礼品赠送呢。"

### 6. 行动法

行动法是指马上行动，让犹豫不决的客户下决心。"兵贵神速，一刻千金。"只要确认已到了促成的时候，就可以借助一些动作来协助促成，例如填写金融产品合同书，签发收款收据，询问合同书上主要条款等。

### 7. 暗示启发法（当客户拒绝的口气不是很肯定时）

"聪明人都懂得利用基金进行理财""现在在我行办理该理财产品您绝不会后悔""反正早晚都要买保险，不如现在就买了"。用这种暗示启发的方法点明商品的必要性，只要客户表示赞同就达到了促成的目的。

### 8. 付款缓冲法

付款缓冲法是指主动提出建议征求客户的付款意见，如果客户觉得可行，即表示促成成功，若客户觉得不满意，就按客户的要求做修正。例如："那么改用基金定投的方式，就像缴房租一样。"或"要不然先不买医疗保险，那样一个月就可以只交300元。"

### 9. 机会不再法

"这一次回报的机会很难得哦！下一次就没有了，再考虑一下吧！"对于犹豫不决、三心二意的客户，这种方式相当有效。

### 10. 再三叮咛确认法

"您一定要想清楚，这是为了孩子着想，为了孩子！"在最后关键时刻可采用强势行销的方式来达到目的。

促成话术有很多种，看准时机使用不同的话术，有助于顺利促成。促成话术固然具有强迫客户签约的效果，但签不签约的决定权还掌握在客户手中，促成只是帮助客户做出正确的决定。

进入促成阶段时，只要有契机，就放心大胆地用促成话术；如果失败，就当成是一次促成试探，再等待或创造下一次的促成机会。没有一种促成话术是一定会成功的，千万不要本末倒置，一味追求有效的话术。

### （三）客户异议处理的话术

#### 1. 间接否定法

"是的……但是……"

例如："当然啦，期货是一项大额的投资，风险也较大，考虑也是非常重要的。但是行情不会等您考虑好才发生。如果错过了这波行情您的收益将大幅缩水，那您还等什么呢？"

#### 2. 询问法

使用询问法是为了打探出客户拒绝的真正理由。

例如："请问您是对我介绍的这款理财产品不满意，不相信我本人，还是因为别的原因？"

#### 3. 举例法

以实例打动客户，去除疑惑点。

例如："我加入保险行业后，第一个想起来的是我高中时的同学，近十年的好友。但他说不着急，将我送的资料收起来，照样与我谈天说地，我也不好意思再提。谁知没过一个月，半夜接到他太太的电话，哭着说我同学出了车祸，现正躺在医院里。性命算是保住了，但可能会成为植物人。她说看到家里的保险资料，想起来问我保险赔偿的医疗费是不是可以快点领到。我无言以对，怎么忍心跟她说'对不起，你先生根本没有买保险。'当晚，我再也难以入睡，不断责备自己。我同学当然可以说，保险可以以后再买，而我这个做保险的，怎么能让他以后再考虑买保险呢？第二天，我先去看望了这位老同学，然后去其他同学和他的好朋友那儿募捐一些钱，自己出了 3 000 元，凑到当初为他设计的保额的一半才心安一点。所以，王先生，我还是劝您吸取他的教训，现在就下决心买吧！"

#### 4. 转移法

转移注意力，以金融产品利益吸引客户。

#### 5. 直接否定法

以"那可能是……"来否定客户的观点。

例如："那可能是一传十，十传百，传走样了吧。保险公司骗人可不容易。因为条款白纸黑字写着，该赔就赔。若不赔，则肯定是客户购买的保险不全，比如购买意外险而生病要求赔款，才会有这样的现象，或者是关键的手续不全，要不保险公司怎么会因小失大？小小一笔赔款使保险公司形象受损，实在是不合算的。再说，也从来没有听说，一样东西可以骗人骗了 200 多年。反倒是客户骗保险公司还容易些。"

#### 6. 太极法

太极法用在销售上的基本做法是，当客户提出某些不购买的异议时，销售人员能立刻回复："这正是我认为您要购买的理由！"也就是销售人员能立即将客户的反对意见，直接转换成他必须购买的理由。

我们在日常生活中也经常碰到类似太极法的说辞。例如，主管劝酒时，销售人员说不会喝，主管立刻回答说："就是因为不会喝，才要多喝多练习。"想邀请朋友出去玩，朋友推脱心情不好，不想出去，可以说："就是心情不好，所以才需要出去散散心！"这些异议处理的方式，都可归类于太极法。例如，客户说："收入少，没有钱买理财产品。"销售人员说："就是收入少，才更需要购买理财产品。你不理财，财不理你。"

## 三、金融产品营销角色扮演

角色扮演，也叫模拟面谈，是指在一种模拟的情景中，两个人进行交流和互动，其中一人是指定角色的被评价者，另一人是经过培训的角色扮演者。评价者在两人互动的过程中观察被评价者的表现，并做出评判。在这样的情景模拟中，有角色扮演者、被评价者和评价者三个不同的角色。

在金融产品营销角色扮演中，评价者往往会设置一系列的人际矛盾与冲突，要求被评价者扮演某一角色并进入角色情景，去处理各种问题和矛盾。评价者对被评价者在不同角色情景中表现出来的行为进行观察和记录，实现对其素质和潜能的测查。在整个过程中，角色扮演者会根据角色在工作中可能会遇到的实际问题给被评价者出一些难题，借此考查被评价者的表现，从而对被评价者做出判断。

### （一）金融产品营销角色扮演题目的编制

要很好地进行角色扮演，前期的题目编制就显得尤为重要。设置合理的情景冲突、编制效度高的题目是有效实施角色扮演的基础。那么，如何编制金融产品营销角色扮演的题目呢？我们可以遵循如下的流程（如图5-2所示）：

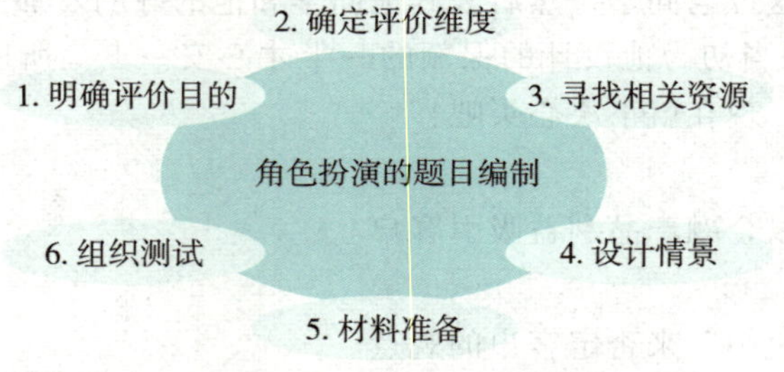

2. 确定评价维度

1. 明确评价目的    3. 寻找相关资源

角色扮演的题目编制

6. 组织测试    4. 设计情景

5. 材料准备

图5-2 角色扮演题目编制的流程

### 1. 明确评价目的

金融产品营销角色扮演虽然是一种比较有效的测评方法，但也并不适用于所有的评价场景。相对而言，满足以下条件的较适合使用角色扮演技术。

（1）需要对被评价者的协调关系能力以及与他人沟通的能力进行评价；

（2）目标岗位的核心职责多为与他人沟通和互动；

（3）由合适的人担当角色扮演者。

金融产品营销角色扮演是评估个体在某种压力情景下如何与他人进行互动的最好方法之一。这种方法一对一的特点就要求双方有一定程度的互动，这样就有足够的机会观察每个被评价者的行为。个体在压力情景下与人高效沟通的能力对于从高管到普通员工的几乎任何职位都是重要的。从这个角度来说，角色扮演可以满足多种目的，诸多培训与选拔都可以采用这种方法。

### 2. 确定评价维度

根据目标岗位的不同，角色扮演评价的维度也不一样，角色扮演多集中于考查"与人相关的能力"，包括协调能力、对他人需求和情绪的觉察、冲突管理、说服力等，但也可以考查诸如问题分析、决策力、创造性、计划与组织、授权与控制、压力承受、适应性等"与事相关的能力"。金融产品营销角色扮演重点关注的就是关系建立、说服力、问题分析、压力承受等方面的能力。

### 3. 寻找相关资源

在设计情景之前，还要寻找相关资源，以搜集设计互动情景的信息。首先，可以查阅相关组织文件，包括对目标岗位工作职责的描述、工作流程和组织政策。其次，可以访谈人力资源部相关人员和组织高层，更深入地了解岗位的相关信息。在访谈中，需要了解个体在目标岗位中可能遇到的关键性问题和挑战，以及如何去处理这些问题，处理的方式需要有成功的，也需要有不成功的。

这个过程与传统意义上的工作分析并不完全一致，传统的工作分析是要系统地了解岗位的工作目标、工作内容与任职资格，而角色扮演要进行的分析则是了解岗位工作内容中"经常出现的、与不同人打交道"的案例，要求案例具有典型性，并且存在由于观点或利益冲突而造成的人际矛盾。通常，评价者会通过访谈来详细了解这些案例，最终从几个案例当中选择一个最有代表性的案例作为角色扮演的任务。

### 4. 设计情景

和所有情景模拟技术一样，确定评价者和被评价者的角色以及一个合适的情景对于金融产品营销角色扮演的成功实施是非常重要的。根据目标岗位职责的不同，互动情景和被评价者的角色也是不同的。首先根据目标岗位最重要的工作内容来确定被评价者的角色，即他需要与什么对象进行互动。在确定角色之后，根据上一步搜集到的设计互动情景的信息，就可开始进行互动情景的设计了。情景设计要遵循三个基本的原则：

（1）情景简洁。有些评价者为了清晰地阐述情景信息，表述过于烦琐、语言累赘，反而给被评价者准确地理解情景信息带来障碍。

（2）关系突出。在金融产品营销角色扮演中，一般都是由两个对立的角色进行沟通，评价者必须在情景信息中了解对立角色的关系，同时由于任何对立都是以事件为主线，评价者也必须将情景信息中的事件表述完整。

（3）任务明确。绝大多数金融产品营销角色扮演都是让被评价者完成一项说服他人的任务，所以评价者必须明确地告诉被评价者他的任务是什么。

此外，设计情景还需要考虑几个因素：

（1）虚拟组织和真实组织的相似性；

（2）角色扮演者的特点和真实组织中成员特点的相似性；

（3）该情景是否为组织中目前存在的问题或是将来可能发生的问题；

（4）对应聘者表现水平的预期，可能设置相对简单的、有一个确定答案的问题，也可能是相对较难的问题。

### 5. 材料准备

在金融产品营销角色扮演中，要分别为被评价者和角色扮演者准备不同的材料，关于材料内容及材料总要求见表5-1。

表5-1　　　　　**为评价者和角色扮演者准备的材料及其要求**

| 对象 | 材料内容 | 要求 |
|---|---|---|
| 给被评价者 | 1.背景信息（组织概况，包括组织结构图和职责说明）<br>2.角色及主题等相关信息<br>3.角色扮演者的参考材料（包括备忘录、邮件、传真等）<br>4.指导语（包括时间限制和任务目标） | 1.具体：指导语应包括一些态度和个性特征的细节信息。例如，你对长期没有得到晋升机会而有些怨恨，并因此责怪你的主管。这个要求的目的是使角色扮演者在面对被评价者时能够表现得比较一致 |
| 给角色扮演者 | 1.背景信息（包括基本信息、在组织工作的时间和期间的工作表现等）<br>2.角色相关信息（包括想法、态度、动机和情绪情感等）<br>3.角色的典型言行（如没精打采地坐在椅子上或说话含糊不清）<br>4.对被评价者言行应做出的反应（包括积极的反应和消极的反应）<br>5.提示语（如结束活动等） | 2.灵活：扮演者可以在保证基本特点一致的基础上，根据被评价者的不同，灵活地改变自己的方式。比如，对于没有太多技巧的被评价者，扮演者可能需要对其施加相对较小的压力，以免其产生失败感；相反，对于经验丰富的被评价者来说，则需要给其更多的挑战。这个要求的目的是使角色扮演者能够根据需要自由地适应环境 |

### 6. 组织测试

金融产品营销角色扮演的题目设计完毕、材料准备齐全之后，整个过程并没有结束，还要组织测试。通过测试，可以检验诸多方面的问题，比如：评价维度是否让被评价者充分展现个人特点并便于评价，背景信息对于被评价者来说是否易于理解，主题是否有一定的难度和挑战，是否还有材料没有考虑到的被评价者的其他反应，角色扮演者是否能做出恰当的反应并保持一致，评价者是否能捕捉充分的信息以区分不同的被评价者等。之后，根据测试的情况对题目进行完善，使题目设计更加科学合理，从而保证预测的效度。

### （二）金融产品营销角色扮演的优缺点

#### 1. 金融产品营销角色扮演的优点

（1）金融产品营销角色扮演是一项参与性活动。作为被评价者，可以充分调动其参与的积极性，为了获得较高的评价，被评价者一定会充分表现自我，施展自己的才华。作为角色扮演者应知道怎样扮演指定的角色，这是明确的有目的的活动。在扮演培训的过程中，角色扮演者会抱有浓厚的兴趣，并带有娱乐性。

（2）金融产品营销角色扮演具有高度的灵活性。从测评的角度看，角色扮演的形式和内容是丰富多样的。为了达到测评的目的，评价者可以根据需要设计测试主题和场景。在评价者的要求下，被评价者的表现也是灵活的，评价者不会把被评价者限制在有限的空间里，否则不利于被评价者真正水平的发挥。

（3）金融产品营销角色扮演是在模拟状态下进行的，因此被评价者在做出决策行为时可以尽可能地按照自己的意愿去完成，也不必考虑在实际工作中决策失误会带来工作绩效的下降或失败等问题，它是一种可反馈的反复行为。被评价者只要充分地扮演好角色就行，没必要为自己的行为担心，因为这只是角色扮演行为，其产生的影响可以控制在一定的范围内，不会造成不良影响，也没必要在意他人的看法。

（4）金融产品营销角色扮演过程中，需要角色之间的配合、交流与沟通，这样可以增加角色之间的感情交流，培养人们沟通、自我表达、相互认知等社会交往能力，尤其是同事之间一起接受培训进行角色扮演时，能够培养员工的集体荣誉感和团队精神。

（5）金融产品营销角色扮演培训为受训者提供了广泛地获取多种工作生活经验和锻炼的机会。角色扮演法就培训而言的优点表现为，在培训过程中，通过角色扮演，受训者可以相互学习对方的优点，可以模拟现实的工作生活，从而获得实际工作经验，明白自身能力的不足之处，通过培训，使各方面能力得到提高。

### 2. 金融产品营销角色扮演的缺点

（1）如果没有精湛的设计能力，在设计上可能会出现简单化、表面化和虚假人工化等现象。这无疑会对培训效果造成直接影响，使受训者得不到真正的角色锻炼以及能力提高的机会。同样，在设计测评被评价者角色扮演场景时，由于设计不合理，设计的场景与测评的内容不符，会使受试者摸不着头脑，更谈不上测评出被评价者的能力水平。

（2）有时受训者由于自身的特点不乐意接受角色扮演的培训形式，而又没有明确地拒绝，其结果是在培训中不能够充分地表现出他们自己；也有可能受训者的参与意识不强，角色表现漫不经心，这些都会影响培训的效果。在测评的过程中，由于被评价者参与意识不强，没有完全进入角色，就不能测评出被评价者的真实情况。

（3）对某些人来说，在接受角色培训时，表现出刻板的模仿行为和模式化行为，而不是反映他们自身的特征。这样，他们的角色扮演就如同演戏一样，偏离了培训的基本内涵。在测评被评价者角色扮演时，如果被评价者也表现得刻板或行为模式化，测评就失去其意义了。

（4）由于角色扮演时，大多数情况下有第三者存在，这些人或是同时接受培训的人，或是评价者，或是参观者，自然的交互影响会产生于受训者和参观者之间，这里的影响是很微妙的，但绝不能忽视。

（5）有些角色扮演活动是以团队合作为宗旨的，在这种情况下可能会出现过度地突出个人的情况，这也是金融产品营销角色扮演中很难避免的，因为一旦某个人表现得太富于个性化，就会影响团队整体的合作性。

### （三）金融产品营销角色扮演的要求

为了弥补金融产品营销角色扮演的不足，还必须对被评价者提出一些具体的角色扮演要求，即：

（1）接受作为角色的事实。

（2）只是扮演角色。

（3）在角色扮演过程中，注意你态度的适宜性改变。

（4）使你处于一种充分参与的情绪状态。

（5）如果需要，注意收集角色扮演中的原始资料，但不要偏离案例的主题。

（6）在角色扮演中，不要向其他人进行角色咨询。

（7）不要有过度的表现行为，那样可能会偏离扮演的目标。

（8）话术准备要充分，准备2~3个预案。

（9）良好的心理素质。

（10）模拟扮演要考虑到真实营销时可能遇到的障碍，表演要真实。

综上所述，金融产品营销角色扮演既有优点，又有不足之处，是一种难度很高的培训和测评方法。要想达到理想的培训和测评效果就必须进行严格的情景模拟设计，同时，保证角色扮演全过程的有效控制，以纠正随时可能产生的问题。

### （四）金融产品营销角色扮演的操作步骤

#### 1. 进行充分的准备工作

（1）事先做好周密的计划，每个细节都要设计好，不要忙中出错，或乱中出错。

（2）事先训练好助手，讲什么话，做什么反应，都要规范化，在各个被评价者面前要做到基本统一。

（3）编制好评分标准，主要看其心理素质和实际能力，而不要看其扮演的角色像不像，是不是有演戏的能力。

#### 2. 实施评估

金融产品营销角色扮演的评估，其实就是一个收集信息、汇总信息、分析信息，最后确定被评价者基本心理素质和潜在能力的过程。

（1）观察行为。评价者要仔细观察，及时记录一位或两位被评价者的行为，记录要客观，记录的内容要详细，不要进行不成熟的评论，主要是进行客观的观察。

（2）归纳行为。观察以后，评价者要马上整理观察后的行为结果，并把它归纳到角色扮演设计的目标要素之中，如果有些行为和要素没有关系，就应该剔除。

（3）为行为打分。对与要素有关的所有行为进行观察，归纳以后，应根据规定的标准答案对行为进行打分。

（4）编制报告。给行为打分以后，评价者对所有的信息都应该汇总，形成报告，然后才考虑下一位参加者。每位评价者要宣读事先写好的报告，报告对被评价者在测评中的行为做一个简单的介绍，包括对要素的评分和有关的各项行为。在做报告时，其他的评价者可以提出问题，进行讨论。

（5）重新评分。当评价者都报告完毕，大家进行了初步讨论以后，评价者可以根据讨论的内容、评分的客观标准，以及自己观察到的行为，重新给被评价者打分。

（6）初步要素评分。等第一位评价者独立重新评分以后，再把所有的评价者的评分进行简单的平均，确定被评价者的得分。

（7）制定要素评分表。一般金融产品营销角色扮演评价的内容分为四个部分。

① 角色的把握性：被评价者是否能迅速地判断形势并进入角色情境，按照角色规范的要求采取相应的对策行为。

② 角色的行为表现：包括被评价者在角色扮演中所表现出的行为风格、价值观、人际倾向、口头表达能力、思维敏捷性及对突发事件的应变性等。

③ 角色的衣着和举止：被评价者仪表与言谈举止是否符合角色及当时的情境要求。

④ 其他内容：包括被评价者缓和气氛、化解矛盾的技巧，达到目的的程度，行为策略的正确性，行为优化程度，情绪控制能力，人际关系技能等。

（8）评价者讨论，根据上述内容，评价者进行一次讨论，对每一种要素的评分，大家发表意见。

（9）总体评分，通过讨论以后，第一位评价者再独立地给该被评价者一个总体得分，然后公布结果，由小组讨论，直到达成一致意见，这个得分就是该被评价者在情景模拟中的总得分。

## 四、金融产品营销晨会

### （一）晨会的目的

（1）通过晨会，学习金融产品相关知识、法律知识，丰富学生的知识背景。

（2）了解公司企业文化。

（3）销售培训：销售技能、销售心态的锻炼。

（4）培养团队合作精神。

### （二）晨会类型及内容

#### 1. 网上晨会

【准备】笔记本电脑一台，主持人一名。

【操作】主持人将网上最新的消息及内容介绍给全班同学。主持人要事先做好相关内容的准备，做到既关注专业的一面，又涉及轻松的话题。

【评注】随着网络信息技术的日益发展，网上新闻、咨询、交易、购物的日益普及，网上晨会也日益凸显出它的必要性。网上晨会的信息量更大、更及时、更有效，并可以借此普及电脑知识，培养一批新一代的金融产品营销专业人员。

#### 2. 记者招待会式晨会

【准备】选定一个当前的热门险种或受关注的话题，一位主持人，1~2位发言人，并在讲台前布置一张长桌。

【操作】主持人及发言人在桌前就座，主持人先就早会主题做简单介绍，然后请所有台下学生扮演的记者自由提问，发言人一一作答。对于各式各样的提问，发言人要沉着冷静，或详细讲解，或简明扼要，或机智幽默。而主持人既要启发提问，又要控制场面。

【评注】这种晨会其实是借记者招待会的形式，选择优秀业务人员对所有销售人员作再培训，销售人员则将平时的疑难问题，既当记者，又似客户一般提出。

### 3. 嘉宾面对面式晨会

【准备】确定不同主题，提前约请嘉宾，如校内某部门负责人、任课教师、保险公司展业高手、已投保的客户以及与保险行业相关的专家，如医生、证券行家、财税人员等。

【操作】采用央视"实话实说"的形式，在讲台前安排2~3个座位，由一位主持人采访1~2位嘉宾。主持人事先准备提问要点并与嘉宾做好沟通，谈话过程要轻松幽默，并可穿插台下学生的提问。

【评注】这种晨会是一种非常有效的沟通手段，关键在于所请的嘉宾能否畅所欲言，所选的话题是否受人关注，比如请客户谈客户服务、请医生谈重大疾病等都是极佳的内容。

### 4. 早餐俱乐部式晨会

【准备】事先预备好饮料或茶点等，也可以预订外卖。

【操作】把实训室的座位围成大圈子，将食品放在中间或分配好，请全体成员入座，开始早餐俱乐部式晨会。在会上可以聊些如养生之道、交际礼仪、展业趣闻等较为轻松的话题，尤其是有关健康方面的话题。

【评注】这种边吃边谈、营养丰富的晨会，对每天辛勤展业的销售人员来说是颇具人情味的，而且在这种气氛轻松的晨会上讨论的内容比较容易让销售人员接受。

### 5. 庆祝生日式晨会

【准备】在全班同学中选出一位寿星，准备一张生日贺卡，预订一份生日蛋糕。

【操作】为过生日的同学举行集体庆生会，内容有"营业部经理""小组长"的贺词，签有全体同仁名字的贺卡（有条件的话还可以赠送一份小礼物），寿星发表生日感想，回忆生命历程与学习、实训心得，并许下心愿，然后齐唱生日歌。若当天寿星达数人时，可在最后推出生日蛋糕，将庆生会推向高潮。

【评注】举行庆生会，无疑是寿险营业部的亲情管理和民心工程，它既增强了凝聚力，又为内部沟通和解决问题创造了条件。

### 6. 击鼓传花式晨会

【准备】锣、鼓或铃铛任选一个，红花一朵，写好问题的竞答纸条若干（内容包括客户拒绝问题、新商品知识、投保实务细则等），小奖品几份。

【操作】主持人上台，背对着大家打鼓，规定好顺序在所有成员中间传递红花，鼓声停时，持花者即上台抽取竞答纸一张，念出问题，然后回答，答案正确或能令大家满意者获奖品一份，否则认罚表演节目或背诵营销术语。

【评注】击鼓传花，是传统的有奖竞答方式，它能活跃气氛，调动全场参与，并可结合不同需要对销售人员的业务知识进行考核。

### 7. 头脑风暴式晨会

【准备】将销售过程中遇到的困难作为每次头脑风暴的题目，当然也可以研讨诸如售后服务的方法、目标市场的开拓等。

【操作】主持人在白板（白纸）上画一个大圆圈，将要讨论的主题写在上面，然后动员全体成员发表自己的看法和意见，越多越独特越好，每一个想法先不做批评，全都写在白板上，最后做总结归纳，得出有益的结论。

【评注】头脑风暴确实是可以经常使用的一种分析与解决问题的良策，它可以群策群力，在收集众人意见的基础上改善营销工作。

### 8. 团队竞赛游戏式晨会

【准备】将整个班级分成若干小团队，准备若干小奖品。

【操作】组长带领自己的小组进行团队间即组与组之间的竞赛游戏。游戏内容可以是跟保险有关的，也可以是以娱乐为主的。获胜的团队应有所奖励，如一包糖，一袋巧克力，或一盒饼干等，让小组每个成员都来分享胜利的成果。

【评注】在既紧张激烈又活泼有趣的团队竞赛游戏中，通过每个组员的积极参与，发扬组员之间的合作精神，达到加强每组凝聚力和整个营业部门在竞争中不断进取向上的目的。

### 9. 生肖游戏式晨会

【准备】将实训室内的桌椅排成12组，每一组贴上一个生肖，在台前贴上对联"十二生肖和为贵，齐心协力添新辉"。

【操作】将全班同学按十二生肖分成12个组，然后选出本生肖组的头，如牛头、鸡头、蛇头、龙头、猪头、狗头等。主持人要求每组的生肖头想一个有关自身的成语或歇后语，并以肢体语言表演出来，让大家猜，也可以是该组生肖成员集体上场表演。接下来主持人请鸡、狗同台辩论，虎、羊做拜访演练，最关键的是要让各生肖互相赞美，主持人最后点出主题：和睦友爱，齐心协力，大家握手拥抱。

【评注】通过生肖游戏晨会，展示个人风采，发扬团队协作精神，营造和谐宽松的氛围。

### 10. 即兴演讲式晨会

【准备】在每张白纸卡片上写一个演讲题目，如"潘多拉的盒子"等，或在白纸上写"话说保险""世纪理财"以备用。

【操作】请平时较沉默寡言或不善言辞的学生上台做三分钟或五分钟的演讲。如果是跟保险无关的题目，应绕到保险上来；如果是某个保险产品，则要求做相应的产品说明。主持人注意掌控时间。

【评注】很多销售人员最害怕的就是这种临场发挥型的讲话，但事实证明它确实是训练语言表达及自我控制的有效手段。通过即兴演讲式晨会来训练金融产品营销人员的语言表达能力及逻辑思维能力是非常适合的。

### 11.简报式销售演讲晨会

【准备】让1~2位学生做好销售演讲需要的简报。

【操作】主持人请准备好简报的学生到台上来，面对准客户（学生扮演），先简明扼要地宣传保险的功用，然后重点介绍某项商品（可以运用白板、海报等工具），最后答听众问。

【评注】简报式销售就是针对某些特定人群做商品推销或增员的演讲，这是一种常用的销售方法，也是作为一名优秀销售人员所应该掌握的技巧。晨会中可以请有经验的人做普及推广和训练示范。

### 12.文体娱乐式晨会

【准备】寻找有文体娱乐特长的成员，并准备好音响视听设备，也可以通过播放音带或碟片来学习（如健身操等）。

【操作】由1~2位学生做主持人或领操者，表演歌曲、舞蹈或小品等。

【评注】以娱乐放松、调节身心为主的晨会有很多种形式，比如欣赏音乐、唱卡拉OK、表演戏曲、跳交谊舞、做健身操或办公室体操、练太极拳等，将这些健康身心的活动穿插在每日的晨会中或周末、月末，能让背负压力的销售人员迅速减压。

### 13.肢体语言式晨会

【准备】将活动中需要用到的成语或歇后语写在小纸条上。

【操作】请演练者到讲台上，按照事先写在纸上的某句成语或歇后语用肢体语言表达，并让其他人猜；请演练者用不超过一分钟的时间用肢体语言表达某种行为，如找展业证、吃大闸蟹、等待客户等；主持人念一段充满动词的短文，边念边要求所有人随着文中出现的动词做相应的动作，如笑、伸腰、拥抱等。

【评注】业务人员在公众面前为了引起别人的注意，有时候必须运用语言之外的表达方式，如眼神、表情、手势、体态、动作等。为了达到训练目的，要求所有人都装成哑巴，大家只能用肢体语言来表达。在肢体语言式晨会中，表演者放得越开，表现越佳；反之，越怕出丑，则越不自然。

### 14.读书会式晨会

【准备】要求学生看一本对保险推销工作有益的书，并做好精彩部分的摘要。

【操作】在读书会式的晨会上，请2位学生上来介绍最近他们在看的一本有价值的书，从书名、内容简介到给自己启发最大的部分，与大家分享读书心得，重要的部分可以让大家做一些笔记。

【评注】我们正处在一个知识更新日益迅速的时代，积极倡导并建立一个学习型的组织是让自己的团队始终立于不败之地且提高成员素质的关键。互相交流读书心得便是一种既节约时间又能够多了解几本好书的有效方法。

### 15.情景话剧式晨会

【准备】根据所确定的主题选择几位学生，共同构思编演，并做好排练。

【操作】在实训室里根据剧情需要摆放一些桌椅及道具。表演内容可以是拜访老客户，与新客户初步面谈，节日送礼上门，新产品促销等。

【评注】情景话剧式的晨会通常是为了配合保险公司的某项重要宣传或推广活动，以一种最直观的方式，来让每个销售人员都知道并懂得如何去执行。

### 16. 发泄式晨会

【准备】一张桌子，一个充气锤。

【操作】由学生讲述自己在金融产品展业中的各种艰辛，营业部经理（学生扮演）准备一些小礼品并颁发委屈奖，最后主持人鼓舞士气，点燃热忱，边敲击桌子，边齐声高呼："我一定会努力！我一定会成功！我一定一定一定会成功！"

【评注】做保险营销工作的人压力比较大，从心理学的角度来讲，每隔一段时间，或有特殊需要的时候，需要有个释放情绪的空间，倾吐一些心声，发泄一点怨气，寻求几许心理慰藉，然后放下包袱，轻装上阵。发泄式晨会是一种较好的心理压力释放方式，但是主持者要善于做好引导，最后将大家的情绪调整到积极的方面上来。

### 17. 诊断会式晨会

【准备】请需要参加会诊的销售人员（学生扮演）准备好自己的问题。

【操作】选定需要会诊的销售人员（学生扮演），将其工作和生活中遇到的挫折和困难讲出来，然后大家一起帮助他出主意，解决问题。被诊断的销售人员要做好笔记，认真倾听，并表态在今后的工作中加以改进。

【评注】针对营业部内需要帮助的新进销售人员、绩效差的销售人员、问题销售人员及最近一段时间内业绩突然下降的销售人员，不定期地召开一些诊断会，可以运用集体的智慧帮助团队成员共同进步成长。诊断会要从"治病救人"的善意的角度出发，不能歧视和施加压力。

### 18. 室外进行式晨会

【准备】根据不同的目的，选择适合的室外场所，如学校操场等，进行晨会的地点需要事先联络好并确认。

【操作】约好时间、地点，定下晨会主题，在户外进行某个项目（如目标市场开拓）的讨论。

【评注】偶尔在室外进行的晨会，会让销售人员有新鲜感，并有进行集体活动，如主顾开拓及陌生拜访的机会。室外进行的晨会可以是整个部门的，也可以是某个小组的。

### 19. 与经理决战式晨会

【准备】准备好奖品，奖品按价值大小分门别类。

【操作】经理（学生扮演）事先在讲台前布置一张放满奖品的长桌，然后请当月完成规定业绩的销售人员（学生扮演）上来与经理"决战"：剪刀、石头、布，按输赢的情况来分配奖品。

【评注】与经理决战是让平时的简单发奖更富于刺激性，而且让销售人员感觉更加活泼、亲切、有趣。

### 20.专家讲座式晨会

【准备】在客户中找某一方面的专家，提前一周做好时间安排和晨会内容预告，以便引起大家的注意。

【操作】邀请专家开展一些知识拓展性的演讲会，以便帮助营销员（学生扮演）拓展自己的知识面。下面的选题可作参考：我国的宏观经济环境运行状况；我国的生态环境与生存危机；现代国际贸易与国际关系；保险市场发展趋势；大众消费心理学；中国中产阶层的生存状况分析；中国的贫富两极分化产生的原因以及对社会发展造成的负面影响；金融改革之路，任重而道远；生物基因科学的发展前景与规划等。

【评注】现代保险营销员要想做好保险销售工作，仅仅具有保险专业知识是远远不够的，特别是当保险营销员以理财规划师或风险管理顾问等名义从事保险展业和为客户服务时，更是如此。组织举办专家讲座晨会，可以丰富营销员的知识。

### （三）晨会策划的注意事项

#### 1.调动士气

营造良好的晨会气氛特别重要。一次高质量的晨会的整个过程犹如一曲交响乐，该严肃的时候严肃，该活泼的时候活泼，良好的气氛可以使参加者受到感染和激励，鼓起干劲，满怀信心地迎接新一天的挑战。

#### 2.串联有效

晨会在执行过程中要注意栏目的连接性，在一个栏目结束之前，下一个栏目的内容就要准备就绪，栏目之间还要穿插主持人幽默风趣的话语来进行过渡。

#### 3.形式灵活

晨会并不限于任何特定的模式，可以根据营业单位的要求与目标，以更加灵活的方式表现出来。例如，对于一个"电话约访"或"如何进行拒绝处理"的专题，可以用专题讲座的形式由讲师讲述；也可以用小品的形式，把电话约访中错误的地方表演出来，使大家在娱乐中受到教育与提高；还可以用问答的形式，利用群体智慧，由主持人引导有经验者谈谈他们的约访方式。

#### 4.节奏明确

晨会在进行中要注意掌握时间，这也是对主持人、讲师的基本要求。晨会不能影响业务员开展业务时间，要注重实效，严格控制时间，并以制度化的形式固定下来，这样既能合理利用业务员的时间，又能潜移默化地培养业务员遵时守约、合理安排和分配时间的良好习惯。

#### 5.参与性强

要让业务员在晨会中有所收获，就必须让业务员积极参与进来，在参与中体验，从而改变态度，改变行为。要避免主持人或讲师单方面地训导或宣讲，以免使晨会变成枯燥无味的活动。

### （四）晨会范例

某晨会范例见表5-2。

表 5-2　　　　　　　　　　　　　　　　　晨会范例

| 流程 | 主持人介绍词示例 | 备注 |
|---|---|---|
| 播放音乐 | 大家早上好，非常荣幸能给大家主持这个晨会。首先做一下自我介绍，我叫×××，希望大家能够记住我，在记住我的同时，我愿意成为大家生活中最知心的朋友及事业上最愉快的合作伙伴！（晨会马上开始，请伙伴们坐好，调整坐姿，把手机调成震动或关机） | 音响投影仪备妥，先将"昨日举绩者"名单通过幻灯片展示出来 |
| 晨操 | 让我们以充满青春活力的热情迎接成功的一天，在欢快音乐中跳起来！唱起来！掌声有请×××伙伴为我们领跳：请你恰恰（掌声感谢×××伙伴，请伙伴回座） | |
| 敬业时间 | 展现良好的团队精神和风貌，比一比哪一组做得更加出色。请各组做好准备！各小组汇报要求：应到××位，实到××位，全勤/×××未到，我们的口号是：…… | |
| 喜讯报道（包含心得分享） | 各位亲爱的伙伴，挑战与竞争纷至沓来，征程坎坷又洒满阳光，在这个给庸者以无情淘汰、给智者以博杀疆场的伟大时代，我们要对英雄给予掌声和光环，那么就让我们来关注今天的喜讯报道，看一看谁是榜上英雄。伙伴们，在寿险这个舞台上，让我们每个人都展现自我，分享成功，书写精彩，激发豪情！下面借助各位热情的掌声有请今日之星×××，为我们讲述他成功背后的故事。我们常说，成功的人之所以成功是因为其海纳百川的胸怀，因为成功的人拥有积极的心态，而心态铸造命运，态度决定一切，只有不断寻找机会、准备机会、创造机会的人才是真正的强者。让我们再次以热烈的掌声感谢×××伙伴带给我们的分享 | |
| 新闻资讯 | 作为一名寿险营销员，不但要具有专业的技能和高尚的个人素质，还要具备眼观六路耳听八方的本领，大量的知识和资讯是我们展业中不可缺少的工具。下面就是新闻资讯时间，今天的资讯由我们优秀的×××伙伴带来，借助各位热情的掌声有请××× | 备选内容：1~2 则新闻；1~2 位伙伴分享 |
| 专题时间 | 成功"圣经"告诉我们："激励就像洗脸一样，学习就像吃饭一样"。这说明学习有多么重要！重要的时间留给重要的人物，请大家以最热烈的掌声欢迎我们今天的专题老师——英俊潇洒、风流倜傥的×××经理 | 题目：客户服务技巧 |
| 政令宣达 | 大浪淘沙勇者胜，风啸大漠败者臣。×××经理的专题让我们各位在寿险营销这个无烟的战场上又多了一个克敌的法宝。让我们再次对×××经理报以感谢的掌声！太阳已经升起，我们也征战在即，在披挂上阵之前，让我们擦亮眼睛，用热情的目光加上掌声和呐喊声有请我们的司令——气度非凡的×××带来出征前的政令宣达 | |
| 欢呼结束 | 告别昨日，迎来新的征程，在未来的奋战中我们将赢得新的荣誉，让我们摒弃那些拖沓的往昔，共同迎接新的一天！让我们扬帆起航，主宰自我，用最富激情的呐喊响彻蓝天！下面请全体起立，共同宣读今天的激励口号：不达目标，誓不罢休 | |

# 案例分析

**案例一：**

## 金融产品营销情景模拟

客户：我不需要保险

业务员：

1. 对象为家庭主妇时：从您身上就可以看到家庭主妇的通性，总是把最好的留给家人，自己老是吃剩的，永远是将先生、小孩放在自己前面，自己则能省就省，因此您会觉得不需要。但您别忘了您的先生、小孩是需要您的，而您此时应多为自己想，也许将来有一天，您会因这多一份的思虑而感到庆幸。相信您必定比我清楚，炒菜时忘了放盐，则整道菜就会淡而无味。相同的，生活中若遗漏了保险，则人生的道路上就少了一份保障。忘了放盐，后面再加进去仍是一道可口的菜肴，但倘若遗漏了保险，一旦不幸事故发生了，再多的懊悔都于事无补了。您仔细想想，盐之于我们都称得上必需品，更何况是保险呢？

2. 对象为职业女性时：请恕我直言，在现实生活中，有很多事不是我们认为不需要，就能保证绝不会有用得着的一天。打个比方来说，常常我们在出门上班时，是个阳光普照的好天气，于是我们会觉得不需要带伞，但偏偏下班时，变得风雨交加，往往我们心里就会想："要是能随身带把伞就好了。"天气确实是令人捉摸不定的，而我们的人生也是如此，每分每秒都可能发生危险，常听到"明明刚才还活生生地站在那里，怎么一转眼工夫，就躺在那儿动也不动了呢？"诸如此类的悲剧，虽然是我们所不愿发生的，但终究它还是有可能发生在我们周围，而面对这些无法确知的不幸，我们只能依靠大家的力量，加入保险，就如同身边随时有把伞一般，晴时遮阳，雨时挡雨，一举两得，不是吗？

3. 对象为已婚先生时：不需要？这理由似乎太令我吃惊了，以我接触保险多年的经验，虽然听过各式各样拒保的理由，当然"不需要"也是其中之一，但却很少会有与您相同身份地位的人，以此理由来拒绝。因为处于如今这种竞争激烈的社会，背负在男性肩上的担子，似乎相对地增加了许多，再加上社会观念的变迁，处处讲求男女平等，男性该多为自己作打算，尤其是已成家的人，毕竟有了属于自己的家庭，自己的安危关系到许多自己所爱的人。正因此他们都愿意为了爱他们的人及他们所爱的人投保，相信像您这样顾家的人，也不会例外的，不是吗？

4. 对象为单身汉时：也许您现在觉得不需要，但倘若以后您觉得需要时却面临资格不符或必须负担较多保费时，岂不是得不偿失？身为单身汉，固然比有家室的人来得自由，但不可否认，在理财储蓄方面，较易疏忽，刚好保险可替您弥补这方面的缺憾。另一方面，无拘无束虽然令人羡慕，但往往发生意外后，能帮忙照应的人非常有限。当然，我也是希望不会有这么一天，但人总要未雨绸缪一番嘛！所谓"不怕一万，只怕万一"，想想一个人的一生中，经得起多少个"万一"呢？那我们何不在"万一"还未来临时，做好"一万"的准备？就如同我们虽然阻止不了台风的侵袭，但我们还是尽最大的努力来做好防范台风的工作，这样即使台风真的来临，损失也减少了。保险也是相同的道理，您同意吗？

5. 对象为公司老板时：您之所以会觉得不需要，想必是您对于公司的经营管理有一套独特的见解。其实这并不难想象，在您刚才的谈话当中，就已经感受到您大老板的架势，相信员工对您也和我一样钦佩不已，但正因为如此，我才更要苦口婆心地劝您投保。您比我更有感触，自行创业是一件蛮艰难的事，所要面对的问题，除了公司本身盈余状况外，还包含其他大大小小的事情，当然，必须靠员工间的相互努力，才能使公司蒸蒸日上。如此说来，每位员工都在公司有举足轻重的地位，而往往给予员工的福利越多，员工就更会尽全力地为公司付出。毕竟人不同于机器，人是有情绪的，没有人真正能做到100%为公司付出而不求任何回报。在现今社会福利中，保险算是一项很好的福利，往往人们在求职时，也希望能进入有保险的公司。像您公司这种体制健全、完善的公司，怎能少了保险呢？相信您投保后，会吸引更多有才能的人来为您效劳，对于公司又何尝不是件有利的事呢？

6. 对象为刚步入社会的新人时：遇见像您这样刚踏入社会不久的人，我心中就有无限的感触，一方面感慨时光的飞逝，实在羡慕像您这样有青春活力的人，但也不禁回想自己刚步入社会时那种无助、茫然的心情，毕竟离开学校的保护，就好像一只刚学会飞的小鸟，面对再宽广的蓝天，也不敢飞得太高。因为我也曾经历过这段岁月，所以我才会推荐您买保险。想想您现在所面临的正是生命中另一阶段的考验。以往，凡事有父母师长替您安排、规划，而今踏入社会，凡事就得由自己处理。而您若能在此时参加保险，不但所缴保费较低，更能将您收入的一部分用以规划将来。我就是当时没有早点接触保险，否则现在我的养老金可能会多出好几倍，用我本人最深刻的体验来奉劝您及早投保！

7. 对象为知识水平较高的人时：您真爱开玩笑，以您如此丰富的知识，对于保险这个现代文明的产物岂会觉得陌生，甚至认为不需要呢？相信在您求学的过程中，必定感受得到保险课程较以往更加受到重视，主要是因为生活品质日益提高，人们所能拥有的东西较以往多出许多，自然地，必须担心的问题也会增加许多。例如，以前的人，买不起车，就不用怕车被偷。但在社会物质进步的同时，我们就得面临更多的风险。例如，车多了，交通事故就跟着频繁发生；发明了飞机，空难的忧虑也就接踵而至了。这些都证明了即使社会再如何进步，还是消灭不了存在于我们周围的危险。也正因此，保险受重视的程度大幅地提升了。你是否依然觉得不需要保险呢？

客户：我要和家人商量再做决定。

业务员：

1. 对象为一家之主时：是啊！凡事多参考一下别人的意见，总是件好事嘛！不过，有时意见一多，要做决定就更难了，倘若因此耽误了您投保的时间，或者造成您错失了投保的机会，损失最多的还是您自己啊！况且，既然是生活中的必需品，就不需要花时间去思考"要不要买"这个问题，就如同我们每天都要吃饭，总不需要和别人商量后，再决定要不要吃饭吧！这就对了，以您一家之主的身份，哪能做不了主呢？更何况这能让您及您的家人生活得更安心，相信他们是不会反对的。相反，他们还会因您的决定而深受感动呢！不信的话，就试试看。

2.对象为家庭主妇时：您一定有去逛街的习惯吧！我们常常听见卖家叫喊："快！快！买到就是您赚到了……"我常看见许多人，一买就是好几件，一点也不会迟疑。而我所提的保险，才真正能使您买了就是赚到了。您想想，衣服再怎么便宜，买得越多充其量只是省下一小部分钱；而买了保险，您所赚到的，却是一生的保险啊！那么，买衣服时都不会迟疑，怎么反倒为了买保险而迟疑呢？况且，保险对于我们是如此重要，早日拥有它，就是您最大的福气哦！

3.对象为年轻人时：我能体谅，您会有这样的顾虑，毕竟刚踏入社会，虽然在经济上能自我独立，但在处理事情上，尤其是需要做决定时，往往会因经验不足而有所畏惧。别忘了，我也曾经经历过这个阶段，所以您的想法与感受，我都能理解。但是，经验是积累而来的，没有勇气去尝试，不给自己机会去学习，哪来的经验可以积累。而今天正是您学习自己做决定的好机会。其实，这是个很容易下的决定，倘若您希望：就算您发生意外，父母的生活仍然不成问题；就算您生病，所花费的医疗费用，不致影响您的生活；就算您退休，也无须为生活费而烦恼，那么，您就可以大胆地选择投保。当然，如果您觉得，这些都不是您所希望的，您还是可以选择拒绝。不过，我可以提供一个参考，选择前者将会是您的福气，选择后者也许会造成您将来的遗憾。那么，您的决定是什么呢？

客户：我知道保险很重要，但是我觉得现在还年轻，等年纪大了再投保好了。

业务员：

1.对象为年轻人时：您这岂不是"明知故犯"？明明知道保险很重要，却又偏偏不去投保，明明知道少了保险，生活就少了一份保障，却又偏偏不去拥有这份保障。人可以活得洒脱，但不能拿自己的生命开玩笑啊！况且，现代人都很重视规划，凡事都不忘记先做一番周详规划，如此，做起事来也比较有效率。而保险所能提供给您的，是替您的未来做一番规划，根据您每一阶段的不同需要，来设计您所需要的保险。因此，现阶段有现阶段的需要，等年纪较大时，有那时的需要，这是不能混为一谈的。就如同买鞋子，现在以您眼光所挑的鞋子，也许5年后或10年后，您就会觉得穿起来有失您的身份。相同地，您现在也不会去买老年人所穿的鞋子，因为穿在您脚上，就显不出您充满活力的气息。但是有一点我们是可以确定的，不论我们是年轻还是年老，我们都需要穿鞋子，否则走路就会有被扎伤的可能，这不正和保险的意义相同吗？

2.对象为单身时：别这样乐观哦！谁又知道自己的寿命是多久，当然，我相信您会长命百岁的，我只是想提醒您，未来是不可知的，所以现在才会有这么多人喜欢去问命理大师，想预知一下自己的未来，但是就算命理大师告诉您，您的寿命到明天为止，您又该如何是好呢？我想大概很少会有人在那时才想到买保险吧！其实，我们常说:"命运是掌握在自己手中的。"这句话一点也没错,因为我们无法掌握生活中的危险,所以我们以保险来预防,最好是一生风平浪静,虽然未能领到保险金,但是我们拥有一生中最大的福气——平安,这也就足够了。倘若生命中真的发生了波折,没关系,因为我们有保险,至少我们的损失能获得补偿,所以替自己投保,比去找命理大师来得实际多了,不是吗?

3. 对象为上班族时:能听见您知道保险很重要这句话,真是太令我感到高兴了。您知道吗?身为保险从业人员的一分子,最担心的就是客户不了解保险对于我们生活的重要性。不可否认,不少人对于保险还是有排斥的心态,尤其是辈分较大、经历较丰富的长者,其实,这也难怪,毕竟以前日子较为艰苦,能过一天就算一天了,哪还管得了这么多。而现在您也清楚,保险是少不得的。不过,它更是禁不起等的哦!像您对保险有如此正确的认知,岂能不以行动来支持您的说法?人家常说:"坐而言不如起而行。"站在保险业的立场,我们需要像您这样正确认识保险的人,来帮助这个行业茁壮成长;站在您的立场,倘若知道它是很重要但没能立刻投保,那么如果意外一旦发生,您所遭受的损失,和根本不认为保险重要的人是相同的,到时候您的后悔会比他们还来得深,岂不更加冤枉?

客户:我觉得保费太高了。

业务员:

1. 对象为一家之主时:打个比方来说,假设我今天将您一家五口安排住在一间只有10平方米的房间中,每个月收您3 000元,您愿意吗?5个人住10平方米,不就意味着每个人只有2平方米,还得扣除浴室、摆放家具的空间,哪会住得舒适呢?相同地,因为您是一家之主,自然承担的责任就较大,因此我们在为您安排时就相当谨慎,害怕会有所遗漏,当然,这是在您能力范围内作考虑,有句广告词说:"要看就看最好的"。那么,要买就买最适合您的,虽然您觉得保费太高,对于这点我深感遗憾,未能令您觉得十分满意,但换个角度想想,能拥有一份真正完备的保障,我想这是许多人梦寐以求的,而它现在正呈现在您眼前,说真的,我若是您,绝对不会放弃,您同意吗?

2. 对象为单亲家庭时:您的想法,我是能体会的,通常花钱的人总觉得能少一元是一元,别忘了,我也常扮演消费者的角色,但今天您所买的,不同于衣服、车子、房子……保险是集合大家的力量,每个人按时缴纳一笔费用,帮助这大团体中需要帮助的人,倘若大家都希望能少一点就少点,这意味着,当您发生不幸时,所得到的补偿也自然少一点,难道您愿意吗?我们为您设计的保单,已是经过相当程度的衡量,也就是说,您所获得的补偿,足够解决您所遭受的损失。当然,如果您执意要求不保这么多项目,我们也能配合您的要求,只是身为保险从业人员的我,还是希望您三思,既然保险是为了减少生活中的遗憾,那么就别因此而多制造一个遗憾,好吗?

3. 对象为公司老板时:您这话严重了,和您庞大的资产比起来,这区区保费,您根本不看在眼里,怎么会觉得太高了呢?当然,我们也不会因为您是老板,就刻意提高费率。您也知道,做生意,是各凭良心的,而我替您投保,也是属于良心事业,您觉得我是那种爱占别人便宜的人吗？您的保费比起一般人要高，这是有其道理的啊！举例来说，如果有两辆车，一辆是二手车，一辆是新车，今天若二手车被偷了，保险公司愿意赔偿5万元，而新车被偷了，保险公司也愿意赔偿5万元，假如您是新车的车主，岂不委屈了？所以不同的人，会有不同的保费，自然也会有不同的补偿，不过，都是依照本公司所规定的费率计算出来的，我想您不愿意拿到一张便宜却不实用的保单吧！

客户：公司已替我投保了，我可以省下一笔保费。

业务员：

1.对象为上班族时：这保费可省不得啊！公司替您投保，一定以全体员工普遍的需要为需要，它是不会因您的特殊需求而为您另外设计一份保单的，又岂能给您一个完整的保障呢？也就是说，您只靠这份保单是不够的！就如同公司所订的团体便当，菜色都相同，总会有不合口味的人，他们就只好自行带便当了。因此，公司有保险的这项福利固然值得高兴，但也别因此而忽略了个别投保的必要性。保险所能提供给您的保障，越完备对您越有利，只怕保额太少，到了需要它时却不能完全发挥它的功能，这才真冤枉啊！那么，您是否能给我们彼此几分钟时间，来谈谈相关的详细的情形呢？

2.对象为一家之主时：话可不能这么说，公司替您投保，可能不以您家庭状况及您的责任来衡量，您岂能将一家人的幸福都寄托在公司所为您购买的保险上，这岂不等于将全部的鸡蛋放在同一个篮子里？因此我才会建议您，让本公司来替您分担些风险，您可以告诉我贵公司所替您投保的项目，以我专业的能力来判断，加上您家庭负担等个别因素，若您原保单有不足的项目，我来为您增加，两份保单才能给您最大的保障。当然，您所需缴的保费会是在您能力范围内，不至于造成您的负担，所以，虽然还是得交保费，但换来一份更稳固的保障，这也是值得的！

客户：保险都是骗人的，我才不会相信。

业务员：

1.对象为家庭主妇时：真有这么严重吗？也许您是因上街买东西次数多了，免不了吃亏上当，才会有如此强烈拒绝的反应。其实，谁也不愿意当个受骗的傻子，当然包括我自己也是如此，如果保险真是骗人的，就算给我再多酬劳，我也不愿意再设下骗局，毕竟"己所不欲，勿施于人"这个基本的道理，我还是知道的。不过，也不能怪您会有这样的想法，生活在人情较为淡薄的城市中，人人心中难免会建立起一道防御的城墙，甚至连小孩，我们也是不忘交代"狼来了"的启示。但就保险而言，您可以放一百个心，倘若它真是如此，那政府大力推行"全民健保"，岂不是等于在设下最大的骗局？

2.对象为一家之主时：怎么会呢？我身为保险从业人员，自己本身就是保险的忠实成员，再加上我许多亲戚、朋友，也都有投保，别忘了，更有许许多多的保户也都肯支持保险，从这点就可证明保险绝不是骗人的。不然，我怎么会让我自己及亲朋好友陷入这圈套呢？前几天，有位朋友打电话请我再帮他加保，因为他的儿子刚诞生，他觉得从为人夫到为人父，责任重了许多。倘若保险是骗人的，那怎么还会有人愿意再一次上当呢？所以您是误会了！那么，是否能给我一个机会，来替您设计一个适合您的保险呢？

客户：我再考虑考虑。

业务员：

1. 对象为家庭主妇时：您知道吗？很多事情是需要长时间的考虑，但也有许多事是由不得您有任何一点耽搁的，而保险正属于后者。我们可以等您考虑，但意外是不等人的，它不会专找已投保的，而给未投保的人有考虑的时间。就是因为意外是无情的，我们才要更加谨慎地做好防范，那么保险就是我们最佳的拍档。虽然不会因为买保险，就能保证绝不会发生意外，但是在意外发生后，能得到损失的补偿，这道理就如同坐在车前座的人，要系安全带，系上安全带并不表示就不会发生车祸，而是可以减轻车祸发生时对您的伤害。因此，投保是等不得的，您同意吗？

2. 对象为公司老板时：不会吧？听您的下属说，您是对员工很好的老板，只要员工真的有需要，您都会毫不考虑地答应，而面对自己的需要时，怎么反而犹豫起来了呢？其实，人活在这世上，是不可能完全为自己而活的，也要考虑家人、朋友，而您甚至得为员工而活。我听到"珍惜生命"这四个字，立刻就会联想到"重视保险"，因为我们懂得珍惜生命，珍惜生命中的每个人，才会担心因自己发生不幸，而影响他们的生活，因此，才能体会保险就像水一样重要。虽然您的过去，它来不及参加，不知它是否有这份荣幸，与您共度日后的每一天呢？

3. 对象为一家之主时：买房子、买汽车都可以考虑，但"考虑"用在保险上，似乎就有画蛇添足之嫌了，毕竟，您再长、再久的考虑，都无法改变"您需要它"这个事实。既然如此，又何必浪费这心思去考虑呢？买保险就如同救火，要快又准，当看见火着起来时，立刻用水或灭火器来扑灭，就可阻止悲剧的发生。但是若看见火刚着起来，还在考虑是要救火还是逃生，那后果就真的不堪设想了。况且，人总是有做不完的事、想不完的问题，那么就别再让"考虑投保"这件事成为您的负担，不然保险就失去带给人们快乐与安定的意义了，您现在是否决定投保呢？

### 案例二：

#### 金融产品营销角色扮演

本案例简要地从测评角度进行金融产品营销角色扮演操作。

下面是一个10分钟的角色扮演实例：

指导语：你将与其他两个人共同合作，而且你们三个角色的行为是相互影响的。请快速阅读关于你所扮演角色的描述，然后认真考虑你怎样扮演那个角色。进入角色前，请不要和其他两个被评价者讨论即兴表演的事情。请运用想象使表演持续10分钟。

#### 1. 金融产品营销员（角色一）

你是个大三的学生，你想多赚点钱养活自己，一直不让家里寄钱，这个月内你要尽可能多地卖出手头的金融产品，否则你将发生经济危机。你刚在党委办公室推销。任凭你怎样介绍产品的内容，办公室主任都不肯买。现在你恰好走进了人事科。

### 2. 人事科主管（角色二）

你是人事科的主管，刚才你已注意到一位年轻人似乎正在隔壁的党委办公室推销产品，你现在正急于拟定一个员工福利计划，你想买一些养老保险，但又怕上当受骗，并且你知道党委办公室主任会过来，你不想在他面前表现得没有主见。

### 3. 党委办公室主任（角色三）

你认为推销金融产品的大学生不安心读书，想利用推销金融产品的办法多赚到一点钱，以使自己的生活过得好一点。推销金融产品的人总是想说服别人买他的产品，而根本不考虑买产品人的意愿与实际用途。因此，你对大学生的推销行为感到恼火。你现在注意到这位大学生马上会利用你的同事想买产品的心理。你决定去人事科阻挠那个推销员，但你又意识到你的行为过于明显会使人事科主管不高兴，认为你的好意是多余的，并会产生他自己无能的感觉。

角色扮演要点参考（仅供评分人参考）：

### 1. 角色一

（1）应避免党委办公室情形的再度发生，注意强求意识不要太浓；

（2）对人事科主管尽量诚恳有礼貌；

（3）防止党委办公室主任的不良干扰。

### 2. 角色二

（1）应尽量检查鉴别产品的内容与适合性；

（2）尽量在党委办公室主任说话劝阻前做出决定；

（3）党委办公室主任一旦开口，你又想买则应表明你的观点，说明该产品不适合党委办公室主任是正确的，但对你还是有用的。

### 3. 角色三

（1）应装着不是故意来捣乱为难大学生的；

（2）委婉表明你的意见；

（3）注意不要惹恼大学生与人事科主管。

## 案例三：

### 阳谷农商银行：扎实推进"首贷客户专项营销"活动有序开展

2021年以来，阳谷农商银行严格以聊城审计中心"树六气、创一流"总目标、总要求为行动指引，以"首贷客户专项营销"活动为契机，通过健全制度体系、营造宣传氛围、优化营商环境，着力破解客户"畏贷惧贷"心理，为乡村振兴按下"加速键"。自8月4日活动启动起，已发放首贷客户贷款84户，金额329万元。

健全制度体系，把好"首贷客户专项营销"的方向盘。一是制度先行，筑牢根基。该行出台"阳谷农商银行'首贷客户专项营销'活动方案"，对贷款额度、利率、期限、贷款方式均进行了优化，同时明确对"首贷客户专项营销"工作要求，细化工作措施和任务目标，确定培植行动的时间表和路线图，为"首贷客户专项营销"提供强有力的制度保障。二是科学分类，精准施策。根据客户信贷需求，该行将授信额度以5万元为分界线划分为两种类别，其中5万元以下的授信以信e贷操作为主，节省办贷时间、提高办贷效率；5万元以上的授信区分为消费贷款及生产经营贷款，按照担保方式不同划定不同的贷款额度上限，有效满足了客户需求。

营造宣传氛围，优化"首贷客户专项营销"孵化器。一是全员线上宣传。该行发动全员对该项营销活动开展全方位营销，全行员工每天利用朋友圈转发活动宣传海报，另外，客户经理每天选取1~2个网格微信群发送活动海报，确保每半个月完成一次网格宣传全覆盖，同时第一时间在该行微信公众号发布活动公告，利用17万粉丝的优势扩大宣传范围。二是加大线下宣传力度，针对辖区内个体工商户，坚持时间服从质量原则，开展线下走访宣传，确保讲清讲透活动政策，积极引导客户用信；针对农户、社区居民，组织内外勤人员成立"红马甲服务队"，进机关、进社区、进村庄，以网格驻勤为契机，采取张贴宣传海报、发放宣传折页、金融夜校讲解等方式开展宣传。

优化营商环境，做强"首贷客户专项营销"的助推器。一是加大减费让利力度。该行根据LPR利率定价规则，全面调整利率定价体系，同时结合党史学习教育，切实将"我为群众办实事"实践活动有效落地，进一步加大贷款利率优惠力度，活动期间，"首贷客户"利率较正常贷款利率下降约450个基点。二是简化业务办理流程，提高办贷效率。该行严格规范办贷程序和手续，主动向社会公布"办贷承诺"，执行限时办结制。同时开通绿色通道特事特办、急事急办，提高审批效率，落实"便捷获得信贷"。印发《阳谷农商银行"无纸化办贷"实施细则》，明确个人类贷款手续不超过3件、公司类贷款手续不超过10件，大大提高了对普惠金融的服务效率。

资料来源：左立鹏. 阳谷农商银行：扎实推进"首贷客户专项营销"活动有序开展［EB/OL］.［2021-08-25］. https：//baijiahao.baidu.com/s？id=1709053218181117268.

### 案例四：

#### 农业银行蝉联全球"零售银行品牌价值排行榜"榜首

近日，《银行家》杂志和国际权威品牌价值评估机构Brand Finance联合发布了2023年全球"零售银行品牌价值排行榜"榜单，中国农业银行继2022年首次在这一榜单折桂后，再次荣登榜首，标志着中国银行业零售业务领先的市场影响力和国际地位进一步得到巩固。

2022年，农业银行心怀"国之大者"，坚定践行金融工作的政治性、人民性，不断提升专业性，全面贯彻新发展理念，持续深化零售业务"一体两翼"发展战略，服务千家万户，在全力支持实体经济、服务百姓民生、助力乡村振兴、促进共同富裕中，激活内生增长动力，助推经营业绩再攀新峰。2022年，农业银行个人客户总量、个人存款余额和增量、个人贷款增量三大零售主体指标均居同业首位，私人银行业务、信用卡业务增长均居市场前列。

### 1. 精细客户服务，全力打造客户心中"C位"零售银行

客户是银行生存发展的基石。近年来，农业银行坚守"金融为民"理念，依托客户分层、分群，客户经理分级的"三维矩阵式"服务体系，持续做精、做细、做优客户服务，增强服务品质。截至2022年末，个人客户总量达8.6亿户。

### 2. 完善"大财富管理"体系，助力实现人民对美好生活的向往

农业银行以客户"身边财富管家"为责任定位，实施"存款+财富管理+融资服务"的大财富管理策略，持续丰富产品货架，注重资产配置，深化私人银行专业服务体系建设，守好客户财富，助力稳健增值。

### 3. 深化数字经营，打造更懂客户的智慧金融体验

农业银行围绕客户全旅程金融场景，持续完善以数据为核心的"1+N"智慧工具集合，加快打造网点、掌银、远程银行等"多元一体"服务渠道，构建无断点的服务闭环，提升"千人千面"服务能力，精准满足不同客户金融需求。

### 4. 增进民生福祉，建设人民群众满意的银行

农业银行坚决扛牢社会责任，优化个人信贷投放策略，个人住房贷款、个人经营贷款、信用卡贷款增量均领跑同业。加强乡村振兴金融服务，组织1.75万个"先锋队"将金融产品和服务送到乡村百姓的田间地头。积极做好"新市民"和养老服务，推出"521"新市民金融服务方案，首批启动个人养老资金账户开立服务，更好助力人民群众乐享生活。

《银行家》杂志和Brand Finance均是具有较强影响力的国际权威机构，其联合发布的"零售银行品牌价值排行榜"榜单在国际上具有很高的专业性和权威性，是衡量全球零售银行综合实力的重要标尺。

资料来源：中国农业银行. 全球第一！农业银行蝉联全球"零售银行品牌价值排行榜"榜首 [EB/OL].〔2023-02-03〕. https://www.cebnet.com.cn/20230203/102855459.html.

## 视野拓展

金融行业数字化运营

## 营销通关

### 一、通关准备

教师讲解通关考试要求，通知考试时间和考试地点。

1.考试地点：理财实训室

2.考试人员

（1）组织者1人；

（2）通关老师（关主）5人，分别负责银行产品营销、保险产品营销、证券产品营销、基金营销、信用卡营销等5关；

（3）学生50人，分为5组。

3.考试规则

（1）设银行产品营销、保险产品营销、证券产品营销、基金营销、信用卡营销等5关，每个关口的总分值为20分，关主根据检查点的过关情况，给予相应分值，高于14分者，此关通过，14~16分为及格，17~18分为良好，19~20分为优秀；

（2）关主应事先明确关主职责，明确通关的内容，检查要点和把关标准，10位同学配置1名关主；

（3）每位同学在每关通关次数为3次，每次3~5分钟；

（4）通关后，关主在通关卡上签名，最后交培训组织者。

## 二、考试过程

要求每位学生拿相应的通关卡以组的顺序到不同关卡进行考试，得分超过60分者通关，考核不通过者采取相应的考核措施。

## 三、通关总结

1.小组老师给学员打分；

2.点评及分析通关话术。

# 实践训练

## 一、实训内容

1.以所选金融产品为例进行话术设计及表演。要求：话术设计要结合产品本身；话术要真实、简练。

2.以所选金融产品为例进行角色扮演，如幕启（音乐）：公司简介（旁白）；甲业务员预约王氏夫妇购买国寿感恩卡。实地销售：甲、乙业务员对王氏夫妇进行产品说明及销售；王氏夫妇购买了三份国寿感恩卡。结束：播放歌曲《祝你平安》或其他歌曲。

3.以小组为单位设计并主持一次金融产品营销晨会。要求能调动现场学生的气氛，主题新颖，能控制会场气氛。

## 二、实训目标

通过实践活动，使学生学会金融产品营销话术和营销技巧。

## 三、实训考核

根据角色扮演、晨会主持情况以及营销通关成绩给予评分，模拟训练情况统计表，见表5-3。

表 5-3　　　　　　　　　　　　　模拟训练情况统计表

| 姓名 | 习惯建立 | 意义功用 | | | | | 销售技能 | | | | | 产品知识 | | 分红或理赔 | 客户服务 | 日期 | 效果 | | | 负责人 |
|---|---|---|---|---|---|---|---|---|---|---|---|---|---|---|---|---|---|---|---|---|
| | | 银行产品 | 保险产品 | 证券产品 | 基金 | 信用卡 | 接触 | 说明 | 拒绝处理 | 促成 | 转介绍 | 单个 | 组合 | | | | 好 | 中 | 差 | |
| | | | | | | | | | | | | | | | | | | | | |
| | | | | | | | | | | | | | | | | | | | | |
| | | | | | | | | | | | | | | | | | | | | |
| | | | | | | | | | | | | | | | | | | | | |
| | | | | | | | | | | | | | | | | | | | | |
| | | | | | | | | | | | | | | | | | | | | |
| | | | | | | | | | | | | | | | | | | | | |
| | | | | | | | | | | | | | | | | | | | | |
| | | | | | | | | | | | | | | | | | | | | |

# 任务六

# 金融产品实战营销

## 学习目标

知识目标：1.掌握金融产品实战营销技巧。
2.掌握金融理财方案设计要点。

技能目标：1.能运用所学金融产品营销知识和技能成功地销售金融产品。
2.能设计金融理财方案。

## 实战计划

### 一、实战要求

1.有条件的学校可组织学生至校内实训基地或者保险电销公司进行短期的赠险电话销售实训，根据学生赠险成功拨打数量评估实战成绩。

2.由教师联系银行卡、保险产品（简易险、卡式保单）等相关金融产品销售单位，学生以小组为单位选择1种产品进行实地销售。

3.每个小组安排1名指导教师，对学生实地销售过程中出现的问题予以及时指导。指导教师以金融企业资深业务员为主。

4.学生在进行实地销售前必须在教师的指导下制订详细的产品营销计划，选择好目标市场，分析市场环境，制定营销策略，并有明确的营销业绩目标。

5.实战营销过程中，每周召开一次班级例会。例会以学生实战过程中遇到的困难或应该注意的事项作为主题，开展课堂讨论，各小组献计献策，指导教师适时进行课堂点评指导。这样，边实战，边总结，不断提高学生的金融产品营销能力。

6.要求学生每天记录自己的销售过程。

7.要求学生在销售过程中本着诚信负责的态度，注意自己综合职业素质的培养。

8.要求学生注意对客户资料的保密。

9.要求学生每天都向指导教师汇报销售的进展。

10.实战结束后，根据各小组实战业绩和实战时的表现进行考核评分。评估内容见表6-1。

表 6-1　　　　　　　　　　　　　　　实战营销训练评估表

| 代码 | 训练内容 | | 评估结果 | | | 相关说明 |
|---|---|---|---|---|---|---|
| | | | 好 | 中 | 差 | |
| | 是否能够填写客户情况分析表 | | | | | |
| | 对缘故客户是否可以做详细的资料收集与分类 | | | | | |
| | 是否可以运用金融产品营销话术与客户交谈 | | | | | |
| | 是否能够运用缘故法主顾开拓话术 | | | | | |
| | 是否能够运用简单的拒绝处理话术 | | | | | |
| | 是否熟悉以下的电话约访操作步骤 | 问候 | | | | |
| | | 自我介绍 | | | | |
| | | 强调与介绍人的关系 | | | | |
| | | 适度寒暄 | | | | |
| | | 说明通话目的及拒绝处理 | | | | |
| | | 再次提出见面 | | | | |
| | | 要求（运用二择一法） | | | | |
| | | 拒绝处理 | | | | |
| | | 最后确认 | | | | |
| | | 约定时间，结束通话 | | | | |
| | 是否可以叙述一则以上有关营销实战中的小知识 | | | | | |
| | 是否能根据客户的不同性格特征，区别使用不同接触方式 | | | | | |
| | 是否能熟练地背诵出开门接触话术 | | | | | |
| | 是否能自我定位，选择方法，总结适合自我个性的缘故话术 | | | | | |
| | 是否熟悉与客户接触时的话题（例如，家居、服饰、事业、容貌特征、爱好、子女、教育背景……） | | | | | |
| | 是否善于聆听，配合肢体语言（微笑注视、点头示意、随声附和） | | | | | |
| | 是否熟悉商品呈现话术 | | | | | |

| 代码 | 训练内容 | | 评估结果 | | | 相关说明 |
|---|---|---|---|---|---|---|
| | | | 好 | 中 | 差 | |
| | 说明过程中，是否注意了以下要点 | 再次确定客户需求 | | | | |
| | | 说明所推销的金融产品特色及利益分析 | | | | |
| | 说明过程中，是否做到了以下技巧 | 简单扼要，重点突出 | | | | |
| | | 话术生活化、数字功能化 | | | | |
| | | 调动客户参与、随时导入促成 | | | | |
| | | 不断肯定需求、刺激购买欲望 | | | | |
| | 说明过程中，是否记得客户提出哪些问题，是否记录 | | | | | |
| | 是否学会以下的促成方法 | 开门见山法 | | | | |
| | | 二择一法 | | | | |
| | 对于成交的目标是否明确？态度是否委婉坚持 | | | | | |
| | 拒绝处理时，是否能把握以下要领 | 是否有同理心，能肯定对方不直接争辩 | | | | |
| | | 是否遇到拒绝，利用反问，发现拒绝的真正原因 | | | | |
| | | 是否与客户处于僵局时能迅速换个话题，取得谈话主动权 | | | | |
| | | 是否善用逆向思维，使每一个拒绝问题成为购买金融产品的理由 | | | | |
| | | 是否能利用客户拒绝的问题即时反问 | | | | |
| | | 是否熟悉客户常提的拒绝话术处理 | | | | |
| | 是否熟悉提出转介绍的要求话术 | 转介绍的配合动作上，是否能运用引导性问题、递送纸笔、适时沉默、轻松自然的技巧 | | | | |

## 二、实战例会

在实战营销过程中，教师在认真指导学生实地销售的同时，应注意观察学生的心理、行为变化，及时发现问题，收集学生遇到的困难，利用每周例会的时间进行教育。下面的例会主题可供参考：

### 例会一 你准备好了吗？

1. 你收集客户资料了吗？

2. 你对客户资料进行分析了吗？发现切入点了吗？

3. 你准备好展业工具了吗？

4. 你与客户约定拜访时间了吗？地点在哪？想好穿什么服装了吗？

5. 如果拜访客户时遭到拒绝，你做好心理准备和应对策略了吗？

### 例会二 如何做一名合格的业务员？

#### （一）合格业务员的标准

#### 1. 较强的语言表达能力和书面表达能力

业务员在向客户和消费者介绍企业情况、产品情况及具体的销售策略和市场远景规划时，需要有出色的口头表达能力及语言组织能力；业务员在进行市场调研、向决策层提出好的营销策略和建议时，需要有充分、翔实的市场调查报告和建议书。

#### 2. 良好的个人形象

要让客户接受你的产品，接受你的销售建议并和你友好共事，就必须先让他们接受你。诚实、干练的个人形象能给客户留下良好的印象，那么你的销售工作就成功了一半。因此，业务员在同客户接触时，一定要注意自己的衣着打扮和个人卫生，注意日常生活和工作时的礼仪，并加强感情联络。

#### 3. 一定的专业知识

新时代要深化金融体制改革和扩大金融制度型开放，金融工作更是提出了"规则、规制、管理、标准等制度型开放"，对从业人员的专业能力有了更高的要求。一个优秀的营销员应储备专业的金融知识及其衍生出来的法律、财税、医学等多方面的知识。除此之外，业务员还要不断地学习顾客心理学、行为科学、社会学、人际关系学等多学科内容，并在实践中不断地感悟和总结。

#### 4. 具有一定的文化水平，肯学习，会学习，并力求上进

市场千变万化，各种新情况、新问题会随时发生，营销理念也在不断发展变化，这就要求业务员要经常学习，不断提升自身素质，以随时掌握市场营销方面的新知识、新观点和新方法，只有那些具有一定的文化水平、肯学习、会学习，并强烈追求上进的人才能适应不断变化的市场需求。

#### 5. 良好的心理素质和较强的心理承受能力

一个优秀的业务员在困难、挫折和失败面前能始终保持情绪的稳定，在同客户谈判陷入僵局时仍能谈笑风生，应对自如，在客户的诱惑面前能保持心态平稳，坦然拒之，甚至在客户藐视你的存在时仍能保持冷静等。所有这些良好的心态都来自良好的

心理素质和较强的心理承受能力。

### 6. 良好的沟通能力

良好的沟通能力是业务员综合素质的集中体现。

### 7. 具有较大发展潜力

具有一定的销售经验固然重要，具有较强的可塑性和较大的发展潜力更重要，因为人一开始并不是什么都知道、什么都懂得，那些经过有效培训迅速成长为优秀业务员的人会更有前途。

### 8. 对企业有足够的忠诚度

市场瞬息万变，人同样在发展变化，但人的变化会更可怕，由于竞争对手总是想方设法渗透你的市场，拉拢和收编你的销售队伍，如果某些业务员对企业没有足够的忠诚度，企业文化无法也根本不可能完全感化某些业务员的话，那么你的企业的销售队伍可能面临分化和解体的危险，所以对企业是否具有足够的忠诚度是选拔业务员的重要一环。

### 9. 具有较强的团队作战意识和良好的职业道德

金融行业是服务性行业，它有着特殊的法律法规，关乎金融财产安全和社会责任。因此，金融行业从业人员需要有相应的职业道德，具备资金管理、维护客户权益以及保密的工作能力和责任心。

首先，从事金融业务工作需要具备责任心、诚信原则和职业担当。在工作中，要做到诚实守信、尽职守约，严格按照国家的规定，全面履行财务职责，做到尽责尽力，承担责任，提升职业素养。

其次，业务员应该具备较强的风险防范意识，帮助客户做出正确的金融投资和理财决策。

最后，业务员需要具备良好的客户服务态度和沟通能力。金融工作涉及客户的财富，要以诚信的态度，树立良好的信誉，为客户提供优质专业的服务，同时要运用得体的沟通技巧，帮助客户实现金融理财目标。

总而言之，从事金融工作，需要具备良好的职业道德和职业能力，如责任心、诚信原则、风险防范能力、分析能力、客户服务态度和沟通能力等，这些素质和能力组成了从事金融工作者必备的财富。

### （二）销售中应该注意的问题

#### 1. 不为难客户

谈合作、谈项目一定要讲究时机。时机不好，再好的合作也会泡汤。当客户有为难之处时，一定要体谅别人，不要让客户为难。比如，他有事要处理，他认为那样做会不合适或不能做等，你就要马上停止你的要求，并告诉他不管怎么样，你都非常感谢他。你的善解人意会让他觉得很抱歉甚至内疚，下次有机会他就不会忘记补偿你。你也不会因为强人所难而丧失与这位客户今后继续交往的机会。

#### 2. 替客户着想

与客户合作一定要追求双赢，特别是要让客户也能很好地向上司交差。我们是为公司做事，希望自己做出业绩，别人也是为单位做事，他也希望自己办的事情很漂亮。因此，我们在合作时就要注意，不要把客户没有用或不需要的东西卖给他，也不要让客户花多余的钱，尽量减少客户不必要的开支，客户也会节省你的投入。

### 3. 尊重客户

每个人都需要尊重，都需要获得别人的认同。对于客户给予的合作，我们一定要心怀感激，并对客户表达出你的感谢。而对于客户的失误甚至过错，则要表示出你的宽容，而不是责备，并立即共同研究探讨，找出补救和解决的方案。这样，你的客户才会从心底里感激你。

### 4. 信守原则

一个信守原则的人最会赢得客户的尊重和信任。因为客户也知道，满足一种需要并不是无条件的，而必须是在坚持一定原则下的满足。只有这样，客户才有理由相信你在推荐产品给他时同样遵守了一定的原则，他们才能放心与你合作和交往。比如，适当地增加某些服务和培训是可以接受的，但损害公司、客户甚至别人利益的要求绝不能答应。因为当你在客户面前损害公司或别人的利益时，他会担心他的利益也正在受到威胁。

### 5. 多做些销售之外的事情

比如他们需要某些资料又得不到时，若你可以帮他搞到就要尽量帮忙。甚至他们生活中碰到的一些困难，如果你知道又能帮到，一定要帮助他们，这样你与客户就不再只是合作的关系了，更多的是朋友关系。这样一旦有什么机会，他们一定会先想到你。

### 6. 让朋友推荐你

如果前面的要诀都掌握并运用自如的话，你就会赢得客户和朋友的口碑，你的朋友就会向他的朋友推荐你。那么，你的生意就像原子弹爆炸，会迅速扩张起来。你就达到了生意的最高境界，让客户来主动找你。

### 7. 不要忽视为每笔生意来个漂亮的收尾

所有的工作都做完了，你与客户的合作就告一段落了，是不是就终结了呢？也许这是大部分业务员的处理方式，但事实证明这是一个巨大的错误。这次生意结束的时候正是创造下一次机会的最好时机。千万别忘了送给客户一些合适的小礼品，如果生意效益确实不错，最好还能给客户一点意外的实惠。让每笔生意有个漂亮的收尾带给你的效益不亚于你重新开发一个新的客户。理由如下：如果你前面的工作尚欠火候，还不能从合作关系提升到朋友关系的话，这个时候这样做就能很好地实现这个目标。如果前面的合作可能有些不如意的话，这更是个很好的补救方案。因为大部分人都认为既然合作完了，那么与客户的关系也自然结束了，所以有了对这种不求回报的最后感谢，他们马上就会把你从合作关系提升到朋友关系上来，那么下次再有需求时，机会肯定还是你的。

### 例会三　保持良好的工作习惯

#### （一）良好习惯对营销人员的重要性

养成良好的工作习惯，工作时会很轻松、没有压力。

养成良好的工作习惯使人受益终身。先为习惯而工作，习惯就会为你而工作。只要养成了良好的习惯，习惯将会为你服务，为你工作，而且不计报酬。

养成良好的工作习惯使人更容易成功。我们经常说命好不如习惯好，因为习惯可以改变命运。

#### （二）一个合格的金融产品销售人员应该养成的工作习惯

良好的工作习惯分为两大类：一类是销售的习惯；另一类是自我管理的习惯。

首先，要养成良好的销售习惯，具体包括：

##### 1. 养成随时随地开发客户的习惯

养成随时随地开发客户的习惯要求业务员明白一个道理：出路，出路，只要走出去就是路；困难，困难，困在家里就难。走出去见到每一个人都有可能谈论到金融产品。现代金融产品是生活化的，也是每个家庭的必备品。我们只要处处留心，一定会有意想不到的收获。世界上任何一个家庭都需要金融产品，买不买是客户的权利，说不说是我们的义务。当好"开发商"，方能永续经营。

##### 2. 养成做计划书的习惯

金融产品营销员，其实自己就是公司产品的说明书。客户有时候没有时间看条款，即使是有时间看也不一定看得懂。这就要求我们在介绍的时候要生动形象地说明，使客户容易接受，才能打动客户的心。要条理清晰地进行商品说明，使客户清楚明白，通俗易懂，才能提高成交率。特别是开发高端客户，只有你更专业，才能得到客户的认可。通过计划书的展示，充分体现你的专业水平和高品质服务。

##### 3. 养成要求转介绍的习惯

很多营销员认为客户已经签单了，销售就已经完成了，以后就只有售后服务了。其实客户签单，销售只成功80%，这个时候最关键的就是要把握如何要求转介绍；只有要求客户提供转介绍的名单，才算100%成功的销售。转介绍是推销的捷径，要敢于要求，大胆要求。因为已经购买了金融产品的客户，金融产品意识应该很强，只要营销员转介绍话术到位，客户一般不会拒绝，还会把身边的亲戚、朋友、同事介绍给你。养成要求转介绍的习惯，才能拥有源源不断的客户，我们的金融产品营销之路才会更加充满活力。

##### 4. 养成与客户建立良好关系的习惯

不管客户购买金融产品与否，都需要与客户经常保持联系和沟通。俗话说：细水长流，才能源远流长。要想取得客户的信任，树立自己的品牌，只有经常保持联系和沟通，才能建立良好的关系。先做朋友，后做金融产品；先推销自己，后推销金融产品，其实我们不是在卖金融产品，而是在卖"人"。金融产品推销就是把生人变熟人，把熟人变朋友，把朋友变亲人的一个过程。

### 5. 养成随时随地增员的习惯

增员展业两不误，增员也能提高收入，而且可以晋升，金融产品销售人员出门必做的三件事：找客户，谈增员，转介绍。唯有这样，我们才能在金融产品营销的路上走得更稳、更远。把增员放在与找客户一样重要的位置，才会增到员，并且增到好员，助我们事业一臂之力。增员、业绩两手抓，金融产品营销路上齐开花。找增员也是我们每天必做的事情。

其次，要养成良好的自我管理的习惯，具体包括以下五个方面：

### 1. 养成良好的时间管理习惯

人每天有四个部分的时间：生活时间、工作时间、学习时间和休闲时间。合理安排我们一天的时间，养成良好的时间管理习惯，可以提高工作效率。其实金融产品营销员每天大部分时间是由自己支配的，什么时间做什么事，什么时间必须完成什么事，我们都要安排好，养成良好的时间管理习惯，才能提高工作效率。

### 2. 养成参加早会及公司规定的各项培训的习惯

早会是公司的基本制度，也是公司管理员工的办公场所。无规矩不成方圆，参加早会就是上班。早会是一堂课，员工通过早会可以了解公司的政策和激励方案；可以学到专业知识和提高专业技能；可以调整心态，改变自我。事实证明，只有养成参加早会习惯的人，才能在金融产品销售的路上走得更加稳健。通过参加早会，能够达到人在心就在、心在梦就在、梦在行动在、行动在收入在的目的。培训是对员工最大的福利，培训可以提高员工的能力。能力是资本，能力是财富。位置是临时的，能力是终生的，没有比提高员工能力更好的礼物，只有培训才是公司对营销员最好的关爱。金融产品营销就是学习加实践、实践再学习的过程。

### 3. 养成制定工作目标及订立工作计划的习惯

有工作目标，就有方向和动力。合理计划是达成目标的前提。营销人员的一日之计在于前一天晚上，按照每日的计划去拜访，做到心中有数。时间就是金钱，昨天就像一张作废的支票，我们对它已无能为力，而明天又像是一张借条不可信赖，唯一可以运用的现金就是宝贵的今天，请珍惜今天！这就需要我们做好每天的计划。计划就是预先安排，而且要合理安排，这才是达成目标的前提，请用百分之一的时间来计划一天的工作。

### 4. 养成填写工作日志的习惯

工作日志是对自己每天工作的记录。工作日志是对自己长期及短期目标的检视、督促，并按计划去工作，工作的过程就是一个按步骤完成计划的过程。工作日志是自我管理的工具，也是我们的学中宝，因此要好好经营与保管它，这样才会使我们财源滚滚。要及时列出100个准客户的名字，然后每天进行拜访，同时在其过程中要及时补充名单，这样才会细水长流，使客户源源不断。在金融产品营销行业做得越久越好的人，他的工作日志一定是很棒的。

### 5. 养成自我学习的习惯

第一，要学习金融产品的基础知识。这是打基本功的时候，也是取得客户信任的重要条件。

第二，要学习金融产品的边缘知识。这样能让自己的思维更加宽广，头脑更加灵活，同时能让客户更加信服。

第三，要学习金融产品的最新资讯。这可以帮助我们在客户面前有话题可讲，有内容可聊，增强对彼此的了解。

第四，要学习成功人士的社交。短期靠包装，长期靠内涵，要想成功就要先模仿成功人士的社交，看他们的着装，学他们的言谈，听他们的交流，尝试走进他们的生活圈。

好习惯有利于我们的学习、生活和工作，有利于我们更快迈向事业的巅峰！良好工作习惯的养成需要持之以恒，挑战自我，立场坚定。

### 例会四　积极的销售心态

在金融产品营销过程中，常常碰到各种各样的问题与困难，比如认为营销是一份求人的工作，在社会公众心目中的形象地位不高，还经常遭到客户的拒绝。要解决这些问题，除了学习并更好地掌握销售技巧与方法外，还需要改变心态。

#### （一）正确认识金融产品营销工作的积极意义

首先，金融产品营销是一个受国家政策及法律保护的、受社会尊重的、具有良好发展前景的行业。

其次，金融产品营销是一份帮人、助人的工作。比如人寿保险销售，对客户而言，就是在客户最需要钱的时候得到钱，比如孩子读书拿到教育费，生病住院拿到理赔款，退休以后拿到养老金……对销售业务员而言，人寿保险是一项奇妙的事业，它会改变两个人的一生：客户因投资保险而终身有靠；业务员因投身保险而彻底改变人生的目标。

#### （二）正确认识并对待客户的拒绝

拒绝的本质：

（1）拒绝是人的习惯性反射动作（一见钟情）。

（2）拒绝常常是推销的开始（客户开始抛出问题）。

（3）拒绝可以使交谈延续下去（嫌货人才是买货人）。

（4）拒绝可以了解客户的真正想法（爱你在心口难开）。

（5）拒绝也是一种能量，可转化为促成的能量。

准客户的拒绝意义：客户的拒绝其实也就是告诉你，"我还没买""我还不相信""我还不了解""麻烦你再来一次"。因此，营销员要及时调整客户心态，消除其疑虑，获得客户信任，最终促使其购买你所销售的金融产品。

微课7

积极销售心态的培养与训练

### 例会五　投资理财计划书的书写

#### （一）家庭（个人）理财规划设计原则

在拟定家庭（个人）理财规划时，一个很重要的原则是：所有的目标都必须具体、可行。这具体意味着：

（1）理财目标一定要明确、量化。

（2）对自己家庭（个人）的财务状况力求了解得全面准确，切忌好高骛远，不切实际，防止在理财过程中顾此失彼。

（3）家庭（个人）理财要将稀缺的货币资源用得其所，为家庭（个人）创造更大的效用和收益。

可行意味着努力可以达到。竭尽全力仍难以达到的目标，最好不要列入规划。其实任何人都不能也没有能力把所有的事、希望和理想全列入规划并实现它，家庭（个人）理财规划应充分权衡需要和可能的关系，不能纯粹为了钱而制定理财规划。

在制定家庭（个人）理财规划时，还应注意到，在人生的不同阶段，其财务需求是不同的，这便形成了极受世人关注的生命周期理财规划理论。

所谓生命周期，大致可分为如下几个重要阶段：

成长期，是指从出生到20岁左右，其重点是受教育和学习与就业相关的知识和技能，在财力方面主要依靠父母或其他来源。

耕耘期，开始工作，步入社会，这期间财务上主要是满足成家立业、教养子女的需要。

收成期，是指40岁至60岁，这期间收入渐增，地位渐高，子女慢慢长大成人，也是为退休做财务准备的阶段。

休养期，是指退出工作，安享晚年。处于这个阶段的老年家庭（个人），其财务问题主要是如何妥善运用手中的退休金和前期积蓄。因此，合理的家庭（个人）理财的全盘规划，必须将生命周期中的不同阶段凸显出来，以满足家庭（个人）不同生活阶段的具体需要和整体要求。

总结：

确定家庭（个人）的财务目标，制订财务计划，运用各种理财工具，达到不断积累并合理运用财富，从而实现这些目标的目的。

## （二）家庭（个人）理财规划设计要点

如果把理财比作旅行的话，需要确定以下几个要点：

（1）你现在在哪里，就是目前的家庭（个人）经济状况。

（2）要到哪里去，即将来的理财目标。

（3）如何到达目的地，即实现目标的手段和步骤。

只要遵循这三个要点，理财目标就近在咫尺了。

第一步，总结家庭（个人）财务现状。

在理财开始之前，先要了解家庭（个人）财务现状，这就相当于财富旅行的起点，如果没有健康的财务现状，一切美好的财务计划都无从谈起。家庭（个人）财务现状包括月度收支情况、资产保险等。

第二步，筹划未来目标。

要有足够的备用金。备用金主要是用来应对比如暂时的失业、突发的事故等意外的情况而引发的现金需求。

示例 6-1　　　　　　　　　家庭（个人）理财规划设计基本格式

第一部分　案例简介

第二部分　家庭基本情况

1.家庭基本资料

2.目前的家庭资产负债表

3.年度家庭收支表

第三部分　家庭财务诊断

1.资产负债情况诊断

2.收入情况诊断

3.其他财务诊断

第四部分　客户理财综合需求分析

1.客户的生涯状态分析

2.客户的风险评估分析

3.相关理财假设

4.客户理财目标的初步确立和资金供求分析

5.理财目标的调整和确立

第五部分　理财规划建议

1.财务安全规划

2.子女教育金规划

3.换房规划

4.退休规划

5.投资规划

6.外汇资产规划

第六部分　理财规划方案未来现金流评估

1.未来现金流评估

2.敏感度分析

第七部分　理财规划方案的执行

第八部分　风险揭示

第九部分　后续服务

**（三）营销标准计划书要素（以保险投保为例）**

**1.计划书标题**

根据本计划书的特点取一个祥和、吉利、富有创意而又贴切的计划书名称。

**2.投保前客户保障情况分析**

（1）客户现有保障情况（主要包括寿险的年金保障和身故保障、健康险保障、意外险保障四部分）分析。

（2）在允许的支付能力范围内，应获得的保障分析主要包括：

① 支付能力。保费（包括已有保障保费和应增加保障保费）占投保人家庭收入的10%~20%。

② 应有保障。一般保额为被保险人家庭收入的5倍左右。

保障差额=应有保障−现有保障

### 3. 投保方案

根据所需保障的差额进行产品的组合，并列明相应险种的名称和建议投保份数，见表6-2。

表6-2　　　　　　　　　　　　　　**产品组合**

| 险种 | | 与被保险人关系 | 保险需求 |
|---|---|---|---|
| 寿险 | 身故保障 | 配偶 | 养老保障、健康保障、老年护理保障 |
| | | 子女 | 教育培养、健康保障、就业前其他费用、成家 |
| | 年金 | 本人 | 养老（应考虑物价指数变动）、老年护理保障 |
| 健康险 | | 本人 | 重大疾病保障、住院医疗、住院补贴 |
| 意外险 | 残疾保障 | 本人 | 丧失工作能力的收入损失 |
| | 身故保障 | 同寿险 | 同寿险 |

### 4. 客户投保前后保障情况比较

比较分析客户在投保前后所得到的保障，见以下示例。

**示例 6-2**　　　　　　　　　　**全家福保障计划书**

李先生今年32岁，是某公司的外勤人员，月收入约15 000元；太太张女士今年30岁，在某企业打工；女儿今年4岁。家庭年收入约25万元。

（一）投保前保障情况分析

李先生：社会养老（基本养老保障）、医疗保障

李太太：无任何保障

女儿：无任何保障

（二）应获得的保障分析

1.年保费支付能力：25 000~50 000元

2.应获得保障：120万 ~ 150万元

（三）投保方案

李先生：长顺安全A（2份）+长泰安康B（5份）

李太太：长寿养老A（1份）+长健医疗A（10份）+附加住院补贴（1份）

女儿：少儿乐C（2份）+长顺安全B（1份）+附加婚嫁金（2份）

具体投保方案见表6-3。

表6-3　　　　　　　　　　　　　　　　　　　投保方案

| 被保险人 | 险种名称 | 年缴（元） | 缴费期限 | 主要保障 | 保险期间 |
|---|---|---|---|---|---|
| 李先生 | 长顺安全A | 5 500 | 20年 | 60周岁及以前意外伤害身故保障为50万元；61周岁至70周岁意外伤害身故保障为40万元；疾病身故返还所缴保险费 | 至70周岁 |
| | 长泰安康B | 6 500 | 20年 | 身故或全残保障为30万元（1年内为153 100元），重大疾病提前给付10万元 | 终身 |
| 李太太 | 长寿养老A | 4 500 | 20年 | 55周岁起每年领取5 000元至终身，并有10年固定领取；养老金领取前身故，返还所缴保险费 | 终身 |
| | 长健医疗A | 3 200 | 20年 | 12种重大疾病或重大手术保障30万元（180天内为1万元），身故保障10万元 | 至70周岁 |
| | 附加住院补贴 | 500 | — | 每天180元的住院医疗补贴，累计最高给付180天 | 1年 |
| 女儿 | 少儿乐C | 3 000 | 至17周岁 | 18周岁至21周岁，每年领取大学教育金10 000元，并享有意外伤害身故保障10万元、疾病身故保障50 000元 | 至21周岁 |
| | 长顺安全B | 200 | 20年 | 16周岁前享有意外伤害身故保障50 000元、意外伤害残疾保障20 000元/年；16周岁后享有意外伤害身故保障10 000元、意外伤害残疾保障50 000元/年；70周岁后享有交通意外伤害身故保障50 000元、交通意外伤害残疾保障50 000元/年；疾病身故返还保险费 | 终身 |
| | 太平洋太平盛世（附加婚嫁金） | 7 400 | 10年 | 被保险人生存至21周岁合同生效日的对应日，保险人按保险金额一次性给付婚嫁金10万，本合同终止 | 至21周岁 |

（四）保障前后比较

现有保障：

李先生：基本养老保障、医疗保障、意外身故保障、疾病身故保障、身故和全残保障、重大疾病提前给付保障。

李太太：养老保障、重大疾病保障、身故保障和住院医疗补贴保障。

女儿：教育金保障、意外身故保障和创业婚嫁金保障。

### 5. 训练

（1）少儿保障计划。一对在外企工作的年轻夫妇（陈先生29岁，陈太太25岁），他们的年合计收入是30万元，准备为自己出生刚满90天的宝宝投保"鸿运年年"险种。请你设计一份保险建议书。

（2）成人医疗保障计划。某私营企业主甄兴福，现年30岁，年收入20万元，无负债，此前未投过保，现对医疗保障计划有一定的兴趣，建议投保"如意安康"险种，请设计一份保险建议书。

### 例会六　抓住时机、及时促成

### （一）把握促成信号，及时促成

什么时候应该开口促成？促成是否也有所谓的时机？答案是肯定的。当客户心想"就买下吧"，这个时候就是促成的时机了。促成的时机在任何一个阶段都可能出现，无论是在接触阶段还是在销售面谈阶段。任何人在做出决定时，心理上一定会有所变化，也会反映在行为举止或语言上，只要寿险销售人员利用细致的观察去发现和把握，发现这种变化，就可以捕捉到促成的最佳时机。

#### 1. 客户举止的变化

表情是客户思考和对金融产品内在情感的外在表现。以下表情和举止的变化是促成的良机：客户沉默思考；翻阅资料，拿费率表；把电视声音调小；倒茶或拿食物给销售人员；对销售人员敬业精神加以赞赏；不时望着寿险销售人员；不时看着商品简介；翻来覆去地翻看商品简介或设计书；沉默不语；眼神不定，喃喃自语，若有所思；不时地叹息；皱着眉头，表现出困惑难以决定的表情。

#### 2. 客户提出问题

当客户主动提出问题时，也是促成的良机，必须及时把握。例如，客户询问价格；询问交费方式；询问投保内容；询问别人的购买情况；讨价还价；不断地问"没问题吧"，主要针对售后服务方面的事项；不停地自言自语"怎么办"，或与身边的人商量。以上这些都表示准客户对商品已有了兴趣，甚至产生购买的欲望。

总而言之，当客户的表情、态度与先前不同，或者是说话的口气改变时，均是进行促成的最佳时机。当促成的时机来临时，千万不要犹豫，立即进入促成阶段。因为机会稍纵即逝，一般客户想购买的情绪大多只维持30秒。所以，不论当时是正在进行商品说明还是做拒绝处理，一旦察觉出客户有意购买，可直接将话题一转带入促成阶段，例如"主要原因是……依您看，月缴300元，好不好？"像这样突然转变话题或许会令客户大吃一惊，不过要是判断正确，顺着客户的"买兴"，大多数情况下都可以顺利促成。

### （二）抓住促成时机，不断促成

抓住时机，是做好促成的要素。但促成方法得当，才是制胜的关键。众所周知，促成不可能一次就完成。就现代的营销手法而言，在商谈时只要客户露出"购买意愿"，不论当时是接近阶段还是拒绝处理阶段，可以立即中止，直接进入促成阶段。如果真能顺利签约当然是再好不过，万一被客户拒绝，就跳回拒绝处理阶段，这是目前一种较常用的手法，而这时的促成又称为"促成试探"。

以前营销的手法相当注重"按部就班"的功夫，将销售过程分为四个步骤，即接近、行销、拒绝处理、促成，前三个步骤没有完全处理完毕，不可以开口促成，也因此造成"促成试探"的学说普及化，同时广为流传一句话，"一次商谈中有三次促成的机会，要以促成试探来掌握住机会"。可是这种观念演变至今日，有了一定的变化，如今营销手法注重"速战速决"，只要一有机会便开口促成，就算试上数十次也无所谓，"促成"与"促成试探"之间不再那么泾渭分明。甚至于营销话术也染上极重要的促成色彩，有些销售人员战斗欲望特别强，经常在自我介绍完之后，立即采取促成攻势，"最近我们公司新推出一项子女教育年金保险，给予孩子很大的福利保障，帮你的小孩买一份吧！"答应购买的客户可说少之又少，不过，不买的客户一定会提出各种理由，例如"孩子还小，不需要买""没钱买""要跟朋友买"等，这种不按传统方式而是以促成试探法取代营销话术的最主要目的就在于引出客户拒绝的理由，从而了解客户的心态状况，以便部署下一步棋。

整个商谈过程可以说就是不断地促成试探、不断地做拒绝处理的过程，销售人员采取这种方式无非就是为了引出客户的反应，当所有拒绝的理由、困惑都一一解决之后，接下来就是签合约了。只有"了解病情才能对症下药"，所以随时都可以做促成试探，做的次数越多，效果越佳，成功的希望也越大。所以，促成试探的主要目的在于了解客户的反应，从而对症下药，不断促成。

### （三）促成过程中始终尊重客户选择

在促成时，销售人员的热情、魄力以及种种为达成签约目的而做的积极动作都是不可欠缺的。正如前项所述，对销售人员而言，促成应秉持着破釜沉舟的魄力去执行，因为客户是被动的，必须由销售人员主动地引导客户一步一步迈向促成的终点。

但是，有一点千万不要误解，不论销售人员如何引导，千万不要忘了"最后由客户来决定"。换言之，"请客户做最后的决定"是促成的铁则，能遵守这项规则才算是高明的销售人员。如果是在销售人员一味施以压力致使客户不得不签字的话，十个客户中就有十个人会认为"都是销售人员做的决定"。当销售人员离开后，搞不好越想越不对劲，始终无法释怀，最后甚至行使契约撤回，请求解约。因此，至少还要留一条路，让客户自行签名，留一点缓冲的时间让客户决定，才不会徒增事后麻烦。例如

"二择一"的情况，销售人员固然可以以相当的魄力提供两种选择，但绝不能自作主张代客户做最后选择。如果连最后一步棋也越俎代庖，"月缴好了！付款轻松得就像交水电费一样……"并一一代填保书上的各项事由，那么客户还有什么好做的？或许销售人员也懂得这个道理，只不过一到实际作业时，往往过于激动反而忘了，还暗暗着急"终于促成一件了，快一点把保书写好"。

　　总之，在销售的过程中，绝对不要忘了"客户才是主角"这一点，就算情势使然，销售人员也绝对不可以从头到尾一手包办主角的角色。

### 例会七　金融产品营销中客户类型的把握

#### （一）内向型

　　这类顾客生活比较封闭，对外界事物表现冷淡，和陌生人保持相当距离，对自己的小天地之中的变化异常敏感，在对待推销上他们的反应是不强烈的。说服此类顾客对推销员来说难度是相当大的。这类顾客对产品挑剔，对推销员的态度、言行、举止异常敏感，他们大多讨厌推销员过分热情，因为这与他们的性格格格不入。对于这类顾客，推销员给予他们的第一印象将直接影响着他们的购买决策。另外，对这类顾客要注意投其所好，这样容易谈得投机，否则会难以接近。

#### （二）随和型

　　这类顾客总体来看性格开朗，容易相处，内心防线较弱，对陌生人的戒备心理不如第一类顾客强。他们在面对推销员时容易被说服，不会令推销员难堪。这一类顾客表面上是不喜欢当面拒绝别人的，所以要耐心地和他们周旋，而这也并不会引起他们太多的反感。对于性格随和的顾客，推销员的幽默、风趣会起到意想不到的作用。如果他们赏识你，他们会主动帮助你推销。但这类顾客却有容易忘记自己承诺的缺点。

#### （三）刚强型

　　这类顾客性格坚毅，个性严肃、正直，尤其对待工作认真、严肃，决策谨慎，思维缜密。这类顾客也是推销员的难点所在，而你一旦征服了他们，他们会对你的销售额大有益处。总体说来，刚强型的顾客不喜欢推销员随意行动，因此在他们面前应遵守纪律，显示出严谨的工作作风，时间观念尤其要强。这类顾客初次见面时往往难以接近，如果在出访前获知某人是这一类型顾客最好经第三者介绍，这样会有利得多。

#### （四）神经质型

　　这类顾客对外界事物、人物反应异常敏感，且耿耿于怀；他们对自己所做的决策容易反悔；情绪不稳定，易激动。对待这类顾客一定要有耐心，不能急躁，同时要记住言语谨慎，一定要避免推销员之间或是推销员与其他顾客进行私下议论，这样极易引起神经质型顾客的反感。如果你能在推销过程中把握住对方的情绪变动，顺其自然，并且能在合适的时间提出自己的观点，那么成功就会属于你。

#### （五）虚荣型

　　这类顾客在与人交往时喜欢表现自己，突出自己，不喜欢听别人劝说，任性且嫉妒心较重。对待这类顾客要谈他熟悉并且感兴趣的话题，为他提供发表高见的机会，不要轻易反驳或打断其谈话。在整个推销过程中，推销员不能表现得太突出，不要给对方造成对他极力劝说的印象。如果在推销过程中你能使第三者开口附和你的顾客，那么他会在心情愉快的情况下做出令你满意的决策。记住不要轻易托出你的底盘。

### （六）好斗型

这类顾客好胜、顽固，同时对事物的判断比较专横，又喜欢将自己的想法强加于别人，征服欲强。他们有事必躬亲的习惯，尤其喜欢在细节上与人争个明白。对待这种顾客一定要做好心理准备，准备好被他步步紧逼，必要时丢点面子也许会使事情好办得多。但是你要记住"争论的胜利者往往是谈判的失败者"，万不可意气用事，贪图一时痛快。准备足够的数据资料、证明材料将会助你取得成功。再有就是要防止对方提出额外要求，不要给对方突破口。

### （七）顽固型

这类顾客多为老年顾客，是在消费上具有特别偏好的顾客。他们对新产品往往不乐意接受，不愿意轻易改变原有的消费模式与结构。对推销员的态度多半不友好。推销员不要试图在短时间内改变这类顾客，否则容易引起对方强烈的抵触情绪和逆反心理，还是让你手中的资料、数据来说服对方比较有把握些。对这类顾客应该先发制人，不要给他们表示拒绝的机会，因为对方一旦明确表态，再让他改变就有些难度了。

### （八）怀疑型

这类顾客对产品和推销员的人格都会提出质疑。面对怀疑型的顾客，推销员的自信心显得更为重要，一定不要受顾客的影响，一定要对产品充满信心。但不要企图以你的口才取胜，因为顾客对你的所言同样持怀疑态度，这时也许某些专业数据、专家评论会对你有帮助。切记不要轻易在价格上让步，因为你的让步也许会使对方对你的产品产生疑虑，从而使交易破裂，建立起顾客对你的信任至关重要，端庄严肃的外表与谨慎的态度会有助于成功。

### （九）沉默型

这类顾客在整个推销过程中表现消极，对推销冷淡。我们说顾客陷入沉默的原因是多方面的。推销员不善辞令会使整个局面僵持，这时推销员可以提出一些简单的问题刺激顾客的谈话欲。顾客对面前的产品缺乏专业知识并且兴趣不高，推销员此时一定要避免提出技术性问题来讨论，而应该就其功能进行解说，打破沉默；顾客由于考虑问题过多而陷入沉默，这时不妨给对方一定的时间去思考，然后提一些诱导性的问题试着让对方将疑虑讲出来，大家一起协商；顾客由于讨厌推销员而沉默，推销员这时最好反省一下自己，找出问题的根源，如能当时解决则迅速调整，如果问题不易解决则先退一步，以备再试。

以上是对顾客的总体分析，以及对待每类顾客的一些简单的原则和态度，在推销过程中还需要灵活对待。切记不可教条化，一位顾客也许是几类的综合，也许是介于两类之间，这时推销员的判断力与机智就要受到考验了。

# 实战记录

## 一、目标订立表

收入目标订立表可以帮助营销人员订立明确的目标，见表6-4。

表6-4　　　　　　　　　　　　　收入目标订立表　　　　　　　　　　　单位：元

| 支出项目 | 每月金额 | 年度合计 |
|---|---|---|
| 基本生活费（个人食、衣、行等一般基本生活开销及杂费） | ＿＿＿＿＿ | 每月金额×12=＿＿＿＿＿ |
| 学费支出（学杂费、各种考证考级费、培训费等） | | 每月金额×12=＿＿＿＿＿ |
| 休闲活动费（休闲、旅游、娱乐、交际、社团活动、通信、各项礼金等费用） | | 每月金额×12=＿＿＿＿＿ |
| 开销总计 | | |

除去上述开支，你每年希望能够拥有＿＿＿＿＿余钱。

上述两项之和就应该是你努力的目标（见表6-5）。

表6-5　　　　　　　　　　　　　努力目标

| 年度FYC目标值 | 每月FYC目标值 | 每周FYC目标值 |
|---|---|---|
| | | |

## 二、客户情况分析表

准主顾拜访顺序评分表，见表6-6。

表6-6　　　　　　　　　　准主顾拜访顺序评分表

A级：20分以上

B级：15~19分

C级：14分以下

| 名单来源 | | 来源代号 | | | | | | | | | | |
|---|---|---|---|---|---|---|---|---|---|---|---|---|
| A.亲戚关系　　B.以前职业关系<br>C.邻居关系　　D.学校关系<br>E.兵役关系　　F.消费关系<br>G.嗜好关系　　H.宗教关系<br>I.社交团体关系 J.保户的亲朋好友<br>K.其他 | | 评分标准 | | | | | | | | | | |
| 年龄 | 25岁以下 | 1 | | | | | | | | | | |
| | 26~34岁 | 3 | | | | | | | | | | |
| | 35~44岁 | 3 | | | | | | | | | | |
| | 45岁以上 | 2 | | | | | | | | | | |

续表

| 名单来源 | | 来源代号 | | | | | | | | | |
|---|---|---|---|---|---|---|---|---|---|---|---|
| 婚姻 | 单身 | 1 | | | | | | | | | |
| | 已婚（无子女） | 2 | | | | | | | | | |
| | 有子女 | 3 | | | | | | | | | |
| 年收入 | 1万元以下 | 1 | | | | | | | | | |
| | 1万~3万元 | 4 | | | | | | | | | |
| | 3万~10万元 | 5 | | | | | | | | | |
| | 10万~30万元 | 5 | | | | | | | | | |
| | 30万元以上 | 3 | | | | | | | | | |
| 职业 | 销售业务人员 | 3 | | | | | | | | | |
| | 一般行政人员 | 3 | | | | | | | | | |
| | 专业人士 | 3 | | | | | | | | | |
| | 作业员 | 3 | | | | | | | | | |
| | 负责人及管理人员 | 3 | | | | | | | | | |
| | 家庭主妇 | 2 | | | | | | | | | |
| | 从教人员 | 2 | | | | | | | | | |
| | 学生 | 1 | | | | | | | | | |
| | 退休人员 | 1 | | | | | | | | | |
| | 其他 | 1 | | | | | | | | | |
| 认识年限 | 5年以上 | 3 | | | | | | | | | |
| | 2~5年 | 2 | | | | | | | | | |
| | 2年以内 | 2 | | | | | | | | | |
| 交往程度 | 密友 | 3 | | | | | | | | | |
| | 普通朋友 | 2 | | | | | | | | | |
| | 点头之交 | 1 | | | | | | | | | |
| 接近的难度 | 相当容易 | 3 | | | | | | | | | |
| | 容易 | 2 | | | | | | | | | |
| | 困难 | 1 | | | | | | | | | |
| | 相当困难 | C | | | | | | | | | |
| 去年共见过几次面 | 5次以上 | 3 | | | | | | | | | |
| | 3~5次 | 2 | | | | | | | | | |
| | 1~2次 | 1 | | | | | | | | | |
| | 几乎没有 | 0 | | | | | | | | | |
| 推荐他人的能力 | 很好 | 3 | | | | | | | | | |
| | 好 | 2 | | | | | | | | | |
| | 还好 | 1 | | | | | | | | | |
| | 不好 | 0 | | | | | | | | | |
| 总分 | | | | | | | | | | | |
| 等级 | | | | | | | | | | | |

注：凡接近的难度为"相当困难"者，不论得分高低均列为C级。

## 三、工作日志填写——每日活动记录表

每日活动记录表模板一见表6-7。

表6-7　　　　　　　　　　　每日活动记录表模板一

| 姓名 | 性别 | 年龄 | 电话 | 地址 | 面谈问题及推荐产品 | 续访时间 |
|------|------|------|------|------|---------------------|----------|
| 老邱 | 男 | 30 | 88888888 | 庆春路88号 | 大学同学，保险第一访，未婚，年收入10万元，外贸公司部门经理，没有触过保险，向其讲解寿险功能和意义，对方觉得人是有生命价值的，并同意下次进一步了解保险计划书 | 下周六下午3：00，蓝山咖啡 |

每日活动记录表模板二见表6-8。

表6-8　　　　　　　　　　　每日活动记录表模板二

| 姓名 | 性别 | 年龄 | 电话 | 地址 | 面谈问题及推荐产品 | 续访时间 |
|------|------|------|------|------|---------------------|----------|
| 汪卫东 | 男 | 30 | 55555555 | 文一路88号 | 转介第一访<br>利达纺织有限公司财务科长，已婚，有一女儿，5岁，年收入15万元，妻子年收入10万元，听说过保险，觉得保险没用。汪先生虽然对保险的意义有点认可，但暂时还不想买，表示拒绝，经说明，同意下次了解计划书 | 下周三晚上7：00，蓝山咖啡 |

## 四、准客户资料卡

个人准客户或家庭资料卡，见表6-9。

表6-9　　　　　　　　　　　个人准客户或家庭资料卡

| 客户姓名 | | 性别 | | 付款方式 | |
|----------|--|------|--|----------|--|
| 学历 | | 年龄 | | 年均收入 | |
| 职业 | | 性格特征 | | | |
| 购买产品 | | 购买日期 | | | |
| 住址 | | | | | |
| 备注 | | | | | |

团体准客户资料卡见表6-10。

表6-10 团体准客户资料卡

| 团体名称 | | 营业地址 | |
|---|---|---|---|
| 团体性质 | | | |
| 联系电话 | | 经营规模 | |
| 主要决策人情况 | | | |
| 购买产品情况 | | | |
| 购买日期 | | | |
| 付款方式 | | | |
| 营业状况 | | | |
| 信用等级 | | | |
| 备注 | | | |

准客户级别与计划制订见表6-11。

表6-11 准客户级别与计划制订

| 级别 | 满足要求程度 | 计划访问次数 | 计划购买时间 | 计划推销数量 |
|---|---|---|---|---|
| A类 | 具备完整的购买条件 | 1周1~2次 | 当月购买 | |
| B类 | 具备购买潜力，具有访问价值 | 每隔1周1次 | 2~3个月内购买 | |
| C类 | 偶尔访问 | 每月1次 | 半年内购买 | |
| D类 | 具备长远的开发价值 | 顺路访问或电话访问 | 1~2年内购买 | |

# 视野拓展

## 一、国寿"第一团队"中国人寿温州分公司银海团队

　　全国寿险界，说起团队业绩魁首，有一个响当当的名字：温州的李江红。她从复旦毕业生到大学教师，又在1995年辞职成为温州第一个大学生保险业务员，作为国寿寿险在温州地区的第一代拓荒者，李江红曾接连斩获包括"全国保险系统劳动模范""国际龙奖（IDA）主管白金奖"等多项国内、国际行业荣誉，并入选"国寿名人堂"，获邀担任国寿寿险个险精英俱乐部荣誉会长。由李江红一手打造的国寿个险"第一团队"银海团队更创造了不俗的业绩，秉持着"永不服输，永争第一"的冠军精神，李江红多年来带领着这支传奇战队，为成千上万客户撑起了风险保障伞，为无数遭遇不幸的家庭重燃了希望之光。

### 以诚信待客户

　　回忆自己服务的第一位客户，李江红记忆犹新。她清晰地记得，在成交前，客户

问了李江红一句话："我买的保险都是长期交费的,如果过几个月、过几年你不做了,到那时候我找谁去啊?"李江红听后笃定地回答:"请放心,我会在中国人寿做一辈子。"这句话虽然音量不大,但却十分坚定有力。基于对李江红专业的认可和服务的信任,客户的顾虑也很快打消,随后签下了数张保单。自此,这句话便刻在了李江红的心里,并在接下来的数年里始终践行这一郑重承诺。

李江红是真的热爱保险工作。熟悉李江红的人,都戏称她为"朝七晚九"的工作狂人。从业27年来,李江红极少休假,她的手机永远保持24小时365天在线。无论是客户朋友还是团队伙伴,只要有需要,她总是第一时间出现。李江红对待工作一丝不苟,极其严格。她常对团队伙伴说,"我们的工作,就是帮助客户做好风险保障的最后一道防线,因此绝不容许有失误"。数年来,她坚持以身作则,并将专业、敬业、尽心竭力的优秀基因刻进了她所带领的银海团队。

### 以党建为引领

李江红出身于军人家庭,从小的耳濡目染让她深知无论是个人还是团队,当发展到一定阶段时,都必须建立更高的信仰,这样才能更好地服务客户,为事业赋能。因此,李江红积极引导团队学习党的艰苦奋斗、实事求是的精神,遇到困难不畏惧,敢于突破,勇于奉献。2007年11月,在李江红的不懈努力下,她终于如愿成为国寿寿险温州分公司发展的第一名营销员共产党员。从此,李江红的奋斗之路有了一盏指路明灯。

2010年,在李江红的带领下,银海团队成立了国寿寿险温州分公司首个营销队伍基层党支部,李江红担任党支部书记,并开创了一条具有"银海"特色的党建之路。李江红认为,在新时代,必须坚持党建引领并推陈出新,摸索出适合保险人的党建之路。为此,李江红组织筹备了一系列"银海特色党建活动",积极带领支部党员参与社会公益活动,这不仅增强了团队的凝聚力和战斗力,还进一步提升了银海团队的社会认同度。如今,党建引领已经成为银海团队发展的新引擎,源源不断地为团队进步注入动力。

### 以文化求发展

1998年初,李江红便开始在银海团队内部推行"家文化"。"家文化"的理念,最初源于李江红的一个设想。在李江红看来,家是最小的国,国是最大的家。家文化可以是一个国家的文化,也可以是一个企业的文化,一个团队的文化。因此,她想搭建一个"家平台",这个平台既可以帮助团队伙伴展业,又可以让团队有家的归属感,同时也能让客户感受到银海团队有温度感的服务。

为此,多年来,李江红在重视提升团队专业素质的同时,也在持续强化团队成员的身份认同感。在银海团队,同伴之间没有钩心斗角和嫉妒眼红,有的只是关心爱护和互帮互助。大家怀着相同的价值观和信仰,携手为共同的事业而奋斗。

近年来,随着数字经济的加速发展,以及5G、大数据、人工智能等"新基建"技术的奔涌而来,保险行业也迎来了新的挑战和机遇。李江红对此持乐观态度,大胆带领银海团队积极探索科技转型,摸索出了以数据服务产品、线上寿险营销的"银海模式"。通过与总部科技团队通力合作开发的保单体检功能，李江红所带领的营销团队可以为客户清晰展示各项保险责任，很大程度上解决了广大客户"买保险不懂保险"的难题。

保险，应是始于信任，终于责任。每一份保单都是一份承诺。李江红总是谦逊地说，她只是保险行业内最普通的一员，中国的保险行业之所以能够快速发展，正是因为有无数和她一样信守承诺、忠于责任的保险人在努力奋斗，践行承诺。可以说，李江红是中国现代保险业发展的缩影，更是中国保险未来发展的希望，她的品质和成功，激励着无数保险人在高质量发展道路上不畏险阻，拼搏奋进。

资料来源：智慧保.中国保险营销30年④李江红：培育"家文化"，践行终身服务承诺！［EB/OL］.［2023-01-26］. https://www.163.com/dy/article/HS1DECQN0519GOCK.html.经过改编。

## 二、"推销之神"原一平的故事

也许还有很多人不知道原一平是谁，但在日本寿险业，他却是一个声名显赫的人物。日本有近百万的寿险从业人员，其中很多人不知道全日本20家寿险公司总经理的姓名，却没有一个人不认识原一平。他的一生充满传奇，从一个被乡里公认为无可救药的小太保，最后成为日本保险业连续15年全国业绩第一的"推销之神"。最穷的时候，他连坐公交车的钱都没有，可是最后，他终于凭借自己的毅力，成就了自己的事业。

1904年，原一平出生于日本长野县。他家境富裕，父亲德高望重又热心公务，因此在村里担任若干要职，为村民排忧解难，深受敬重。

原一平是家中的老幺，从小长得矮矮胖胖的，很得父母的宠爱。可能是被宠坏的缘故，原一平从小就很顽皮，不爱读书，喜爱调皮捣蛋、捉弄别人，常常与村里的小孩吵架、斗殴。老师教育他，他竟然拿小刀刺伤了老师。父母对他实在无可奈何。

23岁那年，原一平离开家乡，到东京闯天下。他做的第一份工作就是做推销，但是碰上了一个骗子，骗子卷走保证金和会费就跑了。因此，原一平陷入了困境之中。

1930年3月27日，对于还一事无成的原一平是个不平凡的日子。27岁的原一平揣着自己的简历，走入了明治保险公司的招聘现场。一位刚从美国研习推销术归来的资深专家担任主考官。他瞟了一眼面前这个身高只有145厘米、体重50千克的"家伙"，抛出一句硬邦邦的话："你不能胜任。"

原一平惊呆了，好半天回过神来，结结巴巴地问："何……以见得？"

主考官轻蔑地说："老实对你说吧，推销保险非常困难，你根本不是干这个的料。"

原一平被激怒了，他头一抬："请问进入贵公司，究竟要达到什么样的标准？"

"每人每月10 000元。"

"每个人都能完成这个数字？"

"当然。"

原一平不服输的劲儿上来了，他一赌气：“既然这样，我也能做到 10 000 元。”

主考官轻蔑地瞪了原一平一眼，发出一阵冷笑。

原一平“斗胆”许下了每月推销 10 000 元的诺言，但并未得到主考官的青睐，勉强当了一名“见习推销员”。没有办公桌，没有薪水，还常被老推销员当“听差”使唤。在最初成为推销员的 7 个月里，他连一分钱的保险也没拉到，当然也就拿不到分文的薪水。为了省钱，他只好上班不坐电车，中午不吃饭，晚上睡在公园的长凳上。

然而，这一切都没有使原一平退却。他把应聘那天的屈辱当作一条鞭子，不断“抽打”自己，整日奔波，拼命工作。为了不使自己有丝毫的松懈，他经常对着镜子，大声对自己喊：“全世界独一无二的原一平，有超人的毅力和旺盛的斗志，所有的落魄都是暂时的，我一定要成功，我一定会成功！”他明白，此时的他已不再是单纯地推销保险，他是在推销自己。他要向世人证明：“我是干推销的料。”

他依旧精神抖擞，每天清晨 5 点起床从“家”徒步上班。一路上，他不断微笑着和擦肩而过的行人打招呼。有一位绅士经常看到他这副快乐的样子，很受感染，便邀请他共进早餐。尽管他饿得要死，但还是委婉地拒绝了。当得知他是保险公司的推销员时，绅士便说：“既然你不赏脸和我吃饭，我就投你的保好啦！”他终于签下了生命中的第一张保单。更令他惊喜的是，那位绅士是一家大酒店的老板，帮他介绍了不少业务。

从这一天开始，否极泰来，原一平的工作业绩开始直线上升。到年底统计，他在 9 个月内共实现了 16.8 万日元的业绩，远远超过了当时的许诺。公司同仁顿时对他刮目相看。这时的成功让原一平泪流满面，他对自己说：“原一平，你干得好，你这个不吃中午饭、不坐公交车、住公园的穷小子，干得好！”

温馨提示：世界上没有谁是天生干推销的料，但如果你选择了干销售，就一定要证明给世人看你是这块料！原一平乐观不服输的精神为他带来了好运，这也说明命运是青睐自立、自强、坚持理想的人的。

资料来源：佚名.“推销之神”原一平的故事（一）[EB/OL].[2020-05-23]. http://home.51.com/nvrenrushui777/diary/item/10046322.html.

### 三、人才画像：中保协发布高绩效保险营销员画像

2018 年的保险行业，有些热闹。先是微信钱包九宫格最后一格被保险填满，接着蚂蚁金服和信美相互联手推出了“相互保”重疾险，并且外资实力派虎视眈眈，坐等入市好时机。这些都足以说明保险行业的吸引力与日俱增。

但无论是“行业跨界”还是“对外联合”，市场对优秀的保险营销员的需求越来越旺盛。因此，中国保险行业协会（以下简称：中保协）发布了《高绩效保险营销员画像及成长路径研究》课题研究成果，对保险行业现有高绩效营销人员群体特征及能力进行深度分析，提取高绩效营销人员身上的优秀特质，并探索其成功路径，从选人、育人、用人的角度为各大保险企业发展提供数据支撑和管理思路。

## （一）优秀的保险营销员长什么样？

可能在大部分人的心中，优秀的保险营销员就长这样：

西装笔挺，朝气十足的小哥哥；

初入社会，积极上门推销；

舌灿莲花，说服你财险和寿险各来一套。

但是，中保协系统抽样了符合"中国保险行业协会精英联盟"会员条件的国内高绩效保险营销员，发现我们原来对优秀的印象有偏差。"中国保险行业协会精英联盟"会员申报标准见表6-12。

表6-12 精英联盟会员申报标准

| 标准 | 2017年度个人FYC（万元） | 个险长期寿险新单件数（含） | 2017年度月均保费继续率（不低于） |
|---|---|---|---|
| 普通会员 | 20 | 24 | 90% |
| 精英会员 | 60 | 36 | 90% |
| 顶级会员 | 120 | 48 | 90% |
| 终身会员 | •连续12年或累计15年荣获普通会员<br>•连续6年或累计8年荣获精英会员<br>•连续4年或累计6年荣获顶级会员 | | |

然而，真正的高绩效保险营销员的画像长这样：

### 1.不是小哥哥，而是小姐姐

高绩效的保险营销员68%为女性，而且超过五成年龄大于36岁，是名副其实的小姐姐，如图6-1所示。

➤高绩效保险营销员以女性居多　　➤超过五成的人年龄大于36岁

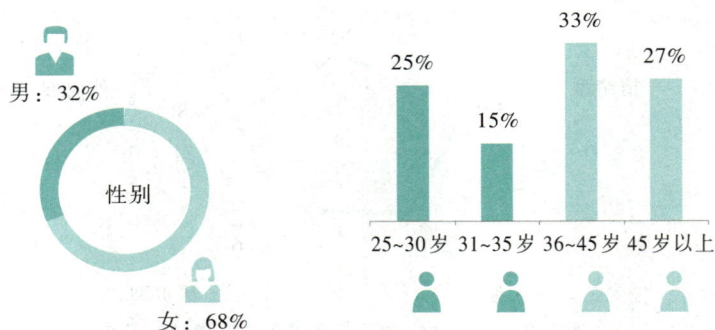

男：32%

性别

女：68%

33%

25%　　15%　　　　27%

25~30岁　31~35岁　36~45岁　45岁以上

图6-1 高绩效保险营销员性别及年龄统计

### 2.不是新手，有工作经验的"老鸟"更容易做出业绩

分析了这些高绩效保险营销员的工作资历之后，发现他们当中89%的人来自大公司，并且38.7%的人工作超过10年，如图6-2所示。

➤ 近九成来自大型保险公司

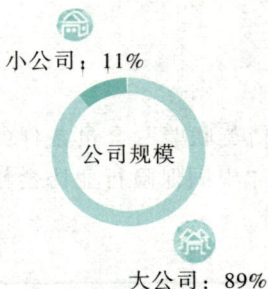

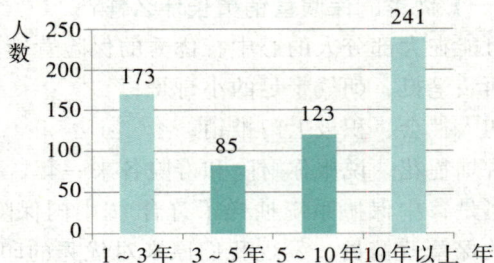

小公司：11%

公司规模

大公司：89%

| 1～3年 | 27.8% |
| 10年以上 | 38.7% |

**图6-2　高绩效保险营销员所在公司规模及工作年限统计**

所以，姜还是老的辣！

### 3.性格画像

为了更好地了解该人群的性格特质，中保协课题研究组对高绩效保险营销员进行了"Talent大五人格职业性格测试"（如图6-3所示），发现该群体：

有一定的目标感，在行动过程中会灵活调整方案和行动，达成结果时不拘泥原来的计划；

较为内向，在业务需要时会变得热情、亲和、积极沟通；

倾向于独立思考和采取行动，沟通中善于辩论和影响他人；

有较好的同理心，可以站在他人立场考虑问题，帮助他人时会考虑多方因素，关系建立前期对他人的信任有所保留；

有较高的风险意识与忧虑感，与他人交往较为敏感，外界的变化容易引发他们的焦虑和不安。

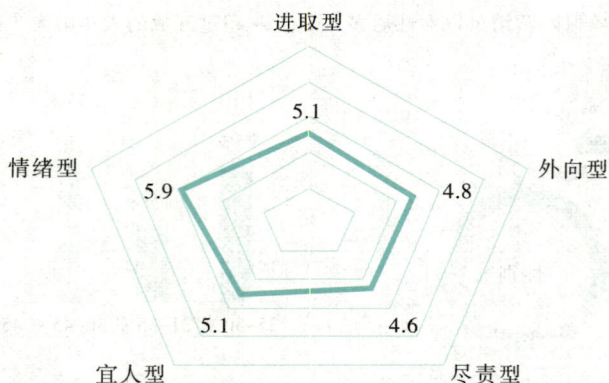

**图6-3　"Talent大五人格职业性格测试"结果**

而层层抽丝剥茧之后，我们发现，情绪型、进取型、宜人型这三类性格的人群从事保险营销具有天生优势。

### 4.能力分析

你以为最后能让你心甘情愿掏钱买单的保险营销员靠的都是好的口才吗？

不。相关分析发现，高绩效保险营销员得分相对较高的能力点有15项，位列前三的能力分别是"谈判能力"（5.8分）、"创新意识"（5.5分）、"聆听他人"（5.4分）。

所以，当你发现保险营销员没事就会找你唠唠嗑，隔三差五送你个加湿器、热水壶的时候，你就得注意了，因为人家正在发挥自己的聆听能力、创新意识、谈判能力，突破你！

### （二）哪里更容易找到这些天生的保险营销员？

#### 1.情绪型人才适合校园招聘或转介绍发展

情绪型的保险营销员年龄普遍偏小，从业时间较短，入行前的职位层级也相对较低，因此寻找该类型的保险营销员，可以通过校园招聘的方式，以及通过在已经购买保险的人群中转化那些对保险文化接受度较高的人。

#### 2.进取型人才适合在行业猎聘

从业时间长、职位层级高的中年人更渴望成功，因而进取心也更强，所以那些老板骂不走的中年人，可能会被挖走哦！

#### 3.亲和型人才适合社会招聘

处于企业中基层、有一定社会阅历的人更具亲和力，而当他们有跳槽打算的时候，第一时间就是去各大平台刷简历，所以社会招聘是最好、最快速找到他们的办法。

### （三）高绩效的保险营销员如何内部培养？

在培训建设方面，仅有40.19%的受调查公司认为其针对营销员的培训体系比较完善。因此，按照性格，对症建立完善的培训体系，是让每一位营销人都能增效最好的方式。

#### 1.从"填鸭教育"到"自发学习"

90后的营销员外向性较高，枯燥的填鸭式教育并不能满足他们的学习需求，而将传统的营销技能课程转变成形式丰富多样（视频、漫画、故事等）的线上课程，一来激发他们的学习热情，二来让学习地点不再受限，可以随时随地参与自主学习。

#### 2.从"端坐课堂听早会"到"大咖现身指导"

外向性和宜人性高、业绩又好的小姐姐，特别适合当培训讲师，也可以带徒弟，将自己的成功经验传授给新进营销员，现身说法，帮助他们快速成长。

#### 3.从"集中训练营"到"智力闯通关"

以往的集中训练营，对培训效果检验不到位，而智力闯通关的形式将原本枯燥的学习考核设计成像游戏一样充满趣味性和挑战力，让学员在比赛中展示自己、锻炼自己，大大提升学习效率。

资料来源：倍智人才研究院.人才画像：中保协发布高绩效保险营销员画像，HR提前了解一下？［EB/OL］.［2018-12-04］.http://www.ceconline.com/hr/ma/8800096475/01/.经改编.

## 四、朋友圈里的保险营销

2020年3月，新型冠状病毒引发的肺炎疫情已经持续了一个多月的时间，因不能面对面展业，800多万名保险营销员的业绩和收入双双下滑。在疫情考验之下，保险营销员有的暂缓了换房计划，有的趁着闲暇继续休假，有的忙着和老客户联系、寻找挖潜的机会，有的忙着转型线上拓客、学习知识、提高专业水平……

　　《证券日报》记者采访了不同险企的5名保险营销员，倾听他们的故事，以及他们讲述的保险营销员群体"众生相"。整体来看，从业时间较长的保险营销员面对短期的压力尚能自如应对，但对于800多万名保险营销员群体而言，个体的差异巨大，相同的愿望则是希望疫情早日散去，可以与客户面对面"聊聊闲天，说说保险"。

### 1.有的营销员暂缓生活升级计划

　　刘晨（按受访者意愿，文中保险营销员姓名均为化名）是某大型中资人身保险公司的保险营销员，从业已有12年，随着积累的客户越来越多，收入稳步增长。不过，2020年2月，她感受到浓浓的寒意："新增收入太少了，大家压力都挺大的，线上展业绩效要差一些，业绩明显下滑。"她2019年就计划今年春节后换房的计划不得不缓一缓。"短期收入下降影响不大，不过未来的不确定性让大家担忧，不能出去见客户，就很难成交保单。"

　　其实，刘晨所说的保单是指主要依赖线下销售的长保单，这种产品一般是长期险，保险期间长、保额大、保费高，所以消费者购买会更加慎重，一般也需要保险营销员专门约时间面谈，成交的可能性才大。

　　"面对面的交流很有必要，沟通会更投入，同时，客户能看见我本人、我的表情、我的肢体语言，双方沟通的时间会更长，生活化的内容和工作的内容交叉在一起，交流起来更容易，客户对保险营销员的感知也会更加具象。"某外资人身保险公司保险营销员晓莉对记者说。

　　值得注意的是，在疫情期间，部分保险产品的销售并未受到很大影响，如短期医疗险。这类产品一般保险期间短、保费低、保险责任单一且明晰，日常销售是线上线下同步推进。目前，保险营销员主推的产品也是这一类产品，但他们必须面对的问题是，这类产品本身保费低，营销员的佣金提成很少。

　　对于刘晨和晓莉这样的"老"保险营销员而言，短期收入受疫情影响尚可应对自如，毕竟还有续期佣金以及老客户的再开发作为支撑，但对于入职不久的"新"保险营销员而言，其面临的困难就大很多，续期佣金少、难以开发新客户，收入没有保障。

　　在采访中，还有保险营销员表达了另一层担忧：本身在互联网快速发展的环境下，保险公司的很多销售已经线上化，疫情环境更是有加速这一进程的趋势，对于保险公司而言，加速线上布局，是转危为机的一大重要途径，但对于保险营销员而言，恐怕挑战大于机遇。

　　事实上，今年五大上市险企的开门红数据也在一定程度上反映了保险营销员面临的难题。2020年1月份，5家上市人身保险公司原保险保费收入呈"两升两降一平"的格局，保费增速较高的险企主要是由于开门红启动时间早，受疫情影响小，其他的则有所下降。目前，2月份保费数据尚未发布，但业界普遍预计将大幅下滑，相应的，保险营销员的收入也会下降。

### 2.坚信长期需求和专业力量

尽管有不少困难，但多数保险营销员也看到了积极的一面，最让他们葆有信心的是，经过此次大疫，人们的保险意识空前提高，相信疫情之后，当营销员对人们谈保险的时候会得到更多的理解，目前暂时无法推进的工作也将逐步理顺。

"到那时，肯定会忙起来，跑起来，收入也会涨上来。"一家中型中资人身保险公司保险营销员陈霖表示，她说虽然近期没有签单长期保单，但当自己致电客户时对方倾听的意愿更强，只是做决定尚需时日，或者需要线下见面再次沟通助一把力。

无论是保险营销员的直观感受，还是业内分析人士的预判，未来，我国保险需求都将大幅提升，尤其是健康险产品，其发展前景被广泛看好。同时，随着我国对外开放力度的进一步加大，近两年外资险企布局中国力度空前，也说明其对中国保险市场前景的看好。

另一名营销员俞桐则对记者强调，要相信专业的力量，目前无法线下展业，不过放慢节奏也是难得的时光，可以静下心来思考发展的路子，学习知识，提升专业度，不仅要会卖保险，而且要会理财和保障方案的设计，提升服务水平，甚至可以成为客户重要的朋友。

记者约访俞桐时，他尚在国外度假，正要参加一个电话会议。后来，他告诉记者："昨晚，刚刚通过电话及微信和两个客户成功签单。"俞桐表示，虽然身在国外，但借助发达的通信工具，参加会议、部署工作、销售保险，都不会耽误，不过，他也坦承，线上销售仍然以简单产品为主，复杂长期产品的销售还是得依靠线下沟通。

俞桐表示，近期虽然没有拜访客户，但是通过微信群已经组织了3次线上产品说明会，通过新型的展业方式，也收获了不错的效果。"其实，客户和我们都在逐渐改变，大家都在适应，随机应变是我们最重要的能力之一。"

值得一提的是，采访完之后，记者也收到了3位保险营销员发来的保险保障方案，还有一位营销员给记者发来微信消息："我们公司的产品性价比很高，有机会见面为您介绍。等疫情过去，春暖花开，我约您一起喝杯茶。"

资料来源：冷翠华.朋友圈里的保险营销：聊天后3个营销员发来保险方案［EB/OL］.［2020-03-03］.https：//baijiahao.baidu.com/s？id=1660164180090538481&wfr=spider&for=pc.经改编。

## 五、保险销售冠军的沟通逻辑，轻松让保费破万，客户还觉得她最专业

有位保险销售员朋友给我留言，一口气发了好多条消息。他说自己去拜访一位客户，在他家里发现了好多家保险销售员的计划书，客户告诉他已经有好多业务员来过了，虽然接见了多位保险销售员，但客户到现在还没拿定主意。

于是这位朋友瞬间就感觉到了压力，觉得这个客户将会很难搞。果不其然，客户要他也做计划书，而且要和其他保险公司的产品做对比。

我相信很多伙伴都遇到过这种情况：客户被好多保险销售员追着，因此客户很膨胀，你们几个做个比试吧，我看谁的产品或服务最好，我就从谁手里买。

这种要求看起来很合理，但容易陷入产品对比的怪圈。对于消费者来说，买保险其实不是在追求极致的性价比，而是一个挑人的过程。

就像很多保险销售员推荐产品，不见得是市场上最具性价比、最便宜的，但他的设计和规划，往往能让客户感到安心和满足。这就够了。所以看起来客户要求的是产品的对比，其实还是个人沟通能力以及保障设计逻辑的较量。

有位女性客户，40岁出头，在某公司担任高管职务。想买保险，自己却不太懂。已经有6家保险公司的代理人去追踪，都无功而返。

某位保险销售冠军，送保单的时候要求老客户转介绍。老客户就把这位女士介绍给了她。电话寒暄一番之后，两人敲定了见面的时间。

初次拜访，客户拿出其他多家代理人制作的计划书说，你先帮我看看这些计划书怎么样？这位保险销售冠军大概看了一眼说，这个问题我稍后再向您解答。在这之前，我想与您沟通一下。

她问客户：您为什么要配置保险？

客户回答说，担心先生的健康。

这位销售员用手指着计划书说：这几份计划书只有10万元额度，请问这10万元能帮助您解决什么问题？

客户：万一健康有问题，这10万元不就用上了吗？

销售员接着说：您已经有了很好的风险意识。您想的是，万一先生发生突发事件，会有10万元来应对紧急情况，对吧？

销售员顿了顿：咱们先讨论风险问题，您觉得风险是会发生还是不会发生？

客户：这不一定啊，也有可能发生，也有可能不发生。

销售员：您说得非常对，风险是否会发生只是个概率问题。买保险，风险不一定会发生，不买保险，风险也不一定会发生。但是只要风险发生了，就会有两个问题产生：一是突发的大额支出，比如治疗费用；二是会造成收入的锐减，甚至中断。您觉得我说的对吗？

如果只想解决看病、支付医疗费这个问题，其实特别简单。40岁的话，300元到400元就能解决，1年可以提供50元到300万元报销额度的保险特别多。

但最容易被人忽略的是第二个问题，因病造成的收入损失问题要如何解决？请问您先生一年的收入是多少？

客户说：10万元。

销售员：每年收入10万元，工作到60岁就是20年，累计是200万元。您之所以要买健康险，是不是担心健康问题发生会措手不及？你知道健康问题什么时候发生吗？

客户：这个谁也不知道啊。

销售员：还有一个问题，当意外发生后，是1年、2年、5年还是10年不能上班，这个也是不一定的，也许真的就不能上班了。

最大的问题就在这里了，如果今年健康发生问题，那您先生收入损失就是200万元，如果明年健康发生问题，损失就是190万元，后年发生是180万元。所以重大疾病的问题跟看病没有关系。如果要看病，一年三四百块钱的保险就能解决，但是它无法解决您想要的收入损失。请问，这200万元您是想要还是不想要？

客户：当然想要了。

销售员：您现在做的计划是10万元。假设您担心的事情发生了，保险公司是不是一定会给到您10万元的赔付。

客户：肯定会理赔给我10万元啊。

销售员：请问，理赔给您的这10万元，会给到哪里？

客户：会给到医院啊。

销售员提高了声音：所以说，我觉得您的这个计划是有问题的。

您以先生的健康为代价换回了10万元，然后就直接给医院了。还有这190万元的收入损失找谁要呢？找老板还是代理人？这190万元您还想不想要？

客户：肯定要啊。

销售员：这就很清楚了，您的整个方案要跟您希望获得的收入补偿有关。您是想要5年、10年还是20年的收入补偿，您自己来定，我只负责跟您讲这个道理。

我要给您设计方案的话，一定是重疾附加医疗的组合。突发的治疗费用，保险公司能帮您解决到300万元左右。另外还有50万元或100万元作为收入损失补偿给您。保险的真正作用是，当风险发生的时候，您的财富不是减少而是增加。

您刚才要我看计划书，知道我为什么不看吗？如果您不懂保险产品的好坏，看计划书是没有意义的。其实评判一个重疾险产品的好坏，主要看3个字"低、高、宽"：保费低、保额高、保障责任宽。

重疾产品其实都大同小异，因为所有保险公司都是由中国银保监会监管，各家公司的重疾产品都有统一的标准。重疾险中，前25种疾病描述得一模一样，再往后保险公司才会根据重疾设计的原则，在病种等方面做出细微的差别。

打比方，保险就像黄金饰品，许多公司都在做，做出来的只是设计样式不同，但无论怎么做，都是一个东西，那都是0.9999的黄金。黄金的好坏是由0.9999来评判的，不是由花型来决定。

咱们再一起看看这几份计划书，好不好您一看就明白了。按照我刚才讲的"低、高、宽"的原则，您觉得哪个保障计划最适合呢？

销售员讲完之后，客户瞬间就有了醍醐灌顶的感觉：哦，原来重疾险是这么规划的啊！你是我见过最专业的业务员了。听你讲完，真是受教颇多。这样吧，你给我设计个方案，就按你的来。

最后客户为先生买了50万元额度，年交保费20 000元。因为对这位销售员特别认同，后来客户又转介绍了几位朋友给她，累计为这位销售员带来18万元保费。

资料来源：保险狼. 保险销售冠军的沟通逻辑，轻松让保费破万，客户还觉得她最专业 ［EB/OL］. ［2020-05-01］. https://new.qq.com/omn/20200501/20200501A0GRVJ00.经改编。

# 项目三 金融产品营销成果总结

# 任务七
# 金融产品营销报告撰写

**学习目标**

知识目标：掌握金融产品营销报告撰写要领。

技能目标：能根据实地销售经历撰写金融产品营销报告。

## 知识要点

营销总结报告是指企业、部门或者个人对其一定时期内进行过的营销活动所做的回顾，在回顾的基础上加以检查、分析、评估，找出成绩、经验，明确问题、教训，揭示出规律性认识的书面材料。

营销总结报告的形式可分为两种：综合式营销总结报告和专题式营销总结报告。综合式营销总结报告应比较全面地涉及本单位或本部门营销工作各方面的情况，同时又能突出重点。其内容包括营销基本情况概述、成绩经验、问题教训、今后措施等。专题式营销总结是对营销工作中的某项特定工作或某个专门问题进行单项深入总结。这种总结内容单一集中，针对性强。

### 一、综合式营销总结报告的基本格式

#### 1.标题

标题由总结的单位、时限、内容和文种四项组成。

#### 2.正文

正文有两种写法：

一种写法是将正文分为基本情况概述、成绩经验介绍、存在的问题、努力的方向四个部分来依次写作。

（1）基本情况概述：要求概括地简要介绍实践活动的背景，利弊条件，取得的成绩及对其进行评价。

（2）成绩经验介绍：主要先写出实践活动的结果，包括完成的任务、达到的指标、获得的效果、采取的做法；再针对获得的成绩、效果、采取的做法去写认识和体会，即要总结出规律性的认识来，应具体、详细地写。

微课8

金融产品营销
总结报告撰写

（3）存在的问题：一般来说不必展开写，也不必详细写，只需找出切实存在的问题做出交代说明即可。

（4）努力的方向：用简短的文字说明今后的打算和态度即可，不必详细写。

另一种写法是首先安排一个基本情况介绍部分，然后分阶段写作。在写每一个阶段时，不要写出成绩、做法、经验、尚存在的问题、努力的方向等，一般可将某些项目独立出来，作为一部分或几部分写在各阶段之后。

## 二、专题式营销总结报告的写作结构

### 1. 标题

标题一般有三种写法：一是标题中标明"专题总结"字样；二是没有"专题总结"字样，典型的经验总结多采用这样的标题；三是用分行标题，正标题下再加一个副标题，说明是关于某项内容的专题总结。

### 2. 正文

正文多以突出的成绩、典型的经验、倾向性的问题、不同常规的做法、新体会、新认识为写作内容重点，不做面面俱到的写作，而是针对客观存在的问题和人们关心的热点、正待解答的问题，以所实践的事实做出回答。

## 三、个人营销总结报告的撰写方法

个人营销总结报告相对于公司（部门）总结报告而言，基本格式大致相同，但内容方面要简单许多。一般而言，主要反映以下几方面的内容：

（1）个人营销工作状况总结。

（2）取得的主要成绩。

（3）存在的主要问题及其分析。

（4）改进措施及今后努力的主要方向（未来目标）。

## 四、总结报告撰写的原则

### 1. 总结报告的内容只能写过去

对已经做过的工作，全面系统回顾、检查、分析、研究、归纳和提炼，将大量的感性材料转换成条理化、系统化、科学化的材料。

### 2. 以"我"为中心

因为总结是自我剖析、认识、肯定、表扬、批评和进步，所以做总结报告以"我"或"我们"为中心。

### 3. 切忌流水账

总结工作不是目的，而是在于吸取经验教训，为了今后的工作找准问题明确方向，所以不能以流水账形式来写总结。写作体裁应该是议论文，对事情本质做分析，把感性认识上升到理性认识，从中找出事物发展的基本规律。

# 案例分析

## CCBA银行年度营销工作总结
### 第一部分　2022年整体经营情况

### 一、存贷规模进一步扩大，资产质量保持稳定态势

截至2022年底，本行资产规模达到7.24亿元，同比增加8 000万元，增长15.22%；负债6.34亿元，同比增加4 600万元，增长18.16%；所有者权益0.9亿元，同比增加800万元，增长8.73%。各项存款余额5.92亿元，同比增加7.3万元，增长18.19%，其中活期存款余额同比增加11.57%，定期存款余额同比增加11.62%，存款稳定性增强，结构更趋合理；各项贷款余额增加1.2亿元，增长74.9%。（略）

### 二、业务结构得到优化，服务功能日趋完善

截至2022年末，储蓄客户42 901户，对公客户5 930户，同比分别增加2 085户和1 082户。"三农"和小微企业贷款余额2.46亿元，同比提高67.58%。实现中间业务收入3 570万元，与去年同期相比，中间业务占营业收入的比率提高接近一个百分点。（略）

### 三、经营成本逐步下降，综合盈利稳步增长

2022年，实现营业收入7 320万元，同比增长79.61%；实现净利润4 321万元；资本利润率为6.86%，同比提高12.33%。同时，得益于对资金成本和管理成本的有效控制，成本费用水平呈持续下降趋势，成本费用率为62.63%，同比降低32个百分点；成本费用利润率为99.29%，远超仅为30%左右的同业平均水平。2022年末资本净额为6.21亿元，同比增加4 200万元，增长10.02%，实现资本的保值增值，2022年末资本充足率达到61.27%，核心资本充足率为60.23%。（略）

### 四、强化各项管理制度，有效控制信用风险

截至2022年底，贷款拨备覆盖率大于150%，拨备充足率达到115%，均高于监管要求。（略）

### 第二部分　2023年的发展规划

### 一、2023年工作思路及发展目标

（一）总体工作思路（简单明了的战略概述及目标）

略

（二）发展目标

1.业务发展

2023年计划各项存款净增长1.2亿元，同比增长40.82%；增加各项贷款投放量1亿元，同比增长37.04%，年底贷款余额达到7.21亿元，其中"三农"和小微企业贷款达到两个"不低于"的要求。提高中间业务的比重，开发中间业务产品，拓宽收入渠道，争取中间业务收入有较大幅度的增长。（略）

### 2.财务收支

2023年实现财务总收入 9 000 万元，经营利润 7 000 万元，净利润 6 000 万元，同比分别增长 25.46％ 和 47.49％，资产费用率增速低于资产利润率，财务收入增长率高于财务支出增长率。（略）

### 3.资产质量

继续做好风险控制管理工作，不良贷款余额控制在 1 000 万元以下；单户贷款集中度控制在10％以下；贷款拨备覆盖率和贷款拨备率分别保持在150％、100％以上；资本充足率和核心资本充足率继续控制在符合监管要求的合理范围内；在保证流动性的前提下降低头寸占用、提高存贷比，避免资金闲置浪费。（略）

## 二、2023年工作重点（略）

# 实践训练

## 一、实训内容

撰写小组所选金融产品营销报告。要求：

1.动笔写作前，要求先对实际营销过程，以及营销中的经验、教训等进行回顾、总结。

2.营销报告撰写思考：怎么写好这份报告。

3.撰写个人营销工作总结。

4.在个人营销工作总结的基础上，小组内相互讨论、交流，进一步完善总结，同时撰写小组总结报告，准备好小组总结交流发言稿及PPT。

## 二、实训目标

通过实践活动，使学生学会撰写金融产品营销报告。

## 三、实训考核

根据小组成员参与情况、小组提供的营销报告质量给予评分。

# 任务八
# 金融产品营销成果交流

## 学习目标

知识目标：掌握演讲、调动现场气氛的要领。

技能目标：1.训练学生对营销活动进行总结、分析的能力。
  2.锻炼学生讲演及表达的能力、现场气氛调动的能力和感染力。
  3.培养学生通过经验交流，学习、借鉴他人成功经验的能力。

## 知识要点

### 一、演讲技巧

演讲是一门语言艺术，它的主要形式是"讲"，即运用有声语言并追求言辞的表现力和声音的感染力，还要辅之以"演"，即运用面部表情、手势动作、身体姿态乃至一切可以理解的态势语言，使讲话"艺术化"起来，从而产生一种特殊的艺术魅力。

微课9

演讲技巧

演讲表达的主要特点是"讲"，对演讲者来说，写好了演讲词，不一定就讲得好，正如作曲家不一定是演唱家一样。有文采、善于写出好演讲词的人，不一定有口才，不一定能讲得娓娓动听。真正的演讲家，既要善写，还要会讲，既要有文采，又要有口才。从某种意义上说，口才比文采更为重要。如果演讲者讲话哼哼哈哈，拖泥带水，"这个""那个"的一大串，那么，即使有超凡脱俗的智慧，有深刻广博的思想内容，也无济于事。

"冰冻三尺，非一日之寒。"想要成就一次精彩的演讲，一方面要注重平日里的锻炼和学习，另一方面也要掌握一定的演讲技巧。

#### （一）演讲时的姿势

演讲时的姿势也会带给听众某种印象，例如堂堂正正的印象或者畏畏缩缩的印象。虽然个人的性格与平日的习惯对此影响颇大，不过一般而言仍有方便演讲的姿势，即"轻松的姿势"。要让身体放松，也就是不要过度紧张。过度的紧张不但会表现出笨拙僵硬的姿势，而且对于舌头的动作会造成不良的影响。

诀窍之一是张开双脚与肩同宽，挺稳整个身躯；另一个诀窍是想办法扩散并减轻施加在身体上的紧张情绪，例如将一只手稍微插入口袋中，或者手触桌边，或者手握麦克风等。

### （二）演讲时的视线

在大众面前说话，亦即表示必须忍受众目睽睽的注视。当然，并非每位听众都会对你报以善意的眼光。尽管如此，你还是不可以漠视听众的眼光、避开听众的视线来说话。尤其当你走到麦克风旁边站立在大众面前的那一瞬间，来自听众的视线有时甚至会让你觉得刺痛。克服这股视线压力的秘诀，就是一面进行演讲，一面从听众当中找寻对于自己报以善意和温柔眼光的人，并且无视于那些冷淡的眼光。此外，把自己的视线投向强烈"点头"以示首肯的人，对巩固信心来进行演讲也有效果。

### （三）演讲时的脸部表情

演讲时的脸部表情无论好坏都会带给听众极其深刻的印象。紧张、疲劳、喜悦、焦虑等情绪无不清楚地表露在脸上，这是很难借由本人的意志来加以控制的。演讲的内容即使再精彩，如果表情总觉得缺乏自信，老是畏畏缩缩，演讲也很难有说服力。

控制脸部的方法，首先是"不可垂头"，一旦"垂头"就会给人"丧气"之感，而且若视线不能与听众接触，就难以吸引听众的注意。另一个方法是"缓慢说话"，说话速度一旦缓慢，情绪即可稳定，脸部表情也得以放松，全身上下随之泰然自若起来。

### （四）演讲时的服饰和发型

服装也会带给观众各种印象。尤其是东方男性总是喜欢穿着灰色或者蓝色的服装，难免给人过于刻板无趣的印象。轻松的场合不妨穿着稍微花哨一点的服装来参加。不过如果是正式的场合，一般来说仍以深色西服、男士无尾晚宴服以及燕尾服为宜。此外，发型也可塑造出各种形象来。长发和光头各自蕴含其强烈的形象，而鬓角的长短也被认为是个人喜好的表征。站出来演讲之际，你的服装究竟带给对方何种印象，希望各位好好地思量一番。

### （五）演讲的声音和腔调

演讲的语言从口语表述角度看，必须做到发音正确、清晰、优美，词句流利、准确、易懂，语调贴切、自然、动情。

#### 1. 发音正确、清晰、优美

演讲对以声音为主要手段的语音的要求很高，既要能准确地表达出丰富多彩的思想感情，又要悦耳爽心，清脆优美。为此，演讲者必须认真对语音进行研究，努力使自己的声音达到最佳状态。

一般来说，最佳语言是：

（1）准确、清晰，即吐字正确、清楚，语气得当，节奏自然；

（2）清亮、圆润，即声音洪亮清越，铿锵有力，悦耳动听；

（3）富于变化，即区分轻重缓急，随感情变化而变化；

（4）有传达力和倾透力，即声音有一定的响度和力度，使在场听众都能听清楚、听明白。

演讲语言常见的毛病有：声音痉挛颤抖，飘忽不定；大声喊叫，音量过高；音节含糊，夹杂明显的气息声；声音忽高忽低，音响失度；朗诵腔调，生硬呆板等。所有这些都会影响听众对演讲内容的理解。

### 2. 词句流利、准确、易懂

听众通过演讲活动接受信息主要通过听觉。演讲者借助口语发出的信息，听众要立即理解。口语与书面语之间有较明显的差距。有人说，书面语最后被理解，而口语则需立即被听懂。与书面语相比，口语具有以下特点：

（1）句式短小。演讲不宜使用过长的句子。

（2）通俗易懂。要使用常用词语和一些较流行的口头词语，使语言富有生机和活力。

（3）不过多地做某些精确的列举，特别是过大的数字，常用约数。

（4）较多地使用那些表明个人倾向的词语，诸如"显而易见""依我看来"等，并且常常运用"但是""除了"等连接词，使讲话显得活泼、生动、有气势。当然，讲究表意朴实的口语化，绝不能像平常随便讲话那样任意增减音节，拖泥带水，这样会损害口语的健康美，破坏语言的完整性。

### 3. 语调贴切、自然、动情

语调是口语表达的重要手段，它能很好地辅助语言表情达意。同样一句话，由于语调轻重、高低长短、急缓等的不同变化，在不同的语境里可以表达出不同的思想感情。一般来讲，表达坚定、果敢、豪迈、愤怒的思想感情，语气急骤，声音较重；表达幸福、温暖、体贴、欣慰的思想感情，语气舒缓，声音较轻；表达优雅、庄重、满足的思想感情，语调前后弱、中间强。只有这样，才能绘声绘色，传情达意。

语调的选择和运用，必须契合思想内容，符合语言环境，考虑现场效果。语调贴切、自然正是演讲者思想感情在语言上的自然流露。所以，演讲者恰当地运用语调，事先必须准确地掌握演讲内容和感情。

### （六）说话的速度

说话的速度也是演讲的要素。为了营造良好的气氛，说话稍微慢点很重要。标准大致为5分钟3张左右的A4原稿。不过，此处要注意的是，倘若从头至尾一直以相同的速度来进行，有可能使听众昏昏欲睡。

## 二、演讲注意事项

### 1. 做好演讲的准备

这包括了解听众，熟悉主题和内容，搜集素材和资料，准备演讲稿，做适当的演练等。

### 2.选择优秀的演讲者

选择优秀的演讲者包括以下条件：①足够的权威性；②演讲者具有较强的语言能力和技巧；③演讲者的热情；④演讲者的理智与智慧；⑤演讲者的仪表状态。

### 3.运用演讲艺术

这包括开场白的艺术、结尾的艺术、立论的艺术、举例的艺术、反驳的艺术、幽默的艺术、鼓动的艺术、语言的艺术、表情动作的艺术等。通过运用各种演讲艺术，使演讲具备两种力量：逻辑的力量和艺术的力量。

### 4.善用空间

所谓空间，是指进行演说的场所范围、演讲者所在之处以及与听众之间的距离等。演讲者所在之处以位居听众注意力容易汇集的地方最为理想。例如，开会的时候，主席多半位居会议桌的上方，因为该处正是最容易汇集出席者注意力的地方。反之，如果主席位居会议桌的正中央，则会议的进行情况会变得如何呢？恐怕会使出席者注意力散漫了，且有会议冗长不休的感觉。因此，让自己位居听众注意力容易汇集之处，不但能够提升听众对于演讲的关注度，甚至具有增强演说者信赖度、权威感的效果。

# 实践训练

## 一、实训内容

### 1.营销实践总结

（1）学生在个人营销工作总结的基础上对其营销活动进行剖析。

（2）在个人总结的基础上，小组讨论、交流、撰写小组营销总结，推举小组发言代表、发言稿及PPT。

（3）以小组为单位，对各自推举的小组发言人进行讲演训练，以充分展示出该小组的成绩、实力与风采。

### 2.经验交流

（1）各小组代表发言、讲演，展示各小组营销成绩与经验，剖析各自营销中存在的问题与教训。

（2）各小组发言完毕后，在教师的组织、引导下，学生在相互学习的基础上，对其他各小组的营销工作进行剖析、对比。

### 3.营销精英评选及表彰

（1）在教师的组织、引导下，教师、学生共同评选出营销优秀个人与优秀团队。

（2）优秀个人与团队表彰。

（3）教师在学生总结交流的基础上，对正反两方面具有典型意义的学生实际营销案例总结进行分析、点评，帮助学生提升认识、提高水平，更好地掌握总结交流的方法和技巧，同时对课程教学进行总结。

## 二、实训目标

通过实践活动，使学生具备对营销活动进行总结、分析的能力，锻炼学生的讲演及表达能力。

## 三、实训考核

根据小组成员的参与情况、小组演讲情况给予评分。

# 任务九

# 金融产品营销职业道德规范

## 学习目标

知识目标：1.了解金融行业职业道德范围的概念。
2.理解金融行业职业道德范围的内涵。
3.理解金融营销人员在职业准备阶段应遵循的职业道德。
4.理解金融营销人员在展业过程中应遵循的职业道德。
5.理解金融营销人员在售后服务阶段应遵循的职业道德。

技能目标：1.能讲述金融营销人员的职业道德。
2.能够在金融产品营销准备阶段遵循职业道德。
3.能够在金融产品展业过程中遵循职业道德。
4.能够在金融产品售后环节遵循职业道德。

## 知识要点

### 一、金融行业职业道德规范的概念及内涵

职业道德，是指从事一定职业的人们在劳动和工作中应遵循的行为规范，是对各种从业人员规定的、起自我约束作用的行为准则。金融行业职业道德是金融从业人员应当遵循的行为规范和行为准则。应该看到，金融行业职业道德属于社会道德范畴，它不是国家行政强制制定和强制执行的。其主要依靠金融行业从业人员的信念、习惯及行业的文化传统来自觉遵守，当然，也靠社会的舆论力量和职业教育来维持。因此，从一定意义上来说，职业道德的约束作用，比法律、纪律等手段更为有效且持续。

金融是现代经济的核心。党的二十大报告提出，"加强和完善现代金融监管，强化金融稳定保障体系，依法将各类金融活动全部纳入监管，守住不发生系统性风险底线"。金融业是特殊的服务行业，社会影响大，客观上要求金融从业人员严守监督规则，具有良好的职业道德。在金融行业快速发展的当下，我们认为，金融行业职业道德的基本范畴包括爱岗敬业，遵纪守法，诚实守信，业务优良，服务人民，奉献社

会。作为金融营销人员：首先，要热爱本职工作，对本职工作要有高度的事业心和责任感，从勤动脑、多思考、摸实情、办实事、创实绩上下功夫，兢兢业业，对工作精益求精。其次，要遵纪守法，正确行使党和人民赋予的权利，严于律己，廉洁奉公，敢于同各种违法违规的行为做斗争，自觉地为经济建设服务。在市场经济条件下，面对激烈的竞争形势，必须诚实守信，遵纪守法，恪尽职守，按规程办事，树立良好的个人形象或集体形象，这是市场经济中的无形资产，是做人之本、竞争中的立身之本。最后，要努力提高销售业务水平。要刻苦学习金融专业知识、现代市场经济知识和法律知识，与时俱进，努力提高金融业务水平，提高营销服务水平，在业务上精益求精，打造工匠精神。其具体内涵包括：

### （一）以客户利益为导向，牢固树立为人民服务的核心理念

"客户"是市场经济条件之下金融行业的主要服务对象，在我国泛指广大人民群众。党的二十大报告中特别提出"必须坚持人民至上"。客户利益大于天，也就是人民的利益大于天，要牢固树立为人民服务的核心理念，这是广大金融营销人员第一重要的道德规范，是立党为民、执政为公，全心全意为人民服务的具体体现。具体来看，不管是银行、证券公司、保险公司还是互联网金融公司，其从业者均只有把客户的利益放到最高地位，为客户提供最优质的产品和销售服务，才有可能实现利润最大化的目标。金融从业者只有通过自己的专业知识和技能，为客户提供优良的存贷、咨询、销售等全方位的服务，在满足客户利益的前提下才能实现自己的利润目标。也就是说，只有在从业的过程中，真正把以客户利益为导向，遵守为人民服务的核心职业道德理念，才能实现其最终价值目标。为人民服务，正符合了社会主义道德的核心价值内容，也是金融行业职业道德的一种精神追求，是全体金融销售从业人员应该践行的理念。

### （二）以"诚信为本"为服务底线，打造金融行业的金字口碑

人无信不立，国无信不强。诚信不仅是每个人安身立命的前提，也是行业繁荣昌盛的基础。金融行业的诚信建立在金钱和财富上，比有形的财富更显珍贵，也比其他行业更显诚信的重要性。作为金融营销人员，在面对巨大的利益诱惑面前，是否会坚守自己的从业底线，坚定自己的从业原则，既考验个人的职业素养，更考验个人做人的基本道德底线。一方面，我们需要以客户利益为导向，为客户提供优质的产品和服务；另一方面，我们要以诚信为职业道德底线，遵纪守法，维护好个人的职业名誉。

金融销售从业人员既要严格执行党和国家的各项金融政策、法规和法令，还要在工作中把对产品的认知解读给自己的客户。比如，保险营销人员要把各项条款和保险责任解释清楚；银行客户经理需要把借贷产品讲解到位；证券期货人员需要把各项公司数据和条款真实呈现出来，努力做到信息的充分披露，做好合规管理，确保个人信誉，打造良好口碑。

拓展阅读9-1

信诚时代、中鸿财富等6家理财公司因虚假宣传遭北京市工商局处罚

### （三）坚持内外兼修，全面提升金融行业的服务水平

金融行业属于第三方服务行业，对于服务人员而言，需要不断地与客户打交道，从而推出公司的产品和服务。因此，金融销售从业人员需要全方位打造自己的专业水平，提升自己的职业素养。一个有道德的人，往往是一个知礼、守礼、行礼的人，除了坚守职业道德底线，也需要一定的外在表现。比如，得体的个人仪表和待人接物往往给客户留下良好的第一印象，从而有利于赢得客户的理解和信任，为后续的产品销售做好铺垫。所以，金融销售从业人员要结合金融行业的特征，从礼仪品德、意识等方面加强自我锻炼和自我改造，通过良好的外在形象和礼仪来体现个人的道德品质、文化素养等精神内涵，其核心是尊重他人、与人为善、表里如一。金融机构要加强这方面的培训，从业人员更需要有自我提升的意识和行动。通过内外兼修，提升从业人员的综合素质，并最终提升金融行业的总体服务水平。

## 二、金融营销人员的职业道德规范

### （一）执业准备

拓展阅读9-2

金融销售礼仪常识

金融营销人员在正式执业之前，根据金融监管部门的要求，必须获得相应的从业资格证书或者接受规定时间的从业前培训。以证券行业为例，证券公司从业者必须在上岗之前获得"证券从业人员资格证书"，部分公司甚至要求同时具备"基金从业人员资格证书"。从2015年起，"保险代理人资格证书"停止考试，以分级分类考试证书代替资格证书，由各家保险公司通过岗前培训进行资格认证。根据《保险代理机构管理规定》《保险中介从业人员继续教育暂行办法》等法规的规定，保险代理从业人员接受岗前培训时间累计不少于80小时，其中，接受保险法律和职业道德教育时间累计不少于12小时；上岗后每年接受教育时间累计不少于36小时，其中，接受保险法律和职业道德教育时间累计不少于12小时。可见，岗前培训作为金融销售从业人员职业素质的重要保证，深受金融监管机构和金融机构的重视。

此外，近年来金融科技快速发展，金融机构的产品、服务更新速度十分之快，决定了金融销售从业人员必须坚持"终身学习"，不断更新自己的知识体系，才能与时俱进。

### （二）展业过程

展业阶段是销售过程中的中间环节，也是核心环节。展业成功了，才会有售后服务和代收付款，如果展业不成功，则意味着这是一次失败的销售过程。对大多数金融销售从业人员来说，展业是其取得手续费收入的主要依靠，也是其工作投入最大的阶段。其具体包括接洽客户、产品推销和签单三个阶段。

#### 1. 接洽客户

（1）表明身份。金融产品营销人员代表所属机构从事业务活动，因此，在执业活动中应当首先向客户声明所属机构的名称、性质和业务范围，并主动出示工作牌等从业资格证明。

（2）告知获取客户信息的途径。客户在初次接触营销人员时，往往很在意营销人员从何处得知自己的有关信息，例如姓名、住址、电话等。有些客户甚至认为这些信息属于个人隐私。营销人员应充分尊重客户的感受，应客户要求说明得到客户信息的途径，给客户留下诚信的第一印象，例如是通过朋友介绍，还是从其他渠道获得这些资料。

微课 10

金融营销人员
的职业道德

### 2. 产品推销

（1）以满足客户的金融需求为出发点。金融产品营销人员应克服为推销而推销的倾向，从深入了解和分析客户需求开始，把满足客户的投资理财需求与金融产品的销售紧密联系在一起。只有深入了解客户的金融需求，才能向客户推荐适合其需要的金融产品，客户才会比较容易接受这样的产品，不能强迫或诱骗客户购买金融产品。有时候，客户由于对自己的金融需求认识不够或对产品了解不够，拟购买的金融产品实际上并不适合自己的需要。如果营销人员发现这种情况的话，应为客户利益着想，结合客户的需求和实际情况，提出合适的建议。有些客户往往不清楚自己需要得到哪些方面的保险保障，此时，金融产品营销人员凭借专业知识与经验，可以帮助客户认识自己的需求。客户需求满足了，产品也就能销售出去了。

（2）使用所属机构发放的展业资料。使用所属机构发放的展业资料是金融机构对外统一品牌形象、统一展业规范的重要手段，是保证产品信息传递质量的重要措施，也是防止展业过程中欺诈误导现象的重要保证。

（3）对客户进行如实说明。在金融产品销售过程中，营销人员应该向客户进行产品和公司信息的如实说明。以保险行业为例，《中华人民共和国保险法》（2015年修订）（以下简称《保险法》）、《保险代理机构管理规定》等法律法规对保险公司和保险代理机构的如实说明义务作出了规定。例如，《保险法》第十七条中明确规定："对保险合同中免除保险人责任的条款，保险人在订立合同时应当在投保单、保险单或者其他保险凭证上作出足以引起投保人注意的提示，并对该条款的内容以书面或者口头形式向投保人作出明确说明；未作提示或者明确说明的，该条款不产生效力。"

保险代理从业人员应当忠诚服务于所属机构，做到《保险代理从业人员职业道德指引》所要求的"勤勉尽责"。在客户决定投保后，保险代理从业人员应将所知道的与投保有关的客户信息如实告知所属机构，不得唆使、引诱客户或与客户串通，隐瞒或虚报客户的投保信息。

拓展阅读 9-3

客户遭营业员
忽悠买理财产
品，无诚信何
以立足？

### 3. 签单

当客户具有明确的购买意向之后，金融产品的销售将进入一个实质性的环节——签单。在这个过程中，营销人员要能够沉住气，不要为了获取佣金收入，进行虚假销售或者强制销售。从销售业务流程来看，签单是最后的一个环节，但是并不意味着金融服务的终止；相反，却是服务的开始。因此，营销人员一定要做到诚信服务，让客户对公司产生信任，树立公司的品牌形象，培养客户的品牌依赖度，为老客户的维护和新客户的市场开拓奠定基础。在签单的过程中，营销人员不可以夸大产品的收益率、功能，弱化对产品的风险性提示。2017年11月17日，中国人民银行会同银监会、证监会、保监会、外汇局等部门起草了《关于规范金融机构资产管理业务的指导意见（征求意见稿）》，明确金融机构开展资产管理业务时不得承诺保本保收益。在实际操作中，有的银行理财人员为了提高自己的销售业绩，在客户签单时夸大产品的收益和稳定性，甚至随意承诺保本保收益，这样的销售行为存在严重的销售误导，是金融监管机构严厉打击的行为。

拓展阅读 9-4

投保人代签名，保险合同是否有效？

在保险行业中，根据《保险法》第一百三十一条中的规定，严禁保险代理人、保险经纪人或者其他从业人员在办理保险业务时给予或者承诺给予投保人、被保险人或者受益人保险合同约定以外的利益；严禁从业人员利用行政权力、职务或者职业便利以及其他不正当手段强迫、引诱或者限制投保人订立保险合同。这些行为属于非法活动。

### （三）售后服务

拓展阅读 9-5

"6·1"东方之星旅游客轮翻船事故理赔案

金融产品卖出去了，并不意味着营销人员就可以"万事大吉"了。售后服务的好坏，关系到金融机构的形象，更关系到营销人员自身的信誉以及客户忠诚度。良好的售后服务，可以提高客户满意度，稳固客户关系，争取"回头客"，金融产品的销售才能实现可持续发展；不良的售后服务则是金融从业人员短期行为的一种表现，最终将导致客户的流失以及公司品牌的受损。以保险行业为例，要做好保单的释疑服务、保单保全服务、防灾防损以及理赔查勘服务，只有通过一以贯之的高品质服务，才能树立公司良好的品牌和声誉，从而维护好客户基础，形成良性循环的产品销售流程。

### （四）争议处理

金融产品的无形性特点决定了在产品服务过程中容易产生争议。因此，争议与投诉处理的稳妥、高效是衡量金融企业服务管理水平的重要标志。作为金融机构的外勤工作人员，营销人员处于与客户接触的第一线，能够在化解争议、维持投诉渠道的畅通、维护所属机构形象等方面发挥重要作用。

首先，应及时告知投诉渠道。客户有权知道一旦发生纠纷，可以通过哪些渠道和方式进行投诉，因此，营销人员应当将投诉渠道和投诉方式告知客户。

其次，营销人员应诚恳听取客户的意见和建议。通过交流化解客户的不满，争取通过协商解决，尽量避免客户投诉。如果客户坚持投诉，在接到投诉后，营销人员应当始终对客户投诉保持耐心与克制，并将接到的投诉及时提交所属机构处理。

拓展阅读 9-6

处理客户投诉应遵循的原则

最后，营销人员应做好投诉调查和处理的配合工作。一般来说，金融机构的客户投诉是通过客服渠道进行的。客服人员接到投诉时，要了解投诉客户的真实要求，向客户传达其投诉意见已被所属机构认真听取、正确理解并付诸行动予以解决的信息，并将客户投诉的销售中存在的问题及时反映到销售部门和相关营销人员。如果所属机构或有关单位决定对客户投诉进行调查处理，营销人员应当积极配合，不能消极逃避或从中阻挠。

# 案例分析

## 案例一：

### 福建南平8家金融机构被罚

2023年6月，中国银保监会福建监管局发布10则行政处罚信息：富德生命人寿保险股份有限公司（以下简称"富德生命人寿"）南平中心支公司建瓯营销服务部等8家金融机构因涉嫌虚构保险中介业务套取费用等违法违规行为，受到罚款处罚，13名相关责任人被警告并罚款。

富德生命人寿南平中心支公司建瓯营销服务部存在"虚构保险中介业务套取费用"违法违规事实。6月6日，中国银保监会南平银保监分局依据《中华人民共和国保险法》（以下简称《保险法》）的规定，对该营销服务部处以5万元罚款；对相关责任人给予警告，并处罚款1万元。

富德生命人寿福建分公司光泽营销服务部、富德生命人寿南平中心支公司均存在"编制虚假的报告、报表、文件、资料"违法违规事实。6月6日，南平银保监分局依据《保险法》的规定，决定对上述2家富德生命人寿辖下保险机构各处以10万元罚款；对相关责任人给予警告，并各处罚款1万元。

长安责任保险股份有限公司南平中心支公司存在"虚构保险中介业务套取费用"违法违规事实。6月6日，南平银保监分局依法对支公司处以7万元罚款；对相关责任人给予警告，并处罚款2万元。

另外，南平地区保险从业人员存在"给予投保人保险合同约定以外的其他利益"违法违规事实。6月6日，南平银保监分局依据《保险法》的规定，决定对9人给予警告，并分别处8 000元、6 000元、5 000元、4 000元、3 000元、3 000元、1 000元、1 000元、1 000元罚款。

交通银行股份有限公司南平分行存在"发放流动资金贷款未尽贷前调查和贷后管理职责"违法违规事实。6月6日，南平银保监分局依据《商业银行授信工作尽职指引》《流动资金贷款管理暂行办法》《中华人民共和国银行业监督管理法》（以下简称《银行业监督管理法》）的规定，决定对该分行合计处以65万元罚款。

福建南平农村商业银行股份有限公司存在"屡次错报银行业监管统计资料"违法违规事实。6月6日，南平银保监分局依据《银行保险监管统计管理办法》《银行业金融机构数据治理指引》《银行业监督管理法》的规定，决定对该行处以30万元罚款。

光泽刺桐红村镇银行有限公司存在"向未竣工验收的商用房发放个人按揭贷款"违法违规事实。6月6日，南平银保监分局依据《中国人民银行中国银行业监督管理委员会关于加强商业性房地产信贷管理的通知》《银行业监督管理法》的规定，决定对该村镇银行处以30万元罚款。

顺昌县农村信用合作联社存在"发放个人经营贷款违规向客户转嫁抵押物评估成

本；未按规定审批重大关联交易"违法违规事实。6月6日，南平银保监分局依据《关于整治银行业金融机构不规范经营的通知》《商业银行与内部人和股东关联交易管理办法》《银行业监督管理法》的规定，对该信用合作联社合计处以60万元罚款。

资料来源：张文章.福建南平8家金融机构被罚［EB/OL］.［2023-06-21］.http://news.10jqka.com.cn/20230621/c648234281.shtml.

### 案例二：

#### 银行理财产品不诚信行为举例及应对办法

##### 1.预期收益"代替"实际收益

很多银行竞相推出收益率"诱人"的理财产品，但并不是所有的理财产品都能达到其承诺的收益率。银行营销人员在对客户进行产品宣传时，不可以偷换概念，将预期收益"代替"或者"混淆"实际收益的概念。

##### 2.保险产品"变身"理财产品

银行工作人员将银保渠道销售的保险产品宣传成理财产品，客户被宣传误导。例如，刚退休的李女士到银行取出已到期的20万元定期存款，银行理财柜台的经理向她推荐了一款3年期"理财产品"，比定存划算得多。半年后，李女士急需用钱，于是来到银行希望将钱尽快退回，哪怕损失一些本金和收益也无所谓。她被告知自己当时购买的是保险产品，如果当年退保，只能拿到30%～40%的本金。

##### 3.不平等条款

在理财产品条款中，设置不平等条款，营销人员在销售过程中并不明确说明和解释。例如，艾女士投资15万元购买了某城市商业银行一款非保本浮动收益结构性理财产品。自己仔细阅读说明书后发现，其中明确规定，到期年化收益率最高为3.55%，收益超过3.55%的部分，将作为银行投资管理费用。对于这个条款，艾女士很难接受，她认为，浮动收益的产品无论产生多少负收益都要由她自己来承担，若产生超额收益却要归银行所有，这样的条款相当不合理。

##### 4.结构性理财产品存在投资风险

在普通投资者眼中，去银行存款总是无风险的，因此在高收益率的诱惑下，不少投资者直到持有期满也未获知该理财产品的风险。但是，如果国际金融市场剧烈震荡，或者部分外资银行为开拓市场太过激进，以"结构性存款""双利存款""挂钩存款"等名称来包装一些与海外资本市场和大宗商品市场挂钩的高风险产品，导致客户亏损连连，但是客户在购买该理财产品时往往误以为自己买的是存款类的低风险理财产品。

##### 5.片面强调最高预期收益

在银行理财产品日益火爆的同时，多家银行曝出收益亏损的消息。银行理财也并非只赚不赔。往往大多数老百姓在购买银行理财产品时，只看收益不看风险；而有些银行也片面强调收益，对风险避而不谈。

##### 6.不明确公示投资标的

银行工作人员对于理财产品的投资标的和风险并不明确说明，以组合投资、以前也做过类似投资等含糊其辞的表述让客户相信产品的风险和收益可控。例如，原油宝是中国银行2018年1月推出的一款理财产品，为境内客户提供挂钩境外原油期货的交易服务。部分客户在购买该款产品时，银行工作人员的宣传是安全可靠，最多只亏损移仓费，也并未向客户解释清楚该产品的投资标的和风险。2020年4月20日，原油宝在晚上10点关闭了交易系统。在停盘之后，中国银行宣传以芝加哥交易所4月21日的结算价-37.63美元对投资人进行清算，导致客户不但亏完本金，还倒欠中国银行一笔巨资。对银行而言，对于这样的高风险投资产品，不仅应向投资人明示风险，还应该根据国际金融市场交易规则修订相关的投资协议。

### 7. 口头承诺与合同约定不一致

在震荡的市场中，投资者的心理底线就是实现保值，而目前银行理财市场中的保本保收益产品很少，取而代之的是浮动收益类产品快速增加，名目繁多，让人眼花缭乱。在工商银行某支行理财室，客户经理劝说市民丁小姐购买一款收益率为5.4%的理财产品，该客户经理表示该产品收益很稳定，但当丁小姐一再追问银行是否承诺保本保息时。该经理回答说："从过往的业绩看，这款产品一直都表现不错，你不用担心，会有稳定的收益。"签合同时，合同上写得清清楚楚，根本不承诺保本保息。事实上，在银行购买理财产品的投资者大部分都趋于稳健型，保本是他们投资的心理基础。很多产品预期收益不等于实际收益，口头承诺不等于合同约定，在如今经济震荡的大环境下，这样的口头承诺，最后又有多少能兑现？

理财产品的销售适用性原则要求产品营销人员需将合适的产品卖给合适的人，在卖者有责的前提条件下才有买者自负。但银行在这方面做得还不够，如销售终端报喜不报忧的片面宣传手法，只讲产品的高收益和高流动性，而忽视产品的潜在风险，那么后果是极为不乐观的；再有如今销售终端出手为安的销售心态，只顾眼前的销售，而不管后期的跟踪服务。实际上，这样的销售行为误导了客户的消费，损坏了银行多年来在客户心中积累的品牌形象。银行应该加强对从业人员的职业教育和引导，培养从业人员扎实的专业功底，树立专业人员诚信的职业道德，建立完善的从业人员考核激励机制，选拔、任用职业素养高、专业能力强的工作人员。

资料来源：作者自行编写而得。

## 视野拓展

《银行业从业人员职业操守和行为准则》

# 实践训练

## 一、实训内容

根据金融从业人员守则，假如你是一名金融营销人员，谈谈你将从哪些方面遵守金融机构的职业道德和从业要求。要求如下：

1. 能够根据自己的职业定位，讲解清楚金融营销人员的职业道德和标准；

2. 语言表达清晰、条理清楚，能够结合金融营销人员的职业要求进行阐述；

3. 表述时间在 3 ~ 5 分钟。

## 二、实训目标

通过实践活动，让学生根据实际销售工作岗位理解金融营销人员的职业道德标准和要求。

## 三、实训考核

根据学生的实际表述进行评分。

# 主要参考文献

［1］科特勒，阿姆斯特朗．市场营销：原理与实践［M］．楼尊，译．16版．北京：中国人民大学出版社，2015.

［2］凯琳．战略营销：教程与案例［M］．范秀成，译．11版．北京：中国人民大学出版社，2011.

［3］洛迪士．成功创业的14堂营销课［M］．张秀琴，徐明，译．北京：中国人民大学出版社，2011.

［4］HOYER，MACINNIS.消费者行为学［M］．张秀琴，徐明，译．5版．北京：北京大学出版社，2010.

［5］彼得．消费者行为与营销战略［M］．徐瑾，等译．大连：东北财经大学出版社，2010.

［6］洛夫洛克，等．服务营销［M］．谢晓燕，赵伟韬，译．6版．北京：中国人民大学出版社，2010.

［7］贝尔奇．广告与促销：整合营销传播视角［M］．张树庭，郑书晖，译．8版．北京：中国人民大学出版社，2009.

［8］安贺新，张宏彦．金融营销［M］．北京：清华大学出版社，2016.

［9］徐卫东，孙军正．互联网时代的银行营销［M］．北京：煤炭工业出版社，2018.

［10］郭国庆，陈凯．市场营销学［M］．6版．北京：中国人民大学出版社，2017.

［11］张红霞．保险营销学［M］．2版．北京：北京大学出版社，2008.

［12］马蔚华．银行公司业务营销技巧［M］．北京：清华大学出版社，2008.

［13］马蔚华．银行个人业务营销技巧［M］．北京：清华大学出版社，2008.

［14］徐晟．金融企业营销理论与实务［M］．北京：清华大学出版社，2008.

［15］郭颂平．保险营销［M］．2版．北京：高等教育出版社，2008.

［16］蒋丽君．金融产品营销［M］．大连：东北财经大学出版社，2009.

［17］尹文莉，郑晓奋．保险营销技巧［M］．北京：清华大学出版社，2009.

［18］郝渊晓．商业银行营销管理学［M］．北京：科学出版社，2009.

［19］朱洪波，等．龙行天下：银行经典营销案例评析［M］．北京：清华大学出版社，2009.

［20］闫红玉，等．商业银行信贷与营销［M］．2版．北京：清华大学出版社，

2009.

[21] 叶伟春. 金融营销 [M]. 北京：首都经济贸易大学出版社，2009.

[22] 刘定福. 商业银行中间业务营销实战案例 [M]. 长沙：湖南大学出版社，2009.

[23] 叶峥. 营销策划技能实训 [M]. 北京：中国人民大学出版社，2010.

[24] 赵一沣. 27天：做一个职业营销选手 [M]. 北京：北京师范大学出版社，2010.

[25] 叶生洪，涂志军. 营销经典案例解读 [M]. 广州：暨南大学出版社，2010.

[26] 陈颖. 商业银行营销教程 [M]. 北京：中国人民大学出版社，2010.

[27] 梁昭. 金融产品营销与管理 [M]. 北京：中国人民大学出版社，2010.

[28] 潘海英. 我国商业银行营销管理研究 [M]. 武汉：武汉大学出版社，2011.

[29] 姚俊，李志勇. 营销策划与管理任务书 [M]. 北京：北京理工大学出版社，2011.

[30] 柴庆春. 市场调查与预测 [M]. 2版. 北京：中国人民大学出版社，2011.

[31] 辛树森. 个人金融产品营销 [M]. 北京：中国金融出版社，2007.

[32] 杨米沙，等. 金融营销 [M]. 北京：中国人民大学出版社，2011.

[33] 刘刚. 银行网络化营销研究 [D]. 武汉：武汉大学，2010.

[34] 张剑. 商业银行对中小企业关系型贷款营销研究 [D]. 呼和浩特：内蒙古大学，2010.

[35] 舒建军. NX银行信用卡营销战略研究 [D]. 兰州：兰州大学，2011.

[36] 李想. 我国商业银行国际市场营销策略研究 [D]. 天津：天津财经大学，2010.

[37] 杨佳. 基于客户价值的中小商业银行差异化服务营销研究 [D]. 大连：东北财经大学，2010.

[38] 范跃波. 基于关系营销的我国商业银行营销策略研究 [D]. 天津：天津大学，2010.

[39] 刘贻. 后危机时代我国商业银行营销对策研究 [D]. 南昌：南昌大学，2010.

[40] 毛军育. 开放背景下我国保险服务营销策略研究 [D]. 厦门：厦门大学，2009.

[41] 张鸾. 商业银行基于服务营销的品牌战略研究 [D]. 天津：天津大学，2010.

[42] 高卫超. 商业银行综合营销研究 [D]. 南昌：南昌大学，2010.

[43] 张一鸣. 基于驱动模型的信用卡市场细分及营销策略研究 [D]. 西安：西安电子科技大学，2009.

［44］李晓晖．我国人寿保险业务营销渠道策略研究［D］．青岛：中国海洋大学，2010.

［45］李厚豪．银行客户经理营销方法与话术［M］．2版．北京：清华大学出版社，2017.

［46］科特勒，凯勒．营销管理［M］．何佳讯，等译．上海：格致出版社，2016.

［47］朱丽莎．保险实务［M］．北京：北京大学出版社，2012.

［48］清控紫荆（北京）教育科技股份有限公司．金融产品数字化营销［M］．北京：清华大学出版社，2021.